RODNEY STARK · GOTTES KRIEGER

RODNEY STARK

GOTTES KRIEGER

Die Kreuzzüge in neuem Licht

Aus dem Englischen von
Klaus Binder und Bernd Leineweber

HAFFMANS TOLKEMITT

Die englische Originalausgabe
erschien 2009 unter dem Titel *God's Battalions. The Case for the Crusades* bei HarperCollins in New York.

Die deutsche Erstausgabe
erschien 2013 bei Haffmans & Tolkemitt.

1. Auflage der Taschenbuchausgabe, August 2014
2. Auflage, Oktober 2014
3. Auflage, Januar 2015

Gestaltung & Produktion von Urs Jakob,
Werkstatt im Grünen Winkel in CH-8400 Winterthur.
Satz: Fotosatz Amann, Memmingen.
Druck & Bindung: Ebner & Spiegel, Ulm.
Printed in Germany.

ISBN 978-3-942989-85-5

Inhalt

Einleitung

BEUTEGIERIGE BARBAREN IN RÜSTUNGEN?

Papst Urban II. bittet Bischöfe und Klerus auf dem Konzil von Clermont, ihn bei seiner Predigt für den Ersten Kreuzzug zu unterstützen. Am folgenden Tag ruft er vor den Toren der Stadt das Volk zum Kreuzzug auf. Miniatur von Jean Colombe aus *Les Passages d'outre mer*, um 1490, BnF (© Bridgeman-Giraudon / Art Resource, NY)

Am 27. November des Jahres 1095 besteigt Papst Urban II. ein auf einer Wiese vor den Toren der französischen Stadt Clermont errichtetes Podium, umringt von einer riesigen Menschenmenge. Urban, ein kräftiger Mann von über fünfzig Jahren, ist mit einer ungewöhnlich starken und ausdrucksvollen Stimme gesegnet; man kann ihn auch in einiger Entfernung noch vernehmlich hören. Bei diesem denkwürdigen Anlass spricht der Papst zu unzähligen Menschen, zu armen Bauern, zu Adligen und Klerikern. Seine Rede sollte den Lauf der Geschichte verändern.

Urban hatte eine Synode einberufen lassen als Reaktion auf ein Sendschreiben, das der byzantinische Kaiser Alexios I. Komnenos aus seiner bedrohten Hauptstadt Konstantinopel an den Grafen Robert von Flandern geschickt hatte. Darin bat er ihn und auch dessen christliche Brüder um Hilfe. Truppen sollten sie schicken, um den Byzantinern beizustehen gegen die vor kurzem zum Islam übergetretenen seldschukischen Türken. Sie waren in den Nahen Osten eingefallen, hatten Jerusalem erobert und standen nun 150 Kilometer vor Konstantinopel. In seinem Brief schilderte der Kaiser detailliert, dass christliche Pilger auf ihrem Weg ins Heilige Land grausam gefoltert, Kirchen, Altäre und Taufbecken schändlich entweiht werden. Sollten die Türken in Konstantinopel einfallen, würden nicht nur weitere Tausende von Christen gefoltert, vergewaltigt und umgebracht, es würden auch die über Jahrhunderte zusammengetragenen »heiligsten Reliquien des Erlösers« verloren gehen:

> Komme also mit Deinem ganzen Volk und ziehe mit Deiner ganzen Macht in die Schlacht … damit das Christenreich nicht verschwindet … das Heilige Grab nicht verloren geht … Und für Dein Kommen wirst Du im Himmel Vergeltung finden, und wenn Du nicht kommst, wird Gott Dich verdammen.[1]

Die Europäer hatten viele Gründe, solche Hilferufe aus Byzanz zu ignorieren. Ihr kulturelles Erbe, ihr Christentum in der weströmischen beziehungsweise römisch-katholischen Tradition standen dagegen, Byzanz war aus dem Oströmischen Reich hervorgegangen, hier hatte sich die griechische Kultur durchgesetzt. Der Lebensstil der Byzantiner (oder »Griechen«, wie sie abfällig auch genannt wurden) galt bei den Europäern als dekadent, ja weibisch; umgekehrt behandelten diese wiederum den lateinischen Katholizismus verächtlich, beriefen sich auf ihr »orthodoxes« Christentum – nicht selten hatten sie katholische Priester und Gläubige verfolgt. Dennoch, als Papst Urban II. dieses Bittschreiben las, war er entschlossen, es mit würdigen Taten zu beantworten. So berief er eine Synode nach Clermont ein, zu deren Höhepunkt seine berühmte Kreuzzugspredigt wurde.[2]

Der Papst, der Französisch sprach, begann mit einer drastischen Schilderung der Folterungen, Vergewaltigungen und Ermordung von christlichen Pilgern, von den Schändungen der Kirchen und heiligen Stätten durch die Türken (die er »Perser« nannte):

> Sie haben die Altäre mit Unrat entheiligt und besudelt. Sie haben Christen beschnitten und ihr Blut auf die Altäre geschmiert, oder in die Taufbrunnen gegossen. Sie machten sich ein Vergnügen daraus, Christen zu töten, indem sie ihnen die Bäuche aufschlitzen, das Ende der Gedärme herausreißen und es dann an einem Pfahl befestigen; darauf schlugen sie auf ihre Opfer ein und zwangen sie, um diesen herumzulaufen, bis die ganzen Gedärme aufgewickelt waren und sie tot zu Boden fielen. ... Was soll ich zu den scheußlichen Vergewaltigung von Frauen sagen? Darüber zu sprechen ist noch schlimmer als zu schweigen. Wer aber soll dieses Unrecht rächen. Wer diese Länder zurückgewinnen, wenn nicht ihr?[3]

An diesem Punkt schnitt der Papst ein zweites Problem an, auf dessen Lösung er und sein illustrer Vorgänger Gregor VII. jahrelange Mühe verwandt hatten – die ständigen Fehden und Kriege im Mittelalter. Die Päpste wollten einen »Gottesfrieden« zwischen Adligen und Rittern stiften, die oft nur um des bloßen Kämpfens willen ins Feld zogen, selbst gegen ihre Freunde. Dazu freilich waren sie seit ihrer frühen Kindheit erzogen und ausgebildet worden. Nun aber hätte man ja ein Betätigungsfeld für sie!

> Christliche Kämpfer, die ihr ständig und vergeblich nach Vorwänden für einen Krieg sucht, freut euch, denn heute habt ihr einen gültigen Grund gefunden. ... Wenn sie euch besiegen, verdient ihr euch den Ruhm, am gleichen Ort zu sterben wie Jesus Christus, und Gott wird nie vergessen, dass Er euch

in den heiligen Schlachtreihen gesehen hat … Soldaten der Hölle, werdet Soldaten des lebenden Gottes![4]

Da erhob sich in der Menge der Ruf *Deus lo vult!* (Gott will es!), die Männer rissen Streifen aus Umhängen und Tüchern und machten daraus Kreuze, die sie sich aufs Brustwams nähten. Alle waren sich einig, im nächsten Jahr würden sie ins Heilige Land ziehen. Und sie hielten Wort.

So weit die traditionelle Erklärung für Beginn und Gründe des Ersten Kreuzzugs. In jüngerer Zeit ist allerdings eine weitaus zynischere, recht finstere Erklärung populär geworden. Unmittelbar nach der Zerstörung des World Trade Center durch muslimische Terroristen wurde immer wieder auf die Kreuzzüge verwiesen, sie seien der Ursprung des islamistischen Furors. Man sprach von der Verbitterung, die in der islamischen Welt herrsche, weil der christliche Westen die Muslime schlecht behandelt habe, und das seit dem Ersten Kreuzzug. Grund der Kreuzzüge seien nicht Frömmigkeit oder die Sorge um die Sicherheit der Pilger und der heiligen Stätten in Jerusalem gewesen, nein, man müsse sie als das erste blutige Kapitel in der langen Geschichte des brutalen europäischen Kolonialismus betrachten.[5]

Nicht aus Idealismus seien die Kreuzfahrer nach Osten gezogen, sondern um neue Gebiete zu erobern und Beute zu machen, angestiftet von machthungrigen Päpsten, die das Christentum durch die Bekehrung muslimischer Massen verbreiten wollten;[6] Barbaren seien die europäischen Ritter gewesen, die auf ihrem Zug jeden anderen brutal beseitigten und »die erleuchtete muslimische Kultur ... verwüsteten«.[7] Die Kreuzzüge, so Akbar Ahmed, Professor für Islamwissenschaften an der American University in Washington, D. C., »schufen eine geschichtliche Erinnerung, die bis heute anhält – die Erinnerung an die lange Aggression seitens der Europäer«.[8]

Zwei Monate nach den Terroranschlägen vom 11. September 2001 erklärte Expräsident Bill Clinton vor einem Auditorium in der Georgetown University, dass »diejenigen von uns, deren Vorfahren aus europäischen Ländern kamen, nicht ohne Schuld sind« – der Kreuzzüge wegen. Diese seien ein Verbrechen gegen den Islam gewesen, und zum Beleg zitierte Clinton einen mittelalterlichen Bericht über das Blutvergießen, das die Kreuzfahrer unter Gottfried von Bouillon im Jahr 1099 bei der Eroberung Jerusalems verübt hatten.

Dass die Kreuzzüge ein furchtbares Verbrechen gewesen seien, das unbedingt nach Sühne verlange, war bereits ein populäres Thema, bevor die islamischen Terroristen die entführten Flugzeuge in die beiden Hochhäuser lenkten. Schon 1999 konnte man in der *New York Times* die feierliche Erklärung lesen, dass die Kreuzzüge mit Hitlers Gräueltaten und der ethnischen Säuberung im Kosovo zu vergleichen seien.[9] Im selben Jahr, anlässlich des 900. Jahrestags der Eroberung Jerusalems durch die Kreuzfahrer, nahmen Hunderte frommer Protestanten an einem »Versöhnungsmarsch« teil, der in Köln begann und ins Heilige Land führte. Die Teilnehmer trugen T-Shirts mit dem Aufdruck in arabischer Schrift: »Ich entschuldige mich.« In einer offiziellen Erklärung wurden die Gründe erläutert, warum diese Entschuldigung der Christenheit notwendig sei:

> Vor neunhundert Jahren trugen unsere Vorfahren den Namen Jesu Christi im Kampf durch den Nahen Osten. Angetrieben von Angst, Gier und Hass ... erhoben die Kreuzfahrer das Banner des Kreuzes über euer Volk ... Am Jahrestag des Ersten Kreuzzugs ... wollen wir uns auf den Spuren der Kreuzfahrer für ihre Taten entschuldigen ... Wir bedauern zutiefst die Gräueltaten, die im Namen Jesu Christi von unseren Vorfahren begangen wurden. Wir entsagen Gier, Hass und Angst und verurteilen alle Gewalttaten, die im Namen von Jesus Christus verübt wurden.[10]

Karen Armstrong, eine ehemalige Nonne und Verfasserin populärer religiöser Schriften, erklärte ebenfalls im Jahr 1999, die Kreuzzugsidee sei »eine Antwort auf ein tiefes Bedürfnis im damaligen Christentum« gewesen. »Heute jedoch würden wir die Kreuzzüge ohne zu zögern als unchristlich verurteilen. Denn Jesus trug seinen Anhängern auf, ihre Feinde zu lieben, und nicht, sie umzubringen. Er war Pazifist und hatte vielleicht mehr mit Gandhi gemeinsam als mit Papst Urban.« Im Übrigen sei »der heilige Krieg ein tief christlicher Akt«, da das Christentum »eine inhärente Neigung zur Gewalt« habe, »trotz des Pazifismus von Jesus«.[11] Ähnlich äußerte sich James Carroll, ein prominenter ehemaliger Priester: Die Kreuzzüge hätten »eine Schneise der Gewalt« hinterlassen, die »die Erde und die Erinnerung der Menschen bis zum heutigen Tag erschaudern lassen«.[12]

Solche Vorwürfe sind nicht neu. Die Kreuzzüge zu verurteilen war schon während der Aufklärung verbreitet, in jener völlig zu Unrecht so genannten Epoche, in welcher französische und britische Intellektuelle das »finstere Mittelalter« erfanden, um das eigene Zeitalter zu glorifizieren und die katholische Kirche zu diffamieren (vgl. Kapitel 3). So bezeichnete Voltaire (1694–1778) die Kreuzzüge als eine »epidemische Raserei, die zweihundert Jahre währte und stets von jeder erdenklichen Grausamkeit, jeder Perfidie, jeder Lasterhaftigkeit, jeder Verrücktheit, zu der die Natur des Menschen in der Lage ist, gekennzeichnet war«.[13] Für David Hume (1711–1776) waren die Kreuzzüge »das ausnehmendste und dauerhafteste Zeugnis der menschlichen Torheit, welches sich jemals in einer Zeit oder unter einer Nation gezeigt hatte«.[14] Denis Diderot (1713–1784) bezeichnete diese Ära als eine »Zeit tiefster Finsternis und größter Verblendung…, die einen Teil der Welt dazu brachte, in einen schmalen unglücklichen Landstrich zu ziehen, um dessen Bewohnern die Kehle durchzuschneiden und ein Felsplateau zu besetzen, das nicht einen Tropfen Blut wert war.«[15] Angriffe dieser Art waren geeignet, die »protestantische Auffassung« zu bestärken, »dass die Kreuzzugsidee eine der zahlreichen Erscheinungsformen katholischer Bigotterie und Rohheit war«.[16] So behauptete 1639 der englische Historiker Thomas Fuller (1608–1661), dass die Kreuzzüge von den Päpsten ausgingen und dieser Krieg – als Versuch, den Muslimen Palästina, ihren rechtmäßigen Besitz, zu nehmen – »zur Kloake der Christenheit wurde«.[17]

Dass die Kreuzfahrer die ersten abendländischen Imperialisten waren, die unter religiösem Vorwand Land und Beute suchten, diese Auffassung geht vermutlich auf den deutschen lutherischen Kirchengeschichtler Johann Lorenz von Mosheim (1693–1755) zurück:

> Die römischen Päpste und die europäischen Fürsten beteiligten sich an diesen Kreuzzügen zuerst allein aus dem Prinzip des Aberglaubens, doch als die mit der Zeit die Erfahrung machten, dass diese heiligen Kriege sehr dazu angetan waren, ihren Reichtum zu vergrößern und ihre Macht auszudehnen, … sekundierten Ruhmsucht und Gier, und dies verstärkte die Forderungen von Fanatismus und Aberglaube noch.[18]

Mosheims Sichtweise findet sich auch bei Edward Gibbon (1737–1794). Wie er schreibt, hätten sich die Kreuzfahrer in Wirklichkeit nur von »Bergwerken und Schätzen, Gold und Diamanten, Pallästen von Marmor und Jaspis, und wohlriechenden Hainen von Zimmt und Weihrauch« verlocken lassen.[19]

Im 20. Jahrhundert wurde diese These – Kreuzzüge aus Eigennutz und Gewinnstreben – »materialistisch« ausgearbeitet, um die Beweggründe für die Kreuzzüge zu erklären.[20] So schrieb beispielsweise Geoffrey Barraclough (1908–1984): »Unser Verdict über die Kreuzzüge lautet, dass sie auf kolonialistische Ausbeutung hinausliefen.«[21] Ähnlich das Eingeständnis von Karen Armstrong, dass die eroberten Gebiete »unsere ersten Kolonien« gewesen seien.[22] Eine etwas ausführlichere und intelligentere Erklärung dessen, was die Ritter nach Osten zog, findet sich bei Hans Eberhard Mayer. Die Kreuzzüge, so seine These, verschafften der »Ritterklasse« eine finanzielle Erleichterung. Mayer und anderen zufolge, die der gleichen Auffassung sind, herrschte in dieser Zeit ein beträchtlicher »Überschuss« an Söhnen adliger Familien, die nicht erbberechtigt waren und die von ihren erbberechtigten Verwandten nur unter größten Schwierigkeiten mit dem Notwendigsten hätten versorgt werden können. Darum, so Mayer, habe der Kreuzzug »als eine Art Sicherheitsventil für die Ritterklasse« fungiert; die Ritter hätten den Kriegszug als Möglichkeit betrachtet, ihre materiellen Probleme zu lösen.[23] Einige amerikanische Ökonomen haben vor kurzem tatsächlich die Ansicht vertreten, dass die Kreuzfahrer durch den Pilgerstrom reich zu werden hofften (sie sehen eine gewisse Ähnlichkeit zwischen den heiligen Stätten Jerusalems und modernen Vergnügungsparks) und dass der Papst die Ritter auch darum nach Osten geschickt habe, damit sie für die Kirche »neue Märkte« erschlössen, die man durch die Bekehrung der Muslime zu gewinnen hoffte.[24] Kein Wunder, wenn ein führendes College-Lehrbuch zur Kultur des Abendlandes den Studenten Folgendes nahebringen möchte: »Aus Sicht des Papstes und der europäischen Könige boten die Kreuzzüge eine Möglichkeit, Europa von streitsüchtigen jungen Adligen zu befreien …; diese wiederum sahen eine Gelegenheit, Land, Reichtümer, Status, vielleicht einen Titel und dazu das Seelenheil zu gewinnen.«[25]

Um es auf den Punkt zu bringen: Nach vorherrschender Auffassung waren die Kreuzzüge ein Werkzeug des expansionistischen, imperialistischen Christentums, das Territorien eines toleranten und friedlichen Islam brutal unterwerfen, ausplündern und kolonisieren wollte.

So war es nicht. Die Kreuzzüge wurden, wie wir sehen werden, durch islamische Provokationen ausgelöst: durch jahrhundertelange blutige Versuche, das Abendland zu kolonisieren, und immer wieder durch Überfälle auf christliche Pilger und heilige Stätten. Zwar wurden die Kreuzzüge ursprünglich auf Drängen des Papstes unternommen, doch nicht die Hoffnung auf die Bekehrung der Muslime stand dahinter. Auch wurden die Kreuzzüge nicht von unversorgten Söhnen des Adels organisiert und angeführt, sondern von den Häuptern bedeutender Familien. Und ihnen war völlig klar, dass die Kosten ihres Kreuzzugs die sehr bescheidenen materiellen Erträge, die in der Ferne zu erwarten standen, bei weitem überwiegen würden. Die meisten nahmen trotz der immensen persönlichen Kosten am Kreuzzug teil, manche riskierten wissentlich ihren finanziellen Ruin. Außerdem waren die Königreiche, die die Kreuzfahrer im Laufe von zweihundert Jahren im Heiligen Land errichteten, keine Kolonien, die sich durch Steuern und Tribute aus der Umgebung am Leben erhielten, vielmehr blieben sie, so lange sie bestanden, auf enorme Zuschüsse aus Europa angewiesen.

Ferner ist es ziemlich unsinnig, moderne Begriffe von einem angemessenen militärischen Verhalten auf die mittelalterliche Kriegführung zu übertragen. In dieser Hinsicht galten für Christen und Muslime ganz unterschiedliche Konventionen. Aber leider können manche der an sich durchaus einfühlsamen und auch sonst sensiblen Historiker der Kreuzzugsgeschichte gerade das nicht akzeptieren, plagen sich zudem mit der Vorstellung herum, dass es durchaus »gerechte« Kriege geben kann, womit sie einen Pazifismus zeigen, wie er für Akademiker so typisch geworden ist. Barer Unsinn ist auch die Behauptung, dass die Muslime seit praktisch einem Jahrtausend wegen der Kreuzzüge verbittert seien: Feindseligkeiten auf muslimischer Seite wegen der

Kreuzzüge tauchen erst ab 1900 auf, und zwar als Reaktion auf den Niedergang des Osmanischen Reichs und den Beginn eines tatsächlichen europäischen Kolonialismus im Nahen Osten. Und wirklich nachhaltig äußerten sich die Anti-Kreuzzug-Gefühle erst mit der Gründung des Staates Israel. Das sind die Hauptthemen der folgenden Kapitel.

In der Frage, welche Ereignisse als Kreuzzüge zu bezeichnen sind und wann diese Bezeichnungen auftauchten, sind sich die Historiker uneins.[26] Die »Kreuzzüge« gegen die Ketzer in Europa berücksichtige ich hier nicht und schließe mich der üblichen Definition an: Kreuzzüge entsprangen den Konflikten zwischen Christentum und Islam über die Herrschaft im Heiligen Land; es geht um die Feldzüge, die zwischen 1095 und 1291 stattfanden. Im Unterschied zu den meisten Historikern der Kreuzzüge werde ich meine folgende Untersuchung nicht mit dem Appell des Papstes in Clermont beginnen, sondern mit dem Aufstieg des Islam und dem Beginn muslimischer Invasionen in christliche Gebiete. Denn damit hat alles angefangen – im 7. Jahrhundert, als islamische Armeen in den Nahen Osten, in Ägypten und Nordafrika einfielen, nach Spanien und Süditalien vordrangen, die großen Mittelmeerinseln Sizilien, Korsika, Zypern, Rhodos, Kreta, Malta und Sardinien besetzten, also bedeutende Teile des christlichen Territoriums eroberten. Insofern muss man auch die christlichen Gegenangriffe untersuchen, die im 8. Jahrhundert begannen und manche der besetzten Gebiete bald wieder »befreiten«. Diese Kämpfe waren Vorläufer der kriegerischen Auseinandersetzungen, die schließlich im Heiligen Land stattfanden. Ich werde auch die Kämpfe der

Kreuzfahrer nicht einfach noch einmal erzählen, sondern sie ins Licht der überlegenen Kultur und Technik rücken, die es den europäischen Rittern möglich machten, mit ihren Gefolgsleuten dreieinhalbtausend Kilometer weit zu marschieren, unterwegs herbe Verluste zu erleiden und dann doch größere muslimische Streitkräfte zu vernichten. Nur so sind sie zu verstehen.

Viele hervorragende Historiker haben ihr Lebenswerk dem Studium der Kreuzzüge gewidmet.[27] Ich zähle mich nicht zu ihnen. Ich habe lediglich versucht, die Arbeiten dieser Fachleute zu einer Synthese zusammenzuführen und eine umfassendere Perspektive zu entwickeln, in einer Sprache, die für ein breiteres Publikum verständlich ist. Ich habe mich jedoch darum bemüht, den Beiträgen vieler Experten, auf die ich mich beziehe, gerecht zu werden und dies im Text oder in den Anmerkungen kenntlich zu machen.

Kapitel eins

MUSLIMISCHE EINDRINGLINGE

Die Geschichte der Kreuzzüge beginnt im 7. Jahrhundert, als die Heere der Araber, kaum dass sie den islamischen Glauben angenommen hatten, große Gebiete der christlichen Welt besetzten.
(© Werner Forman / Art Resource, NY)

In seiner Abschiedsbotschaft soll Mohammed seinen Anhängern gesagt haben: »Mir wurde aufgetragen, alle Männer so lange zu bekämpfen, bis sie sagen: ›Es gibt keine Gottheit außer Gott‹.«[1] Das stimmt mit dem Koran überein (Sure 9:5): »... [T]ötet die Götzendiener, wo immer ihr sie findet, und ergreift sie und belagert sie und lauert ihnen aus jedem Hinterhalt auf.«[2] In diesem Geist haben sich Mohammeds Erben aufgemacht, die Welt zu erobern.

Als Mohammed geboren wurde, im Jahr 570, erstreckte sich das Christentum über weite Gebiete des Nahen Ostens, über Nordafrika und große Teile Europas (siehe Karte S. 25). Achtzig Jahre nach Mohammeds Tod im Jahr 632 hatte ein neues arabisch-muslimisches Reich die Christen aus dem größten Teil des Nahen Ostens, aus ganz Nordafrika, von Zypern und aus großen Teilen Spaniens verdrängt (siehe Karte S. 26).

In einem weiteren Jahrhundert gerieten auch Sizilien, Sardinien, Korsika, Kreta und Süditalien unter muslimische Herrschaft. Wie war das möglich?

Wie übten die Muslime ihre Herrschaft über die eroberten Gesellschaften aus?

Was geschah mit den Millionen Christen und Juden?

DIE EROBERUNGEN

Kurz vor seinem Tod hatte Mohammed eine Streitmacht versammelt, die groß genug war, dass er daran denken konnte, seinen Machtbereich über die Arabische Halbinsel hinaus auszudehnen. Kriegerische Einfälle in fremde, nicht arabische Länder waren zunehmend attraktiv geworden, denn nachdem Mohammed die Beduinenstämme zu einem einheitlichen arabischen Staat vereinigt hatte, konnten die Wüstenstämme nicht länger, wie es bis dahin Tradition war, Schutzgelder von arabischen Städten und Dörfern erpressen oder Karawanen ausrauben.

Also richtete sich die Aufmerksamkeit nach Norden und Osten.

> Arabien besaß ... zu wenig landwirtschaftliche Anbaufläche, um seine Einwohner zu ernähren. Der Ackerbau war zudem ein [unter Männern] verachteter Beruf. So bestand die einzige Lösung darin, die kriegerische Energie gegen die zivilisierten und Ackerbau treibenden Länder am Rande der Wüste zu lenken, gegen diesen Fruchtbaren Halbmond, der zum Teil dem Byzantinischen und zum Teil dem Persischen Reich der Sassaniden gehörte. Dort konnte eine reiche Beute eingebracht werden, dort gab es Ruhm und Gewinn für die Krieger, ohne Gefahr für den inneren Frieden und die innere Sicherheit Arabiens.[3]

Die Überfälle auf das byzantinische Syrien und auf Persien begannen in den letzten Lebensjahren des Propheten. Bald nach seinem Tod wurden diese Feldzüge systematischer unternommen.

Wie in der Zunft üblich, haben viele Historiker ausschließlich nach materiellen und säkularen Erklärungen für die frühen muslimischen Eroberungen gesucht. So schrieb der berühmte Carl Heinrich Becker (1876–1933): »... wirtschaftliche Momente haben die Bewegung erzeugt«.[4] Was die Araber zu ihren Invasionen und Eroberungen getrieben habe, seien vor allem eine Bevölkerungsexplosion in Arabien und ein plötzlicher Niedergang des Karawanenhandels gewesen. Doch diese Bevölkerungsexplosion hat es nie gegeben, sie ist eine Erfindung von Autoren, die annahmen, es brauche barbarische »arabische Horden«,[5] um die zivilisierten

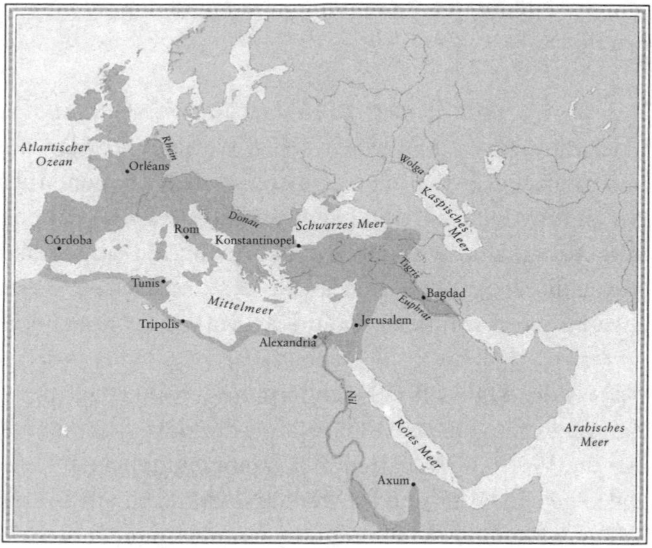

Ausdehnung des Christentums um 600

Ausdehnung des Islam um 800

Byzantiner und Perser zu überwältigen. Genau das Gegenteil ist wahr. Wie wir sehen werden, wurden die muslimischen Invasionen von erstaunlich kleinen, aber gut geführten und organisierten arabischen Truppen ausgeführt. Und was den Karawanenhandel angeht, so nahm dieser in der Anfangszeit des arabischen Staats eher zu, vermutlich weil die Karawanen jetzt sicherer waren.

Dass die Araber ihre Nachbarn ausgerechnet zu dieser Zeit angriffen, hat seinen Grund darin, dass sie nun endlich die Macht dazu hatten. Nach jahrzehntelangen Kriegen gegeneinander und schweren Niederlagen auf beiden Seiten waren die Kräfte der Byzantiner und Perser erschöpft. Und so konnten die Araber jetzt, zumal sie nicht mehr in rivalisierende Stämme zersplittert waren, sondern sich zu einem Staat zusammengeschlossen hatten, regelrechte Feldzüge führen, anstatt, wie sie es Jahrhunderte zuvor getan hatten, nur in Stammesverbänden gelegentliche Überfälle zu unternehmen und sich rasch wieder zurückzuziehen. Mohammed wollte seine Herrschaft ausdehnen. Und er wollte die neue Einheit der Araber dadurch sichern, dass er den Wüstenstämmen neue Chancen zum Beutemachen und für Tributforderungen bot. Vor allem aber wurden, nach Mohammeds Tod, die arabischen Überfälle von denen geplant und angeführt, die sich der Verbreitung des Islam verschrieben hatten. Wie Hugh Kennedy schreibt, kämpften die Muslime »für ihre Religion, weil Beute in Aussicht stand und weil es ihre Freunde und Stammesgenossen ebenso taten«.[6]

Alle Versuche, die muslimischen Invasionen zu rekonstruieren, haben ihre Grenze in der Unzuverlässigkeit der Quellen. Nach Fred Donner, einem Fachmann auf diesem Gebiet, haben die frühen muslimischen Chronisten »bruchstückhafte Berichte auf unterschiedliche Weise zusammengestellt, so dass sich widersprüchliche Folgerungen ergaben«; es sei unmöglich zu sagen, welche ihrer Chroniken die genaueste ist.[7] Außerdem finden sich sowohl in christlichen wie in muslimischen Berichten, was die Größe der Armeen angeht, häufig absurde Übertreibungen – manchmal werden zehnfach zu hohe Zahlen genannt. Glücklicherweise sind von Generationen einfallsreicher Wissenschaftler plausiblere Statistiken und adäquate Gesamtansichten der großen Feldzüge erarbeitet worden. Der folgende Überblick über die muslimischen Eroberungen beschränkt sich auf die Zeit vor dem Ersten Kreuzzug.

Syrien

Syrien, damals eine Provinz des Byzantinischen (Oströmischen) Reichs, war für die muslimischen Araber in mancher Hinsicht interessant und wurde darum auch zuerst erobert. Es lag nicht weit entfernt und war das ihnen bekannteste Ausland. Arabische Kaufleute hatten regelmäßig mit syrischen Kollegen Handel getrieben, ungekehrt waren auch Syrer zu den Messen gekommen, die seit Generationen in Mekka abgehalten wurden. Außerdem war Syrien viel fruchtbarer als Arabien, und es gab dort große, imposante Städte, Damaskus beispielsweise. Auch die politisch unsichere Lage in Syrien, die Unzufriedenheit in der Bevölkerung waren günstige Voraussetzungen.

Nach jahrhundertelanger byzantinischer Herrschaft war Syrien 611 an die Perser gefallen und wurde 630 (zwei Jahre vor Mohammeds Tod) von den Byzantinern zurückerobert. Weil die Perser die institutionelle Basis der byzantinischen Verwaltung zerstört hatten, blieb nach ihrer Vertreibung ein Machtvakuum. Ferner waren Araber seit Jahrhunderten nach Syrien eingewandert, hatten den byzantinischen Streitkräften dort viele Soldaten gestellt. Auch arabische Stämme aus den Grenzregionen hatten als Söldner gedient, vor allem um Raubzüge anderer Stämme aus dem Süden abzuwehren. Nachdem Byzanz jedoch die Herrschaft über Syrien zurückerobert hatte, stellte Kaiser Herakleios, um die enorme Schuldenlast des Byzantinischen Reichs nicht weiter zu vergrößern, die Zahlungen an diese Grenzstämme ein, womit er Bündnispartner verlor.[8] Die in Syrien lebenden Araber hatten für ihre byzantinischen Herrscher wenig übrig;

so wechselten, als die islamisch-arabischen Invasoren anrückten, viele arabische Söldner der Verteidigungstruppen die Fronten. Und, was für die Byzantiner noch fataler war, selbst in der nichtarabischen Bevölkerung Syriens »war die byzantinische Herrschaft so verhasst, dass die Araber als Befreier begrüßt wurden«.[9] Und niemand hasste und fürchtete die »Griechen« mehr als die großen christlichen Gemeinschaften, wie die Nestorianer etwa, die von den orthodoxen Bischöfen von Byzanz als Häretiker verfolgt wurden.

Im Jahr 633 fielen die ersten muslimischen Streitkräfte in Syrien ein und besetzten den Süden des Landes, ohne auf nennenswerten Widerstand der Byzantiner zu stoßen. Im folgenden Jahr begann eine zweite Phase, nun setzten sich die Byzantiner entschlossener zur Wehr, doch die Muslime siegten in mehreren Schlachten, eroberten 635 Damaskus und andere Städte. Im August 636 folgte die berühmte Schlacht am Jarmuk, die sechs Tage dauerte. Beide Seiten waren der Zahl nach etwa gleich stark, doch die Muslime hatten den Vorteil, aus der Defensive heraus die byzantinischen Truppen zum Angriff zwingen zu können. Deren schwerer Reiterei gelang es schließlich, eine Bresche in die arabische Front zu schlagen, doch konnte sie diesen Vorteil nicht nutzen, weil die Muslime sich hinter ihren Kamelen verschanzten, die sie durch Fußfesseln am Fortlaufen hinderten. Als die Byzantiner diese neue Verteidigungslinie angriffen, ließen sie ihre linke Flanke ungeschützt, und in dieser Situation konnte die muslimische Reiterei zum tödlichen Schlag ausholen. Die byzantinischen Fußsoldaten gerieten in Panik und meuterten, ihre Reihen lösten sich auf, sie flohen; Tausende stürzten in einer Schlucht zu Tode. Kurz darauf zog sich die geschlagene byzantinische Armee aus Syrien zurück.[10] Der muslimische Kalif machte Damaskus zur Hauptstadt des wachsenden islamischen Reichs. (Das Wort Kalif bedeutet »Nachfolger«, der Titel Kalif »Nachfolger Mohammeds«.)

Persien

Andere arabische Truppen waren unterdessen ins persisch-sassanidisch besetzte Mesopotamien, den heutigen Irak, eingedrungen. Auch den Persern machte die Unzuverlässigkeit ihrer arabischen Söldner zu schaffen: In mehreren größeren Schlachten gingen ganze Einheiten der persischen Reiterei, die ausschließlich aus arabischen Reitern bestanden, zur muslimischen Seite über, was in der Schlacht von Kadesia im Jahr 636 zur verheerenden Niederlage der Sassaniden führte.

Sie hatten eine Armee von vielleicht 30 000 Mann aufgestellt, dazu kam eine stattliche Zahl von Kriegselefanten. Die muslimischen Streitkräfte waren kleiner und schlechter bewaffnet, aber sie hatten einen klaren Stellungsvorteil: Ihre Front lag hinter einem Seitenarm des Euphrat, zu ihrer Rechten breitete sich ein Sumpf aus, links lag ein See; hinter ihnen die Weite der Wüste. Die Kämpfe am ersten Tag waren noch ein vorsichtiges Abtasten; einen ersten versuchsweisen Vorstoß der Kriegselefanten konnten arabische Bogenschützen abwehren. Der zweite Tag verlief ähnlich. Am dritten Tag jedoch gingen die Perser zu einer umfassenden Offensive über, gedeckt durch die vorweg marschierenden Kriegselefanten. Wieder empfing sie ein Pfeilhagel, die beiden Leitelefanten wurden verwundet, rasten wie wild zurück, brachten nicht nur die Reihen der anderen Elefanten durcheinander, sondern rissen diese auch mit auf ihre Flucht, und die persischen Soldaten wurden von den eigenen Tieren überrannt. In dieser heillosen Verwirrung griff die arabische Reiterei an: Die Schlacht war gewonnen – unter enormen Verlusten der Perser.[11]

Wenig später, nach nur kurzer Belagerung, eroberten die muslimischen Truppen die persische Hauptstadt Ktesiphon. Damit war das Gebiet des heutigen Irak in muslimischer Hand, das Persische Reich bestand nur mehr aus dem Gebiet des heutigen Iran. Dort leisteten die Perser erbitterten Widerstand, aber ohne Erfolg, auch dieser Teil wurde erobert. In den nächsten hundert Jahren kam es immer wieder zu persischen Aufständen gegen die muslimische Herrschaft. Schließlich aber war Persien ausreichend befriedet, und Kalif al-Mansur konnte die Hauptstadt des muslimischen Reichs von Damaskus in eine neue Stadt verlegen, die er am Tigris (im heutigen Irak) bauen ließ. Ihr offizieller Name war Madina al-Salam (»Stadt des Friedens«), allgemein aber wurde sie Bagdad genannt: »Geschenk Gottes«.

Nach der Eroberung Persiens wandten sich die muslimischen Armeen nach Norden, eroberten Armenien, zogen nach Osten bis ins Industal (ins heutige Pakistan), drangen von dieser Basis aus tief in den indischen Subkontinent vor.

Das Heilige Land

Palästina, das zum byzantinischen Syrien gehörte, stand nach der vernichtenden Niederlage der byzantinischen Truppen am Jarmuk nur noch unter dem Schutz örtlicher Truppen. Zu dieser Zeit wurde das Heilige Land von Byzantinern (griechischen Christen) verwaltet, die Einwohner aber waren zumeist Juden. Die muslimischen Siege über die Byzantiner wurden von vielen Juden als Zeichen für die Ankunft des Messias gedeutet, und das mag der Grund gewesen sein, warum Juden die einfallenden Muslime willkommen hießen.[12] Die Muslime drangen 636 in Palästina ein, im Jahr 638, nach einer langen Belagerung, musste sich Jerusalem dem Kalifen Umar ibn al-Chattab ergeben, der auf einem prächtigen Pferd in die Stadt einzog und ein Kamel mit sich führte. Umar gestattete den byzantinischen Christen in Jerusalem zu bleiben, nicht aber den Juden;[13] er setzte damit die von den byzantinischen Statthaltern über Jahrhunderte praktizierte Politik fort.[14] Einige Jahre später wurde das Ansiedlungsverbot aufgehoben.

Ägypten

Auch das Land am Nil war eine Provinz des Byzantinischen Reichs, deren Sicherheit die Niederlagen der byzantinischen Armeen im Nordosten gefährdeten. Im Jahr 639 schickte Kalif Umar ein kleines Invasionsheer, etwa 4000 Mann, ins Nildelta. Daraufhin zogen sich die byzantinischen Verteidigungstruppen in die befestigten Städte zurück, wo sie vor den Eindringlingen relativ sicher waren. Im Jahr 640 rückten weitere 12 000 muslimische Soldaten nach, und die beiden Abteilungen bezogen bei Heliopolis ein festes Lager. Die Byzantiner, denen es nicht gelungen war, die muslimischen Truppenteile anzugreifen, solange diese sich noch nicht vereint hatten, entschlossen sich nun zu einer offenen Feldschlacht und verließen ihre befestigten Stellungen. Im Schutz der Nacht konnten die Araber zwei Einheiten unbemerkt an beiden Flügel des Schlachtfelds postieren, und nachdem die arabische Hauptmacht die Byzantiner in Kämpfe verwickelt hatte, fielen diese beiden Einheiten über die Byzantiner her; deren Linien gerieten in Unordnung, und »zahllose Männer wurden von den triumphierenden Muslimen niedergemäht und vernichtet«.[15]

Um die restlichen byzantinischen Truppen aus ihren Garnisonen zu locken, griffen die Muslime die Stadt Nikiou an, die ohne Verteidigung war, und richteten unter den Einwohnern und ebenso in den umliegenden Dörfern ein Blutbad an.[16] Daraufhin traten die Byzantiner »den geordneten Rückzug zur Verteidigung von Alexandria« an.[17] Die Araber folgten ihnen und mussten bei der misslungenen Erstürmung der Stadtmauern eine schwere Niederlage hinnehmen. Sie zogen sich von der Stadt zurück und schlugen außerhalb der Reichweite der Pfeile und Steinschleudern der Verteidiger ihr Lager auf. Aber das hätte eine aussichtslose Belagerung bedeutet, denn Alexandria war eine Hafenstadt, und die byzantinische Flotte, die unangefochten das Mittelmeer kontrollierte, hätte die Stadt versorgen und Verstärkung herbeischaffen können.

Alexandria, damals die zweitgrößte Stadt der christlichen Welt,[18] »war von massiven Mauern und Türmen umgeben, gegen die die Geschosse der Araber nichts ausrichten konnten ... diese Stadt konnte jahrelang durchhalten«.[19] Aber 641 ließ sich Kyros, der neue byzantinische Statthalter in Ägypten, einen Monat nach seiner Ankunft in Alexandria aus Gründen, die wir nie erfahren werden, auf Verhandlungen mit dem muslimischen Oberbefehlshaber ein und übergab die Stadt und damit ganz Ägypten an die Araber.

Das war aber noch nicht das Ende. Vier Jahre später tauchte im Hafen von Alexandria eine byzantinische Flotte von 300 Schiffen auf, an Bord große Truppenverbände, die die muslimische Garnison, die nur 1000 Mann zählte, im Handstreich erledigte. Die Byzantiner hatten ihre uneinnehmbare Position hinter den starken Stadtmauern zurückerobert, doch ihr arroganter und törichter Kommandeur führte seine Truppen aus der Stadt heraus, um sich den Arabern in offenen Feldschlacht zu stellen – und wurde vernichtend geschlagen. Immerhin schafften es genügend Soldaten zurück nach Alexandria, um die Stadtmauern zu sichern. Vor Angriffen waren die Byzantiner sicher – nicht aber vor dem Verrat eines Offiziers, der den Arabern ein Tor öffnete. Nach einigen Quellen ist er bestochen worden, andere berichten, er sei ein koptischer Christ gewesen, der die Verfolgung seiner Glaubensgenossen an den Byzantinern rächen wollte. Wie auch immer, nachdem die Muslime in die Stadt eingedrungen waren, »richteten sie ein Massaker unter den Einwohnern an, plünderten und legten Brände ..., [bis] die Stadt halb zerstört war«.[20] Auch die Stadtmauern rissen sie nieder, um einer abermaligen Rückeroberung vorzubeugen.

Da sie Alexandria zwei Mal erobern mussten, war den Muslimen klar geworden, dass sie den Byzantinern die Vorherrschaft zur See streitig machen mussten. Sie beauftragten die noch intakten ägyptischen Werften mit dem Bau einer Flotte, warben koptische und griechische Söldner als Seeleute und Steuermänner an. 649 war die neue Flotte so groß, dass die Muslime die Invasion Zyperns in Angriff nehmen konnten; kurz darauf wurden auch Sizilien und Rhodos geplündert. Nun herrschten die Muslime über den größten Teil des Nahen Ostens und konnten ungehindert entlang der nordafrikanischen Küste vorrücken.

Gleichwohl kamen ihre Eroberungszüge zunächst zum Stillstand. Ein innermuslimischer Bürgerkrieg war ausgebrochen, der über Jahre hinweg mit großer Härte geführt wurde: Es ging um die rechtmäßige Nachfolge Mohammeds, die von dessen Vetter und Schwiegersohn Ali und von Muawiya, einem Vetter des ermordeten Kalifen Uthman, beansprucht wurde. Nach vielem Blutvergießen fiel Ali einem Mordanschlag zum Opfer, und Muawiya wurde Kalif. Das hatte zur Folge, dass der Islam fortan in Sunniten und Schiiten (die Anhänger von Ali) gespalten war. Erst 670 nahm eine muslimische Armee den Vormarsch entlang der nordafrikanischen Küste wieder auf.

Nordafrika

Wie Ägypten stand bis dahin auch die ganze nordafrikanische Küste unter byzantinischer Herrschaft. Die größeren Städte hatten allesamt Häfen und einsatzbereite Garnisonen, darum zogen die Araber auf Wüstenrouten nach Westen, errichteten im Landesinneren einen Stützpunkt und bauten in der Stadt Kairuan, der nach Mekka und Medina drittheiligsten Stadt des Islam, eine riesige Moschee.[21] Von diesem Stützpunkt im Maghreb (wie die Araber Nordafrika nennen) führten die muslimischen Truppen zunächst Krieg gegen Wüstenstämme der Berber, von denen manche vor langer Zeit zum jüdischen Glauben konvertiert waren.[22] Trotz des erbitterten Widerstands, den vor allem Stämme des Atlasgebiets leisteten, die von al-Kahina, einer charismatischen Jüdin angeführt wurden, gewannen die Muslime die Oberhand und machten die Berber zu ihren Verbündeten.[23] Inzwischen überrannte eine neue muslimische Armee, 40 000 Mann stark, die Küstenstädte des Maghreb und eroberte 698 Karthago. Doch wie in Alexandria gelang es den Byzantinern auch hier, über den Hafen der Stadt neue Truppen an Land zu bringen und sie zurückzuerobern. Daraufhin stellten die Muslime ihrerseits eine Flotte und eine neue Streitmacht auf, rekrutiert zum großen Teil aus Berbern, und 705 wurde Karthago »dem Erdboden gleichgemacht, und die Mehrzahl seiner Bewohner fand den Tod«.[24] Die starke Flotte, über die die Muslime nun verfügten, besiegelte das Schicksal der Küstenstädte, die Byzanz noch verblieben waren.[25]

Spanien

Im Jahr 711 überquerten 7000 bis 10 000 muslimische Krieger von Marokko aus das Mittelmeer an seiner engsten Stelle im Westen und gingen an der spanischen Küste an Land. Der Brückenkopf lag am Fuß eines Berges, der ins Meer hinausragt und später nach dem muslimischen Befehlshaber, dem Berber Tariq ibn Ziyad, Jabal Tariq

(»Felsen des Tariq«) genannt wurde, also Gibraltar.[26] Die Spanier wurden von der Landung der Muslime völlig überrascht. In aller Eile stellte König Roderich in seiner Hauptstadt Toledo eine Streitmacht auf und zog nach Süden, wurde aber in der Schlacht am Rio Guadalete vernichtend geschlagen; der König selbst ertrank auf der Flucht vor dem Gemetzel. Zum ersten Mal hatten es die muslimischen Truppen mit Christen zu tun, die nicht Byzantiner waren, sondern Westgoten, die das römische Spanien um 500 erobert hatten. Wie üblich sind die Zahlen, die Zeitgenossen zur Stärke der beiden Streitmächte, ihrer Toten und Verwundeten überliefert haben, nicht zuverlässig. Gibbon hat, auf solche Zahlen gestützt, von 100 000 Mann geschrieben, die Roderich unter seinem Befehl gehabt haben soll; sein Gegner habe 16 000 Mann verloren – wie auch immer, die Muslime waren die Sieger. Wahrscheinlich verfügte Roderich über weniger als 10 000 Soldaten. Sein Heer ging unter, Tariq sandte einen Kopf, den er für den des Königs hielt, in einer Salzlösung an den Kalifen in Damaskus.[27]

Nun begann ein sieben Jahre dauernder Krieg, der große Teile der Iberischen Halbinsel unter die Herrschaft der Muslime brachte, die ihre Reich al-Andalus nannten; nur aus einem kleineren Gebiet im Norden konnten die Christen nie völlig vertrieben werden. Von den Feldzügen zur Eroberung Spaniens ist so gut wie nichts bekannt; wir wissen nur, dass es keinen Widerstand seitens der Bevölkerung gab, weil ihr das korrupte und brutale Regime der Westgoten verhasst war. Die Einheimischen nannten die muslimischen Eindringlinge Mauren, Leute aus Mauretanien (ein Name, der von dem griechischen Wort *mauros* für »dunkel, dunkelhäutig« kam: gemeint war das Gebiet der Berber). Der Name setzte sich fest. Unmittelbar nachdem sie die Stadt Córdoba zu ihrer Hauptstadt gemacht hatten, bauten die Mauren auf dem Platz der bisherigen Kathedrale eine große Moschee. Anfangs gehörte al-Andalus zum muslimischen Reich, 756 aber wurde es ein selbständiges Emirat.

Sizilien und Süditalien

Der erste muslimische Angriff auf Sizilien erfolgte im Jahr 652. Er scheiterte ebenso wie die Invasionsversuche in den Jahren 667 und 720. Bürgerkriege zwischen Berbern und Arabern in Nordafrika verhinderten zunächst weitere Aggressionen. Erst 827 tauchten die Muslime wieder vor Siziliens Küste auf, dieses Mal mit einem Heer von 10 000 Soldaten. Die byzantinischen Truppen wehrten sich erbittert, und es dauerte über 70 Jahre, bis die Muslime die Oberhand gewannen – nicht ohne »viele Kämpfe und Metzeleien«.[28] Palermo allerdings fiel bereits im Jahr 831 nach langer Belagerung; Syrakus wurde erst 878 erobert; Taormina, die letzte Bastion der Byzantiner, hielt sich bis zum Jahr 902.

Von ihrer Basis in Sizilien aus wandten sich die Muslime Süditalien zu. 840 eroberten sie Tarent und Bari, machten Capua dem Erdboden gleich und besetzten Benevent. 843 und 846 plünderten sie Rom, raubten die berühmten Kirchen aus und zwangen den Papst zu hohen Tributzahlungen. Danach zogen sie sich in den Süden zurück, und die muslimischen Befehlshaber teilten das Land in unabhängige Emirate auf. Ihre Herrschaft über Sizilien und Süditalien währte über 200 Jahre.

Die großen Inseln

Die muslimischen Eroberungen der großen Mittelmeerinseln sind nur wenig erforscht, wahrscheinlich gelten sie unter Historikern als unbedeutend. Dabei hatte der Besitz von Inseln wie Kreta oder Sardinien für die muslimischen Flotten große strategische Bedeutung. Die Eroberungen von Zypern (653), Rhodos (672), Sardinien (809), Mallorca (818), Kreta (824) und Malta (835) waren bedeutende Verluste für den Westen.

MUSLIMISCHE KRIEGFÜHRUNG

Woran lag es, dass die Araber so rasch und offenbar auch ohne größere Schwierigkeiten triumphierten? Manche Historiker finden dies unerklärlich. Das aber zeigt, wie wenig vertraut sie sind mit militärischen Techniken. Sie fragen: Wie konnte ein Haufen von Barbaren aus der Wüste die großen, ausgebildeten Armeen der »zivilisierten« Reiche überrollen?

Wie schon gesagt, haben Historiker die muslimischen Eroberungen meist ihrer überlegenen Zahl zugeschrieben, den arabischen Reiterhorden, die auf ihren Pferden aus der Wüste losstürmten, um die viel kleineren byzantinischen und persischen Streitkräfte zu überwältigen. Wüstenstämme aber sind nie sehr groß, die muslimischen Eroberungsheere waren in Wirklichkeit viel kleiner als die »zivilisierten« Armeen, die sie besiegten. Manche Historiker griffen auf die These zurück, dass die Muslime siegen konnten, weil »die Byzantiner die Macht der religiösen Begeisterung in den arabischen

Heeren unterschätzten«.[29] Dabei soll man wohl an fanatische Kämpfer denken, die sich mit dem Schlachtruf »Tod den Ungläubigen!« in immer neuen Wellen auf den Feind stürzen. Andere Historiker führten die Verluste der Byzantiner und Perser darauf zurück, dass diese überzivilisiert gewesen seien, dekadent, ganz im Unterschied zu den furchtlosen islamischen Wilden. Diese Erklärung findet sich sogar bei Ibn Chaldun (1332–1406), dem berühmten muslimischen Gelehrten: »Es sollte bekannt sein, dass ... wilde Menschen unzweifelhaft tapferer sind als andere.«[30]

In Wirklichkeit verhielten sich muslimische Krieger nicht viel anders als byzantinische oder persische, sie stürmten voran oder sie liefen davon, je nach Schlachtenglück. Ihre häufigen Siege aber werden plausibel, wenn man von den damals üblichen Militärtechniken ausgeht.

Zunächst muss man sehen, dass die »zivilisierten« Reiche, was Waffen und Kriegsgerät angeht, keineswegs überlegen waren, abgesehen vielleicht von Belagerungsmaschinen, die aber nichts nützten, wenn feindliche Angriffe in einer Feldschlacht abzuwehren waren. Alle Kämpfer hatten Schwerter, Lanzen, Äxte und Bögen, jeder hatte einen Schild, und wer es sich leisten konnte, trug Kettenhemd oder Rüstung, was in den »zivilisierten« Streitkräften freilich verbreiteter war.[31] Zu dieser Zeit gab es jedoch längst nicht mehr die perfekt disziplinierten »Bürgersoldaten« des alten Rom, weder in den imperialen Armeen von Byzanz noch in denen des sassanidischen Persien. Soldaten wurden von überall her rekrutiert, meistens waren es »Ausländer«, die sich für Sold verdingten, was ihre Loyalität und ihren Kampfeswillen in Grenzen hielt. Und viele der einfachen Soldaten in den byzantinischen oder persischen Heeren waren, wie bereits erwähnt, Araber, die häufig in Scharen zu den Muslimen überliefen.

Die persischen und byzantinischen »Berufsarmeen« waren auch nicht besser ausgebildet; im Gegenteil, meistens waren sie »Festungstruppen«, die in erster Linie für die Verteidigung befestigter Garnisonen oder Städte oder anderer Stützpunkte eingesetzt wurden; auf taktische Manöver in einer Schlacht waren sie nicht vorbereitet.[32] Nicht besser wurde die Angelegenheit dadurch, dass ein chronischer Mangel an Soldaten herrschte, dass es also zu wenige Garnisonen gab und diese entsprechend weit auseinander lagen. Überraschungsangriffe ließen sich unter diesen Bedingungen kaum abwehren. Diesem Mangel wäre abzuhelfen gewesen, wenn den Persern und Byzantinern genügend große Reitertruppen zur Erkundung der feindlichen Marschrouten und Truppenstärken zur Verfügung gestanden hätten. Spätestens hier rächte es sich, dass die Reitertruppen zumeist aus angeworbenen Arabern bestanden, die in kritischen Situationen häufig desertierten. Die persischen und byzantinischen Soldaten stammten zumeist aus bäuerlichem Milieu, die Araber aus den Wüstenstämmen dagegen waren von klein auf im Waffenumgang geübte Krieger. Wenn sie in die Schlacht zogen, gehörte jeder einzelne muslimische Kämpfer zu einer kleinen organischen Einheit von Männern aus demselben Stamm. Sie standen Seite an Seite mit Verwandten und engen Freunden gegen den Feind – und das ist eine Situation, in der jeder Einzelne durch hohen sozialen Druck zu Mut und Angriffswillen angespornt wurde.

Der wichtigste Vorteil der muslimischen Invasoren war aber die Tatsache, dass sie alle auf Kamelen in den Krieg zogen. Selbst die Kavallerie benutzte für die langen Märsche Kamele und führte ihre Pferde am Zügel mit. Die Kamele machten die arabischen Truppen zu einer Art von »Militärmaschinerie«; sie waren viel mobiler und schneller als die persischen und byzantinischen Heere, die sich zu Fuß fortbewegten.[33] Aufgrund dieser Vorteile konnten sie schnell die Schwachpunkte in den Reihen der Gegner aufspüren, sie dort angreifen und der eigentlichen Konfrontation mit den Hauptstreitkräften der Perser und Byzantiner so lange ausweichen, bis sie diese in eine aussichtslose Lage manövriert hatten. »Kamele waren das einzige Fortbewegungsmittel in der Wüste, und hier hatten die Araber das Monopol. Weder byzantinische noch persische Heere konnten die Wüsten durchqueren.«[34] Mit den geographischen Gegebenheiten vertraut, wussten die Muslime, wie sie die Heere der großen Reiche auf Wüstenrouten umgehen oder sich in die Wüste zurückziehen konnten, wenn sie einer Schlacht ausweichen wollten. Das hatte den Arabern bereits im Nahen Osten große Effektivität verliehen, und sie konnten diese auch während der Eroberung Nordafrikas nutzen. Wie der »Wüstenfuchs« Erwin Rommel mit seinen Panzern in die Wüste auswich, um die britischen Truppen zu umgehen, die seinen Verbänden den Durchbruch nach Ägypten verlegen wollten, nutzten die Araber ihre Kamele, um die feindlichen Truppen zu umgehen, die die byzantinischen Kolonien an der Küste verteidigten.

Und anders als gemeinhin angenommen erwies sich auch die geringe Größe der Truppenkontingente, die die

Araber in offenen Feldschlachten einsetzten, als großer Vorteil. Sie zählten selten mehr als 10 000 Kämpfer, häufig waren es nur 2000 bis 4000 Mann.[35] Diese Verbände waren klein, gut geführt und angriffslustig und trafen auf schwerfällige Heere, sie waren den sehr kleinen Einheiten ähnlich, die im alten Griechenland über die riesigen persischen Heere gesiegt hatten. Gerade wegen ihrer geringen Größe waren die arabischen Invasionstruppen ihren Gegnern auf dem Schlachtfeld oft überlegen, denn aufgrund ihrer hohen Beweglichkeit konnten sie jede Schwäche ihrer Gegner ausnutzen, sie angreifen und oft – noch bevor Verstärkung eintraf – vernichten. Die imperialen Truppen verausgabten sich dagegen in erfolglosen Versuchen, ihre Gegner zur Schlacht auf offenem Feld zu zwingen, oder sie machten sich verwundbar, indem sie sich aufteilten, um an vielen Stellen gleichzeitig verteidigungsbereit zu sein. Das war ein taktisches Problem der Byzantiner an einzelnen Fronten, betraf aber auch ihre Gesamtstrategie, weil ihre Streitkräfte in dem riesigen Reich nur dünn verteilt waren. Während die Araber ihre Truppen auf ein bestimmtes Gebiet wie Syrien oder Ägypten konzentrierten, saßen Zigtausende byzantinischer Soldaten tatenlos in ihren Stützpunkten in Süditalien oder Armenien.[36]

Zudem wurden die arabischen Truppen eben auch gut geführt. Ihre Befehlshaber waren keine Stammesführer, sondern Offiziere, die aus »der neuen islamischen Führungsschicht in Mekka, Medina und al-Ta'if kamen«.[37] Die mittleren Ränge wurden mit Männern besetzt, die über Verwaltungserfahrung verfügten, Befehlsketten aufbauen und nutzen konnten, die auch in taktisch unübersichtlichen Situationen in der Lage waren, die strategischen Ziele im Auge zu behalten. Schließlich wurden Offiziere in den frühen muslimischen Heeren in erster Linie nach Verdienst ernannt und befördert und nicht nach Herkunft, wie die häufig wenig qualifizierten byzantinischen und persischen Befehlshaber.

POLITISCHE FÜHRUNG

Zunächst galten die eroberten Völker als Provinzen des muslimischen Staats und wurden von Statthaltern regiert, die der Kalif ernannte. Irgendwann jedoch brach der Zentralstaat auseinander, aus manchen Provinzen wurden unabhängige muslimische Staaten, »deren Herrscher den Kalifen gewöhnlich als Imam oder Oberhaupt des Islam anerkannten, sich aber in die Regierung ihrer Gebiete nicht hineinreden ließen«.[38] Als der Westen mit seinen Gegenangriffen begann, konnten nur die Truppen Widerstand leisten, die den regionalen muslimischen Herrschern zur Verfügung standen; auf Truppen anderer muslimischer Staaten konnten sie in der Regel nicht hoffen.

Anfangs bildeten die arabischen Eroberer eine kleine Elite, die über große nichtmuslimische Bevölkerungen herrschte, die den Islam zumeist jahrhundertelang nicht annahmen. Die herrschende muslimische Elite wurde von den Kalifen sogar angehalten, in ihren Garnisonsstädten zu residieren. »Auf diese Weise konnten sie ihre militärische Macht ausüben und wurden davon abgehalten, sich zu assimilieren und ihre religiöse und ethnische Identität zu verlieren.«[39] Diese Haltung hatte natürlich auch eine Kehrseite, denn die Isolation der

Muslime dämpfte die Konversionsbereitschaft in der jeweiligen Bevölkerung. Es gab wenig Kontakte zu den unterworfenen Völkern, die Politik beschränkte sich auf Verbote – so waren den Einheimischen zum Beispiel der Bau von Kirchen und das Reiten auf Pferden untersagt – und auf das Eintreiben der beträchtlichen Steuern, die Nichtmuslimen regelmäßig abverlangt wurden.

DIE EROBERTEN LÄNDER

Über die Toleranz der Muslime wurde viel Unsinn geschrieben. Der Islam, so der Tenor, habe – im Unterschied zum brutalen Verhalten der Christen gegenüber Juden und Ketzern – gegen die eroberten Völker bemerkenswerte Toleranz bewiesen, er habe sie respektvoll behandelt und ihnen erlaubt, ihren Glauben ungehindert auszuüben. Diese Behauptung geht wahrscheinlich auf Voltaire, Gibbon und andere Autoren des 18. Jahrhunderts zurück. Ihnen diente sie als Mittel, um die katholische Kirche in ein möglichst schlechtes Licht zu rücken.[40] Doch das Leben unter muslimischer Herrschaft sah ganz anders aus.

Es ist wahr, dass der Koran erzwungene Konversionen verbietet. Aber das blieb ein leerer Legalismus, wenn den unterworfenen Völkern freigestellt wurde, entweder den Islam anzunehmen oder getötet oder versklavt zu werden. Vor diese Wahl wurden gewöhnlich Heiden gestellt, aber auch Juden und Christen hatten häufig nur diese oder eine etwas weniger extreme Wahl. Grundsätzlich galten Juden und Christen als »Menschen des Buches«, waren darum zu tolerieren und nicht an der Ausübung ihres Glaubens zu hindern. Das allerdings unter ziemlich repressiven Bedingungen: Wer zu einer dieser beiden Glaubensrichtungen übertrat, wurde (und wird) mit dem Tod bestraft. Auch durften Juden und Christen keine neuen Kirchen und Synagogen bauen, ihre heiligen Schriften nicht laut beten oder lesen – auch nicht in ihren Wohnhäusern, Kirchen und Synagogen –, damit sie nicht zufällig von Muslimen gehört werden konnten. Und, wie der bekannte Islamhistoriker Marshall G. S. Hodgson (1922–1968) hervorhebt, gaben die muslimischen Behörden sich von Anfang an große Mühe, die *dhimmis* – Juden und Christen, die sich weigerten, zum Islam überzutreten – zu demütigen und zu bestrafen. Sie sollten – das war offizielle Politik – »sich unterlegen fühlen ... und ›ihren Platz‹ kennen«; es sollten Gesetze erlassen werden, dass »Christen und Juden keine Pferde zum Reiten benutzen durften, allenfalls Maultiere ... dass sie bestimmte Kennzeichen ihrer Religion auf ihrer Kleidung tragen mussten, wenn sie sich unter Muslimen befanden«.[41] An manchen Orten war es Nichtmuslimen verboten, sich wie Muslime zu kleiden und Waffen zu tragen.[42] Außerdem wurden sie wesentlich höher besteuert als Muslime.[43]

Das waren die Bedingungen, unter denen jüdische und christliche Untertanen muslimischer Staaten normalerweise lebten. Häufig aber waren diese Bedingungen härter. Im Jahr 705 versammelten die muslimischen Eroberer Armeniens die christlichen Adligen in einer Kirche und verbrannten sie.[44] Es gab viele solcher Geschehnisse – neben den wahllosen Massakern an Christen, von denen schon die Rede war. Das erste Massaker an Juden ereignete sich in Medina, als Mohammed alle männlichen erwachsenen Juden (etwa 700 an der Zahl) enthaupten ließ, nachdem sie gezwungen worden waren, ihre eigenen Gräber auszuheben.[45] Leider kam es im Laufe der Zeit immer häufiger zu Massakern an Juden und Christen. Im 11. Jahrhundert fanden zum Beispiel viele Massentötungen von Juden statt – über 6000 in Marokko in den Jahren 1032/33 und mindestens ebenso viele bei zwei Gewaltausbrüchen in Granada.[46] Im Jahre 1570 wurden auf Zypern Zigtausende christlicher Zivilisten von den muslimischen Eindringlingen umgebracht.[47]

Das heißt *nicht*, dass die Muslime brutaler oder weniger tolerant waren als Christen oder Juden; es war eine insgesamt brutale und intolerante Zeit. Es zeigt aber, dass Versuche, die Muslime als aufgeklärte Anhänger eines Multikulturalismus darzustellen, bestenfalls ignorant sind.

BEKEHRUNG ZUM ISLAM

Es verging viel Zeit, bis die eroberten Gebiete nicht nur dem Namen nach muslimisch waren. Lange herrschten kleine muslimische Eliten über nichtmuslimische (meistens christliche) Bevölkerungen. Diese Tatsache steht im Widerspruch zu der weit verbreiteten Annahme, dass auf die muslimischen Eroberungen alsbald Massenkonversionen zum Islam folgten.

Zu dieser Annahme gelangt man, wenn man nicht genau zwischen »Konversionen durch Vertrag« und den individuellen Überzeugungen und Alltagspraktiken unterscheidet. Viele Stämme Arabiens griffen für Mohammed zu den Waffen, und das geschah auf der Grundlage eines Vertrags, mit dem die Kämpfer dessen religiöse Forderungen anerkannten. Doch hatten diese Verträge keine Folgen für die religiöse Praxis und Überzeugung des Einzelnen – was daraus hervorgeht, dass Stämme nach dem Tod des Propheten reihenweise abtrünnig wurden. Konversionen per Vertrag gab es auch später, während der gesamten muslimischen Eroberungen, namentlich bei den Berbern. Als sie von den muslimischen Eroberern Nordafrikas angegriffen wurden, waren die Berberstämme entweder Heiden, Juden oder Christen. Nach der Niederlage von al-Kahina und ihren Truppen, 701 bei Taharqa, unterschrieben die Berber einen Vertrag, in dem sie sich zu Muslimen erklärten. Manche wurden vielleicht wirklich Muslime. Doch selbst wenn die Berber, nach Marshall Hodgsons Ansicht, »en masse konvertierten«,[48] handelte es sich im Wesentlichen um Vertragskonversionen, mit denen die Konvertierten das Recht erhielten, an den folgenden Eroberungsfeldzügen teilzunehmen und einen Anteil an den dabei anfallenden Plünderungen und Tributen zu kassieren. Die wirkliche, den individuellen Glauben betreffende Konversion der Berber ging langsam vonstatten und dauerte Jahrhunderte.

Abgesehen von dieser Verwechslung zwischen vertraglicher und wirklicher Konversion sind Historiker verschiedentlich auch in der Annahme fehlgegangen, es habe schließlich, wenn ein Land von den Muslimen besetzt wurde, zu massenhaften Konversionen »kommen müssen«. Dieses »müssen« ist einer der am wenigsten verlässlichen Begriffe im wissenschaftlichen Vokabular. Wenn es nämlich nach den Quellen zweifelhaft ist, dass an diesem oder jenen Ort überhaupt Konversionen stattgefunden haben, können Sozialwissenschaftler, die sich mit dem Phänomen der Konversion beschäftigten, einwenden, dass es nicht unbedingt Massenkonversionen gegeben haben »muss«. Alle untersuchten Beispiele von Konversionen zeigen, dass ein Übertritt zum Islam eine individuelle Handlung ist, die sich ganz allmählich vollzog: zum Beispiel wenn sich die Betreffenden durch Kontakt und Zusammenleben mit bereits muslimisch gewordenen Verwandten und Freunden zu deren Glauben hingezogen fühlten.[49] Für solche allmählichen Konversionen spricht, dass es Jahrhunderte dauerte, bis auch nur die Hälfte der Bevölkerung in eroberten Gesellschaften muslimisch wurde.

Richard W. Bulliet hat hervorragende Daten zum Umfang der Konversionen in den verschiedenen eroberten Regionen vorgelegt.[50] Aus nicht ganz geklärten Gründen haben die Muslime seit den ältesten Zeiten umfangreiche biographische Aufzeichnungen zu den Menschen angelegt, die in einem bestimmten Gebiet eine gewisse soziale Bedeutung hatten; Verzeichnisse, die sie über Jahrhunderte auf dem neuesten Stand hielten. Auf dieser Basis konnte Bulliet Daten von über einer Million Menschen sammeln. Diese Daten sind deshalb wertvoll, weil Bulliet aufgrund ihrer Namen Muslime von Nichtmuslimen unterscheiden konnte. Er fügte die verschiedenen Verzeichnisse für ein bestimmtes Gebiet zusammen und klassifizierte Zehntausende von Menschen, die in diesen Verzeichnissen nach ihrem Geburtsjahr aufgeführt waren. Damit konnte er den Anteil von Muslimen in der Bevölkerung zu verschiedenen Zeitpunkten bestimmen und für fünf große Gebiete in

Kurvendiagrammen darstellen, wie sich die Konversionsbereitschaft entwickelte. Weil aber nur die einheimische Prominenz verzeichnet wurde, werden, im Verhältnis zur Gesamtbevölkerung, Umfang und Tempo der Konversionen zu hoch angesetzt, insofern in diesen Eliten der Anteil von Muslimen von Anfang an höher war und sich dies Missverhältnis zur Gesamtbevölkerung auch nicht änderte. Um diesem Fehler zu begegnen, dachte sich Bulliet ein überzeugendes Verfahren aus, um die Daten in Konversionskurven für ganze Bevölkerungen umzuwandeln.

Die Tabelle (Seite 51) zeigt, wie lange es gedauert hat, bis in fünf großen Gebieten 50 Prozent der Bevölkerung zum Islam übergetreten waren. Im (heutigen) Iran hatte erst 200 Jahre nach den ersten muslimischen Eroberungen die Hälfte der iranischen Bevölkerung den Islam angenommen; in Syrien dauerte dies 252 Jahre; in Ägypten und Nordafrika 264 Jahre. Im Iran verlief dieser Prozess etwas schneller, weil sich dieses Gebiet in zweierlei Hinsicht von den anderen unterschied. Zum einen, und wohl am wichtigsten, kam es dort nach der Unterwerfung durch muslimische Eindringlinge über mehr als hundert Jahre hinweg zu Aufständen gegen die muslimische Herrschaft, die so erfolgreich waren, dass sie immer wieder in blutigen Schlachten kulminierten, auf die ebenso grausame Repressionen folgten. Diese kriegerischen Auseinandersetzungen bewirkten einen starken Rückgang der nichtmuslimischen Bevölkerung, was aber nicht auf Konversion zurückzuführen ist. Und zweitens hat vermutlich das Klima der Angst, das die Niederlagen der Aufständischen begleitete, viele Einheimische veranlasst, aus Sicherheitsgründen zum Islam überzutreten oder auszuwandern. Jedenfalls nahmen die eroberten Völker trotz der schweren Bedingungen, unter denen sie als *dhimmis* zu leiden hatten, den Islam nur langsam an.

Noch im 13. Jahrhundert waren große Teile der Bevölkerung im muslimischen Reich Christen oder Juden; mit Ausnahme Arabiens, wo keine Nichtmuslime leben durften. Insofern war die der christlichen Kultur in Europa angeblich überlegene muslimische Kultur zumeist die weiterbestehende jüdisch-christlich-griechische Kultur aus der Zeit vor der Eroberung – eine Kultur, die sich die muslimischen Eliten nur langsam und unvollkommen zu eigen machten (siehe Kapitel 3).

Anzahl der Jahre, die es in fünf großen Gebieten dauerte, bis 50 Prozent der Bevölkerung zum Islam übergetreten waren.

GEBIET	JAHRE
Syrien	252
Westliches Persisches Reich (Irak)	253
Östliches Persisches Reich (Iran)	200
Ägypten und Nordafrika	264
Spanien	247

Berechnungen nach Bulliet.[53]

SCHLUSS

Viele Kritiker der Kreuzzüge meinen offenbar, man solle darüber hinwegsehen, dass die Muslime den größten Teil der Christenheit überrannten, ihnen dies vielleicht auch nachsehen; ja, es war sogar die Rede von der anderen Wange, die man hinhalten solle.[51] Diese Perspektive ist sicher nicht realistisch und vermutlich auch nicht aufrichtig. Immerhin hatten die Byzantiner nicht nur den größten Teil ihres Reichs verloren, sondern der Feind stand vor ihren Toren. Und in Europa wurde der Verlust von Spanien, Sizilien, Süditalien und anderen Mittelmeerinseln mit großer Verbitterung aufgenommen. Zusammenfassend schreibt der britische Historiker Derek Lomax (1933–1992):

> Der Papst war wie die meisten Christen der Überzeugung, dass der Krieg gegen die Muslime einesteils dadurch gerechtfertigt war, dass diese gewaltsam Länder usurpiert hatten, die einst christlich gewesen waren, und andernteils dadurch, dass sie sowohl für die unter ihrer Herrschaft befindlichen Christen als auch für jene christlichen Länder, in denen sie der Sklavenjagd, der Plünderei und den Freuden der Zerstörung frönen konnten, eine Schmach war.[52]

Es war Zeit zurückzuschlagen.

Kapitel zwei

DIE CHRISTENHEIT SCHLÄGT ZURÜCK

Im Jahr 732 drang ein großes muslimisches Heer in Frankreich ein. Es wurde von fränkischen Truppen unter Karl Martell vernichtend geschlagen. Von da an wurden die muslimischen Eindringlinge allmählich aus Europa zurückgedrängt. © Réunion des Musées Nationaux / Art Resource, NY

Rasch gelang es den muslimischen Armeen, große Gebiete der Perser, Byzantiner und Westgoten zu erobern und zu einem ausgedehnten Reich zusammenzufügen, unbesiegbar aber waren sie nicht. Als sie sich, fern von der heimischen Wüste, nicht länger auf ihre Kamele verlassen konnten und auf loyale und entschlossene christliche Streitkräfte trafen, zeigte sich, dass die »wilden« und »unbesiegbaren« islamischen Invasoren durchaus verwundbar, ihre Waffen und ihre militärische Taktik unzulänglich waren. Erst wurden sie bei Konstantinopel, dann in Gallien vernichtend geschlagen, schließlich in Spanien langsam zurückgedrängt und aus Sizilien und Süditalien vertrieben.

NIEDERLAGEN IN KONSTANTINOPEL

Nach den Siegen über die byzantinischen Heere in Syrien und Ägypten und den erfolgreichen Feldzügen entlang der nordafrikanischen Küste entschloss sich Kalif Muawiya im Jahr 672, den Feind direkt anzugreifen. Von seiner neuen Hauptstadt Damaskus aus ließ er seine Flotte eine Armee von 50 000 Kämpfern durch die Dardanellen bringen. Die Truppen des Kalifen besetzten die Halbinsel Kapıdağ an der Südküste des Marmarameers und bauten die Hafenstadt Kyzikos zu einem befestigten Stützpunkt aus. Von dort aus begannen sie mit ihrer Flotte Konstantinopel zu belagern.

Hätten die Muslime die Hauptstadt erobert, wäre für sie der Weg für eine Invasion Europas durch den Balkan frei gewesen. Aber Konstantinopel konnte die Belagerer abwehren, und in einer großen Seeschlacht brachten die Byzantiner den Muslimen eine schwere Niederlage bei.

Nach dem Untergang ihrer Flotte wurden die Araber zu Belagerten. Sie litten Hunger, die Ruhr breitete sich aus, Tausende von muslimischen Kämpfern kamen um. Auch hatten die wenigsten Muslime jemals Schnee und Eis erlebt, und als der Winter kam, traf sie die Kälte völlig unvorbereitet. Sie hatten keine warme Kleidung, viele erfroren. Obwohl ihre Reihen sich lichteten und die gut genährten Byzantiner sie von den Zinnen der Stadtmauern herab verhöhnten, hielten sie einige Jahre durch. Aber als seine Armee von jeglichem Nachschub abgeschnitten war, lenkte Muawiya ein und nahm das Friedensangebot der Byzantiner an, »zu Bedingungen, die ihm noch wenige Jahre zuvor schändlich vorgekommen wären: Räumung der ägäischen Inseln, die er jüngst erobert hatte, und Zahlung eines jährlichen Tributs von fünfzig Sklaven, fünfzig Pferden und dreitausend Pfund Gold an den Kaiser.«[1] Ein Jahr später starb Muawiya, der neue Kalif stellte die Tributzahlungen ein.

Westliche Historiker haben die Niederlage der Muslime als einen »Wendepunkt in der Geschichte der Menschheit« gefeiert.[2] Der in Russland geborene Byzantinist Georgije Ostrogorski (1902–1976) nennt den Ansturm auf Konstantinopel »den stärksten, den die christliche Welt von arabischer Seite je erlebt hat. Konstantinopel war aber der letzte Damm, der damals der arabischen

Invasion entgegenstand. Dass dieser Damm gehalten hatte, war eine Rettung nicht nur für das Byzantinische Reich, sondern für die gesamte europäische Kultur.«[3] Oder, wie es der bekannte Historiker John Julius Norwich formulierte: »Hätten sie Konstantinopel im siebten und nicht erst im fünfzehnten Jahrhundert eingenommen, wären vielleicht ganz Europa und wohl auch Amerika heute moslemisch.«[4]

Wie kamen die Byzantiner zu diesem Sieg? Leider sind die arabischen Quellen »so wirr, dass sie nicht zu gebrauchen sind«.[5] Daher wissen wir von muslimischer Seite wenig, und die Byzantiner beobachteten die muslimischen Truppen nur aus der sicheren Entfernung ihrer Wehranlagen. Doch ist diese Frage wahrscheinlich auch gar nicht so wichtig, denn merkwürdigerweise wurde nicht viel gekämpft, der Sieg war eher ein Triumph der westlichen Technik – der uneinnehmbaren Befestigungsanlagen[6] und einer geheimen Angriffswaffe.[7]

Die Mauern dienten nicht nur der Verteidigung der Stadt auf der Landseite, sondern umschlossen auch die drei Seeseiten und den Hafen, in den die Schiffe nur durch ein gewaltiges Tor einlaufen konnten. Diese Mauern waren ein Wunder der Ingenieurskunst: zunächst die wuchtige Außenmauer mit Türmen und prächtigen Zinnen und Wehranlagen, dahinter die noch stärkere Innenmauer, dreizehn Meter hoch und fünf Meter dick, mit noch kunstvolleren Zinnen. Vor der landseitigen Außenmauer lag ein breiter Graben, und auf den anderen drei Seiten waren die Mauern natürlich nur mit Booten zu erreichen. Gegen diese außerordentliche Befestigungsanlage setzten die Araber selbst für damalige Zeiten vergleichsweise primitive Belagerungsmaschinen ein, die den Mauern kaum Schaden zufügen konnten. Erst mit schwerer Artillerie, also ab dem 15. Jahrhundert, konnten Angreifer Breschen in die Mauern schießen, zuvor waren sie allenfalls mit Sturmleitern zu überwinden.

Die Muslime hätten die Stadt aushungern können, hätten sie nicht ihre Vorherrschaft auf dem Meer verloren. Und dabei kam besagte Geheimwaffe ins Spiel. Nach der Überlieferung gelang dem griechischen Architekten oder Ingenieur Kallinikos von Heliopolis um 670 eine Erfindung, die »Griechisches Feuer« genannt wurde, und er brachte sie nach Konstantinopel. Das Griechische Feuer war eine hoch entzündliche Flüssigkeit, dem Napalm verwandt, die, einmal in Brand gesetzt, ein Flammenmeer ergab, das mit Wasser nicht gelöscht werden konnte, vielmehr noch stärker aufloderte, sobald es mit Wasser in Berührung kam. Die Geschichte dieser Erfindung war ein Volksmärchen, wahrscheinlicher ist, dass das Feuer von »Chemikern in Konstantinopel entwickelt wurde, die an das Erbe der Entdeckungen der chemischen Schule von Alexandria anknüpften«.[8] Jedenfalls war die Formel ein streng gehütetes Geheimnis; dieses ging verloren, als der Vierte Kreuzzug viele Todesopfer unter der herrschenden Elite von Konstantinopel forderte,[9] und den Wissenschaftlern ist es bis heute nicht gelungen, die Wirkung des Griechischen Feuers völlig zu reproduzieren.[10]

Die Byzantiner aber waren in der Lage, mit dieser Waffe gegnerische Flotten zu zerstören und feindliche Armeen in Angst und Schrecken zu versetzen. Das Griechische Feuer wurde auf verschiedene Weise an sein Ziel gebracht, meistens durch eine Schleuder oder mit Hilfe von Pumpen. Ein Behälter aus Glas oder Ton konnte, auf eine Schleuder geladen, bis zu vier-, fünfhundert Metern weit geschleudert werden. Beim Aufschlag zerbrach er, entzündete sich, und die brennende Flüssigkeit spritzte gut zwölf Meter nach allen Seiten. Die Wirkung des Feuers war ungeheuer, wenn solche Gefäße von den Wehranlagen und Stadtmauern auf die heranrückenden Muslime abgeschossen wurden. Ihnen blieb nur die Flucht. Auf Schiffen allerdings konnten keine Schleudern montiert werden. Darum erfanden byzantinische Ingenieure einen einfachen Flammenwerfer – eine Pumpe, die die brennende Flüssigkeit durch ein Rohr am Bug einer Galeere hinausschleuderte. (Solche Rohre waren oft mit Tierköpfen verziert.) Die Reichweite dieses Systems war begrenzt, reichte aber aus, wenn es zum Nahkampf mit feindlichen Galeeren kam. Ausgerüstet mit diesen feuerspeienden Pumpen ruderten die Byzantiner wiederholt hinaus und brannten die muslimische Flotte nieder.[11]

Im Jahr 717 versuchten es die Muslime ein zweites Mal, mit 1800 Galeeren sollen sie angerückt sein. Die Byzantiner lockten diese Flotte in den Bosporus, indem sie die große Kette wegzogen, mit der die Einfahrt gesperrt war, und als sich die Schiffe dicht gedrängt im flachen Wasser befanden, kamen byzantinische Schiffe mit ihren Pumpen und setzten die Flotte fast vollständig in Brand. Die meisten Gegner wurden getötet oder ertranken. Im nächsten Frühjahr versuchten es die Muslime mit einer neuen Flotte zum dritten Mal, und wieder ließen die Griechen ihr Feuer auf sie niedergehen. Die muslimischen Galeeren, die sich hatten retten können, gerieten auf der Flucht in einen verheerenden Sturm. Es blieben nur fünf muslimische Schiffe übrig.[12]

DIE SCHLACHT VON TOURS UND POITIERS

Wie so oft in der Geschichte wirkten die Pyrenäen wie ein Bollwerk: In Nordspanien, am Fuß des Gebirges, kam der Vormarsch der Muslime zum Stillstand – für einige Jahre. Erst 721 zog as-Samh ibn Malik al-Chawlani, der muslimische Statthalter in Spanien, mit einem Heer nach Norden, um das Herzogtum Aquitanien im südlichen Gallien (Südfrankreich) zu unterwerfen. Zunächst belagerte er Toulouse. Nach drei Monaten, die Stadt stand kurz vor der Kapitulation, rückte Eudo von Aquitanien mit einer fränkischen Armee heran. Der Herzog zog gerade im Land umher, um seine Truppen zu sammeln, daher glaubten die Muslime keinen Gegner zu haben und wurden übermütig. Weder hatten sie ihr Lager befestigt noch Kundschafter ausgeschickt, die sie vor einem möglichen Angriff hätten warnen können; nicht einmal Wachposten hatten sie aufgestellt. So gelang den Franken ein Überraschungsangriff, die muslimischen Soldaten flohen in Panik, viele ohne Waffen und Rüstungen; die meisten wurden von der fränkischen Reiterei niedergemacht. Auch as-Samh ibn Malik al-Chawlani wurde tödlich verwundet.

Im Jahr 732 unternahmen die Muslime unter Führung von Abd ar-Rahman einen weiteren Versuch, dieses Mal mit einer größeren Streitmacht. Muslimischen Quellen zufolge sollen es Hunderttausende von Soldaten gewesen sein, die christlichen *Chroniques de Saint-Denis* verzeichnen 300 000 in der Schlacht getötete Muslime. Realistischer ist wohl Paul K. Davis' Schätzung, die von 80 000 muslimischen Soldaten ausgeht;[13] Victor Davis

Hanson wiederum nimmt an, dass es nur etwa 30 000 waren.[14] Jedenfalls war diese Begegnung, der manche Historiker nur geringe Bedeutung beimessen,[15] kein einfacher Überfall oder bloß eine Erkundungsexpedition. Die Muslime kamen mit einer großen Armee und drangen tief in Gallien ein: Zur Schlacht kam es etwa 250 Kilometer südlich von Paris, der genaue Ort ist nicht bekannt. Wahrscheinlich lag das Schlachtfeld am Zusammenfluss von Clain und Vienne, zwischen Tours und Poitiers. Daher sprechen einige Historiker von der Schlacht von Tours, andere von der bei Poitiers.

Der Vormarsch der Muslime von Spanien über die Pyrenäen nach Frankreich hinein verlief ohne Zwischenfälle. Eine kleinere fränkische Streitmacht, die Bordeaux zu verteidigen suchte, wurde geschlagen, die Stadt geplündert. Eine weitere kleine christliche Streitmacht ging in einem Gefecht an der Garonne unter. Auf ihrem Vormarsch plünderte und verwüstete die muslimische Armee das Land, ihr Tross war bald schwer mit Beute beladen.

Nach dem zeitgenössischen Bericht des Isidor von Beja ließ der muslimische Befehlshaber »Kirchen verbrennen und dachte, er könnte die Basilika des Heiligen Martin von Tours plündern«.[16] Doch zunächst stoppte er seinen Vormarsch, um seine Truppen neu zu formieren. Wieder waren die Muslime von überschäumendem Selbstvertrauen, »ihre Herzen waren mit Zorn und Stolz erfüllt«, wie ein anonymer arabischer Chronist schrieb.[17] Wieder sandten sie keine Kundschafter aus, wieder entging ihnen die drohende Gefahr. Doch Karl Martell, de facto der Herrscher des Frankenreichs, nahte mit einer Armee schlachterprobter Franken.

Karl Martell war ein ungewöhnlich großer und stattlicher Mann. Der uneheliche Sohn von Pippin dem Mittleren war berühmt für sein militärisches Geschick. Selbst wenn es nicht zu dieser Schlacht mit den Muslimen gekommen wäre, wäre er eine große historische Figur geworden, denn mit seinen erfolgreichen Kriegszügen gegen Bajuwaren, Alemannen, Friesen und Sachsen gründete er das (nach ihm benannte) Karolingerreich – das Reich, das von seinem Enkel, Karl dem Großen, vollendet wurde. Karl Martell zog, nachdem er seine Truppen gesammelt hatte, nach Süden, um der muslimischen Bedrohung zu begegnen. Da er einen Überraschungsangriff führen wollte, konnte er sich ein Schlachtfeld aussuchen. In dichten Linien brachte er seine gut gerüsteten Fußtruppen auf einem Bergrücken, von Bäumen geschützt, in Stellung und zwang die Muslime auf diese Weise, entweder bergauf anzugreifen oder der Schlacht auszuweichen. Und die Muslime griffen an, in immer neuen Wellen.

In der Militärwissenschaft geht man grundsätzlich davon aus, dass sich Reitertruppen gegen gut bewaffnete und disziplinierte Fußtruppen nicht behaupten können, es sei denn die Reiter sind zahlenmäßig weit überlegen.[18] Ihre Wirkung konnten Reitertruppen nur dann entfalten, wenn es darum ging, Fußtruppen niederzureiten, sobald deren Linien nachgaben und die Soldaten flohen. Hielten die Fußsoldaten ihre Reihen jedoch dicht geschlossen, standen sie Schulter an Schulter wie eine Mauer von Schilden, ihre Speere mit den Enden in den Boden gerammt wie ein unüberwindbares Dickicht, dann konnten sie Reiterangriffe leicht abwehren. Die Pferde scheuten vor den Speeren und gingen durch. Und in dieser Schlacht bestand die muslimische Streitmacht ausschließlich aus leichter Reiterei, die nur mit Lanzen und Schwertern ausgerüstet war und kaum Schilde und Rüstungen mit sich führte. Und diese Reiter trafen auf ein Heer mit Rüstungen und Schilden ausgestatteter Fußsoldaten[19] – es waren völlig ungleiche Gegner. Wie Isidor von Beja in seiner Chronik berichtet, wich die erfahrene fränkische Infanterie vor den arabischen Reitern nicht: »Sie standen fest geschlossen wie ein Bollwerk aus Eis.«[20] Wiederholt rannte die muslimische Reiterei gegen die fränkischen Linien an, und jedes Mal wurde sie mit schweren Verlusten zurückgeschlagen. Verwundete und reiterlose Pferde machten das Durcheinander auf dem Schlachtfeld perfekt.

Wie ein arabischer Chronist berichtet, gerieten die Muslime am späten Nachmittag in große Unruhe, denn sie fürchteten um ihr Beutegut, das sie in ihren Zelten gelagert hatten; in ihren Reihen wurde das Gerücht immer lauter, der Feind plündere ihr Lager. »Daraufhin ritten einige Abteilungen der mohammedanischen Reiterei davon, um die Zelte zu schützen.«[21] Andere Einheiten glaubten aber, dies sei das Signal zum Rückzug, der es dann tatsächlich auch wurde – und nun ließen die Franken ihre eigene schwer gepanzerte Reiterei los und fügten den fliehenden Muslimen große Verluste zu.[22] Mindestens 10 000 Araber verloren an diesem Nachmittag ihr Leben, auch Abd ar-Rahman, durchbohrt von fränkischen Lanzen.[23]

Aber die fränkischen Fußsoldaten standen unverrückbar zusammen und überließen die Verfolgung ihrer Reiterei; sie rührten sich selbst während der Nacht nicht von der Stelle. Am nächsten Morgen tauchten keine neuen muslimischen Truppen mehr auf. Kundschafter, die ins Lager der Muslime geschickt wurden, berichteten, dass die Feinde geflohen waren und leere Zelte zurückgelassen hatten.

Manche Historiker betrachten den Sieg bei Tours und Poitiers als ein Ereignis, dem die abendländische Kultur ihr Überleben verdankt. Wären die Muslime, resümiert Edward Gibbon, bei Tours siegreich gewesen, hätten sie über kurz oder lang die »Grenzen von Polen und die Schottischen Hochlande« erreicht, »die arabische Flotte hätte, ohne eine Seeschlacht, in die Mündung der Themse einlaufen können. Vielleicht würde jetzt in den Schulen zu Oxford die Auslegung des Korans vorgetragen, von ihren Kanzeln herab einem beschnittenen Volk die Heiligkeit und Wahrheit der Offenbarung des Mohammed bewiesen werden«.[24] In der Folgezeit haben viele abendländische Historiker die Schlacht ähnlich gewertet – als einen bedeutenden geschichtlichen Wendepunkt. Auch der Militärhistoriker und Politiker Hans Delbrück (1848–1929) behauptet:

> Es giebt keine Schlacht, die wichtiger wäre in der Weltgeschichte, als die Schlacht bei Tours, in der Karl Martell den Arabern Halt gebot und sie zurückwarf. Ueber ihren Verlauf wissen wir so gut wie nichts, aber das vermögen wir zu behaupten, daß es die Karolingischen Vasallen gewesen sind, dieses im Frankenreiche ausgebildete, im Westgothenreich vernachlässigte Kriegerthum, das hier die Zukunft der germanisch-romanischen und christlichen Welt gerettet hat.[25]

Erwartungsgemäß spielten Historiker in jüngerer Zeit die Bedeutung der Schlacht von Tours schnell herunter. Nach Philip Hitti etwa »wurde auf dem Schlachtfeld von Tours nichts entschieden. Die muslimische Eroberungswelle ... hatte sich erschöpft und war an eine natürliche Grenze gestoßen.«[26] Und Franco Cardini schreibt, die ganze Schlachtgeschichte sei nichts weiter als »fränkische und päpstliche Propaganda«.[27] Solche Historiker stützen sich auf arabische Quellen, aus denen nicht hervorgeht, dass diese Schlacht die Muslimen irgendwie beeindruckt hätte, zumindest nicht die Führungsschicht in Damaskus. Bernard Lewis ist der Auffassung, nur wenige arabische Historiker hätten die Schlacht überhaupt erwähnt, und diejenigen, die doch auf sie zu sprechen kamen, hätten sie als eine »vergleichsweise unbedeutende Begegnung« dargestellt.[28]

Wenn man bedenkt, wie wenig die Muslime von anderen Kulturen wussten, wie wenig sie andere Gesellschaften überhaupt zur Kenntnis nahmen,[29] dann mag, von Damaskus aus betrachtet, die Niederlage von Tours und Poitiers tatsächlich als unbedeutend erschienen sein. Von Spanien aus gesehen stellte sich die Sache anders dar. Im Unterschied zu den muslimischen Führern andernorts wussten die Muslime in Spanien sehr wohl, wer Karl Martell war und wie er ihre Bestrebungen durchkreuzt hatte. Sie lernten aus ihrer Niederlage; sahen, dass die Franken weder ein sesshaftes Volk waren, das sich militärisch auf kasernierte Söldnertruppen verließ, noch barbarische Horden. Auch sie strebten nach einem Reich, und die fränkischen Krieger waren gut ausgebildete Freiwillige, die Waffen und Rüstungen besaßen und in ihrer militärischen Taktik den Muslimen durchaus überlegen waren.[30] Als die Araber im Jahr 735 einen erneuten Versuch zur Eroberung Galliens machten, wurden sie von Karl Martell und seinen Franken abermals geschlagen, dieses Mal so vernichtend, dass sie sich nie mehr nach Norden vorwagten. Vierzig Jahre später schaltete sich Karl Martells Enkel in den langen Prozess ihrer Vertreibung aus Spanien ein.

DIE RECONQUISTA

Die Mauren fielen zwar auch im Süden Frankreichs ein, Spanien aber konnten nie sie ganz erobern. Vor den arabischen Angriffen zogen sich die spanischen Adligen in den Norden an die Biskaya zurück, und da sie von dort nicht weiter konnten, richteten sie sich in Asturien ein, in einem Gebiet, das an drei Seiten von Gebirgen und im Norden durch das Meer geschützt war. Hier entwickelte sich das christliche Königreich Asturien, das von Anfang an die Wiedereroberung Spaniens anstrebte. Im Jahr 741, als das muslimische Spanien durch einen Aufstand der Berber verwüstet wurde, besetzten die Asturier die westliche Küstenregion Galicien. Der nächste Schritt der christlichen Reconquista ging indessen von einer muslimischen Splittergruppe aus.

Im Jahr 777, über sechzig Jahre nach der ersten Invasion Spaniens, wandte sich der muslimische Statthalter von Barcelona an den Frankenkönig Karl (den späteren Kaiser Karl den Großen) und bat ihn um Hilfe gegen seinen Rivalen Abd ar-Rahman I., den Emir von Córdoba. Als Gegenleistung bot er Saragossa und andere Städte im Norden Spaniens an.[31] Im Frühjahr 778 stellte

Karl I. zwei Heere auf und schickte sie nach Spanien, eins durch die östlichen Pyrenäen nach Barcelona und das andere, das er selbst anführte, durch die westlichen Pyrenäen nach Pamplona. Merkwürdigerweise befahl Karl, obwohl die baskische Stadt christlich und er selbst ein gläubiger Christ war, Pamplona gewaltsam zu nehmen. Nachdem er seine Truppen mit dem anderen Heer vereinigt hatte, zog er nach Saragossa, der Stadt, die ihm versprochen war. Entlang des Wegs dorthin ergaben sich verschiedene Städte. Der muslimische Statthalter von Saragossa aber hatte inzwischen die Seite gewechselt und lehnte die Übergabe seiner Stadt ab.[32]

Zu dieser Zeit erreichte Karl die Nachricht, dass sich die Sachsen gegen seine Herrschaft auflehnten, also sammelte er seine Truppen und zog in Eilmärschen nordwärts, um den Aufstand niederzuschlagen. Als seine Nachhut durch den engen Pyrenäenpass bei Roncesvalles zog, geriet sie in den Hinterhalt einer Koalition von Muslimen und Basken, die die Plünderung Pamplonas rächen wollten. Die Franken saßen in der Falle und wurden aufgerieben. Karls Neffe, der Graf Roland von der Bretonischen Mark, wurde getötet – und zum Helden des *Rolandslieds*, eines großen Epos des frühen Mittelalters.

Aber damit war das spanische Abenteuer Karls des Großen nicht zu Ende. Einige Jahre später schickte er erneut ein Heer, das die Mauren südlich von Barcelona bezwang. Diese neue Ära des christlichen Spaniens wurde bekannt als Marca Hispanica oder Spanische Mark (eine Reihe von Grafschaften an der Grenze zwischen dem Frankenreich und al-Andalus). Nach dem Tod Karls des Großen im Jahr 814 wurde die fränkische

Herrschaft schwächer, das christliche Gebiet zerfiel in kleinere Staaten, die praktisch autonom waren.[33] Allein oder zusammen mit anderen drängten sie die Mauren allmählich nach Süden. Ihre Bemühungen fanden Verstärkung, als 835 in Galicien – wie die Legende überliefert – die Gebeine des Apostels Jakobus entdeckt wurden; Reliquien, die eine »mächtige Inspiration für die christliche Sache« bedeuteten. Bald schon strömten Pilger in Scharen zum Grab des Heiligen in Santiago de Compostela, das zur Quelle des Reichtums für Galicien wurde.[34] Um 1063 bekamen die lokalen Streitkräfte Verstärkung aus dem Norden und schöpften neuen Mut.

1061 wurde Papst Alexander II. inthronisiert – er war einer aus der Reihe der Reformer, die dem Amt neue Autorität und einen Machtzuwachs verschafften. 1063 versprach er Rittern, die bei der Vertreibung der Mauren aus Spanien mitwirkten, den Ablass ihrer Sünden. Damit gab er das Signal für einen »Kreuzzug vor den Kreuzzügen«, wie Menéndez Pidal treffend formuliert hat.[35] Die Reaktion war schwach. Einige fränkische Ritter scheinen sich nach Spanien aufgemacht zu haben, ihre Beteiligung mag auch zur weiteren Rückeroberung maurischer Gebiete beigetragen haben; entscheidende Schlachten allerdings fanden nicht statt.

Der Papst, das sollten wir festhalten, legte Wert darauf, dass Ritter, die auszogen, die Mauren zu bekämpfen, die Juden unbehelligt ließen. Nach dieser Weisung, die Juden zu schützen, gab er so etwas wie eine Begründung: Zu seiner Freude habe er vernommen, »dass Ihr den Juden, die unter Euch leben, Schutz gewährt, so möge ihnen nicht nach dem Leben getrachtet werden von denen, die nach Spanien gegen die Sarazenen ziehen ... denn die Lage der Juden ist eine ganz andere als die der Sarazenen. Gegen diese ist es gerecht, Krieg zu führen, weil sie die Christen verfolgen.«[36]

Im Jahr 1073 starb Alexander II. Auch sein Nachfolger, ebenfalls von der Reformpartei, unterstützte die Reconquista. Unmittelbar nach seiner Wahl versprach Gregor VII. den Rittern, die die Absicht hatten, nach Spanien zu gehen, »dass jeder Franke in Spanien das Land bekommt, das er erobert«.[37] Auch dieser päpstliche Aufruf fand keine nennenswerte Resonanz, doch hatte der Papst zumindest den regionalen christlichen Streitkräften Mut gemacht: Am 25. Mai 1085 eroberten sie Toledo. Der Fall dieser Stadt war strategisch wie psychologisch ein Desaster für die Muslime.[38] Mitten in Spanien gelegen, war Toledo die Heimat einer der reichsten maurischen Dynastien, die hier seit Generationen prächtig Hof hielten. Toledo, die ehemalige Hauptstadt des westgotischen Spaniens, war wieder in christlicher Hand.

Im Jahr 1092 rief Alfons VI., König von León und Kastilien, den berühmtesten spanischen Ritter aus der Verbannung zurück. Mit des Königs Erlaubnis stellte Rodrigo Diaz de Vivar, besser bekannt als El Cid, eine Armee auf und eroberte mit dieser am 16. Juni 1094, nach einer zweijährigen Belagerung, Valencia. Die Mauren reagierten schnell; im Dezember schon schickten sie ein großes Feldheer, um Valencia zu entsetzen. Zu ihrer Überraschung ließ sich El Cid gar nicht auf eine Belagerung der Stadt ein, sondern brach eilends auf und traf bei Cuart de Poblet, einer Kleinstadt nahe bei Valencia, auf die muslimische Armee. El Cid, ein glänzender Stratege, hatte noch keine Schlacht gegen die Mauren verloren. Dieses Mal führte er einen kühnen Nachtangriff, mit dem er ihnen eine vernichtende Niederlage beibrachte. Kurz darauf schlug er einen Aufstand der Mauren nieder, vertrieb die Verbündeten und nahm Rache, indem er Valencias neun Moscheen in Kirchen umwandelte. Im Januar 1097 schlug El Cid erneut eine maurische Armee, die nach Valencia geschickt worden war; ihr trat er bei der Stadt Bairén entgegen, vernichtete sie und zog weiter, um eine Reihe weiterer Städte in der Gegend zu erobern.

El Cids Siege hatten ein gewaltiges Echo, zeigten sie den spanischen Christen doch, was getan werden konnte.[39] Islamische Streitkräfte gewannen zwar einige der folgenden Gefechte, doch das Blatt hatte sich gewendet. Bald beschränkte sich das islamische Spanien auf die Südküste.

DIE WIEDEREROBERUNG ITALIENS UND SIZILIENS

Ein besonderes Merkmal der muslimischen Herrschaft waren die unablässigen innermuslimischen Konflikte. Die verwickelten Komplotte, Attentate und Verratsgeschichten wirken wie Seifenopern mit tödlichem Ausgang. Mehrfach wurde Nordafrika von Aufständen, von innerislamischen Kriegen und Eroberungen zerrissen. Spanien war ein Flickenteppich sich ständig befehdender muslimischer Regimes, die sich, wenn es gegen ihre Rivalen ging, auch mit Christen verbündeten. So etwa hatte der maurische Statthalter von Barcelona Karl den Großen gebeten, in Spanien einzugreifen, und auch El Cid stand zeitweise als glänzender Söldnerführer im

Dienst des maurischen »Königs« von Saragossa, der Krieg gegen andere Muslime führte. Die Uneinigkeit der Mauren leistete den christlichen Bemühungen, die Mauren aus Spanien zu vertreiben, also Vorschub; und nicht anders war es in Italien und Sizilien.

Im Jahr 873, nachdem er seinen Mitkaiser ermordet und die Muslime von der dalmatinischen Küste vertrieben hatte, entschloss sich der byzantinische Kaiser Basileios I. Süditalien von den Muslimen zurückzufordern.[40] Er ließ seine Truppen am Stiefelabsatz der Halbinsel an Land gehen und zwang die Stadt Otranto zur Kapitulation. Drei Jahre später nahm er Bari ein, und im nächsten Jahrzehnt wurde praktisch ganz Süditalien wieder unter byzantinische Herrschaft gebracht.[41]

Damit aber wurde Süditalien noch nicht zur friedlichen Provinz. Immer wieder kam es zu Aufständen, Staatsstreichen und neuen Regimes – von den ständigen Intrigen am byzantinischen Hof in Konstantinopel ganz abgesehen. Gleichwohl behaupteten die Byzantiner ihre Vormachtstellung. 1038 entschlossen sie sich, den muslimischen Piraten das Handwerk zu legen, die von sizilianischen Häfen aus operierten, ebenso den Plünderern, die Beutezüge bis tief ins Land hinein unternahmen. Zunächst segelten byzantinische Streitkräfte über die Straße von Messina nach Sizilien. Sie hatten einen günstigen Zeitpunkt gewählt, da sich die arabischen Emire in Sizilien wieder einmal gegenseitig bekriegten. 1035 schickte al-Akhal, der muslimische Herrscher von Palermo, einen Gesandten nach Konstantinopel, um die Byzantiner um Hilfe gegen seine Feinde zu bitten. Der Kaiser versprach militärische Unterstützung, aber al-Akhal wurde ermordet, und »die verlockende Aussicht auf eine ungehinderte Landung« war dahin.[42] Der Bürgerkrieg unter den Arabern auf Sizilien weitete sich jedoch immer mehr aus, und so schien es unwahrscheinlich, dass diese einer byzantinischen Invasionstruppe ernsthaften Widerstand entgegensetzen würden.

Im Jahr 1038 überquerte eine merkwürdig zusammengesetzte Armee unter der Führung von Georgios Maniakes, dem damals berühmtesten byzantinischen Heerführer, die Straße von Messina. Zwar hatte Maniakes einen griechischen Namen, war aber wahrscheinlich mongolischer Herkunft, »ein Bär von einem Mann: stark, hässlich, einschüchternd … sein militärisches Können wurde in der Hauptstadt sehr geschätzt, aber er sagte offen seine Meinung und musste mit einem Regime zurechtkommen, in dem Verrat und Palastintrigen an der Tagesordnung waren.«[43] Seine Truppen bestanden aus zwangsverpflichteten Langobarden, regulären byzantinischen Soldaten und verschiedenen Söldnerabteilungen, darunter auch einem Aufgebot normannischer Ritter skandinavischer Herkunft, die nicht nur wegen ihres politischen Bewusstseins und ihres Ehrgeizes auffielen, sondern auch wegen ihrer ungewöhnlichen Statur.

Die Invasion begann im Spätsommer und wurde ein voller Erfolg. Messina fiel sofort. Dann siegten die Byzantiner in größeren Gefechten bei Rometta und Troina, »und innerhalb von zwei Jahren wurden über ein Dutzend große Festungen im Osten der Insel sowie die Stadt Syrakus eingenommen und unterworfen«.[44] Dann brach alles auseinander. Zunächst enthielt Maniakes den Normannen ihren Anteil an der Beute vor, was diese so ärgerte, dass sie »wütend, verbittert und unter Drohungen«[45] nach Italien zurückkehrten und die byzantinischen Truppen ohne ihre besten Einheiten zurückließen. Es entbrannten Feindseligkeiten zwischen Maniakes und Stephanos, dem Befehlshaber der Seestreitkräfte und Schwager des Kaisers, der militärisch unbedarft, dafür aber sehr ehrgeizig war. In seinem Ungeschick ließ Stephanos die muslimische Flotte durch die Blockade der Byzantiner entkommen, woraufhin Maniakes den Fehler beging, ihm eine Tracht Prügel zu verabreichen und Zweifel an seiner Männlichkeit zu äußern.[46] Der rächte sich, indem er Maniakes beim Kaiser als Verräter denunzierte. Maniakes wurde nach Konstantinopel zurückgerufen und dort sofort in den Kerker geworfen. Stephanos erhielt den Oberbefehl über die Truppen auf Sizilien, beging aber einen Fehler nach dem anderen. Nach seinem Tod wurde ein Hofeunuche namens Basileios zum Nachfolger gemacht, aber der war »kaum besser«[47]. Die byzantinische Armee musste sich langsam zurückziehen. Daraufhin erhoben sich die Langobarden in Apulien. Die Armee erhielt den Befehl, auf schnellstem Weg zurückzukehren, um den Aufstand niederzuschlagen, und zuletzt waren die Muslime wieder unbestrittene Herrscher über Sizilien.

Für die Normannen war die Expedition nach Sizilien eine lehrreiche Erfahrung. Sie wussten nun, wie reich die Insel war, dass die große christliche Bevölkerung eine Invasion unterstützen würde und die Muslime hoffnungslos zersplittert waren. Sie erkannten auch, dass Konstantinopel zu weit weg, zu korrupt und durch ständige Intrigen geschwächt war; es würde seine Herrschaft im Westen kaum verteidigen können. Also fanden sie es klüger, nicht in byzantinische Dienste zurückzukehren, um den Aufstand niederzuschlagen, sondern sich stattdessen an die Spitze der Erhebung zu setzen. 1041 zogen sie heimlich über die Berge nach Apulien.

Unter der Führung von Wilhelm von Hauteville, dessen Heldentaten in Sizilien ihm den Beinamen »Eisenarm« einbrachten, eroberten die Normannen die Stadt Melfi, eine strategisch günstig gelegene Bergfestung, die sie zu ihrem Stützpunkt machten. Da sie sich in den folgenden Wochen als glaubhafte Bundesgenossen der Aufständischen erwiesen, unterwarfen sich die umliegenden Städte widerstandslos. Der byzantinische Gouverneur war zu erfahren, um tatenlos zuzusehen, wie die Truppen von Normannen und Aufständischen ihren Aktionsradius erweiterten. Er zog ein Heer zusammen, das um einiges größer war als die Streitmacht seiner Feinde, und stellte sie am Fluss Olivento, schickte zunächst einen Boten ins Lager der Normannen, der sie vor die Wahl stellte, freies Geleit in langobardisches Territorium anzunehmen, andernfalls drohe Kampf. Die Historiker sind sich einig, dass folgende Reaktion keine Legende ist, sondern tatsächlich geschah: Der riesige normannische Ritter, der das Pferd des Boten hielt, versetzte dem Tier mit seiner gepanzerten Faust einen so wuchtigen Schlag auf den Kopf, dass es auf der Stelle tot umfiel.[48] Der Bote erhielt ein neues Pferd und wurde zum Lager der Byzantiner zurückgeschickt. Am nächsten Tag kam es zur Schlacht.

Unter großen Verlusten bereiteten die Normannen den Byzantinern eine vernichtende Niederlage; die meisten wurden in der Schlacht getötet oder ertranken, als sie über den Fluss zu flohen. Der byzantinische Gouverneur reagierte schnell, ließ reguläre Truppen aus Konstantinopel kommen und stellte die Normannen und ihre langobardischen Verbündeten erneut, dies Mal bei Montemaggiore. Unter der Führung von Wilhelm Eisenarm schlugen die Normannen auch diese byzantinische Streitmacht. Noch immer wollten die Byzantiner ihre Niederlage nicht akzeptierten, zogen bei Montepeloso noch einmal in den Kampf. Auch aus diesem Treffen gingen Wilhelm Eisenarm und seine Normannen als Sieger hervor und konnten sogar den byzantinischen Statthalter gefangen nehmen, für den sie Lösegeld forderten. Nie wieder ließen sich die Byzantiner in Italien auf eine offene Feldschlacht mit den Normannen ein, sondern begnügten sich damit, stark befestigte Städte zu verteidigen. Auf diese Weise vermieden sie weitere militärische Katastrophen, doch ließ sich Süditalien so nicht halten. Nach und nach wurde es zu einem normannischen Königreich.

Ihr Interesse am muslimischen Sizilien haben die Normannen währenddessen nicht verloren. In einem Brief an Papst Nikolaus II. hat sich Robert Guiscard, Herzog von Süditalien, bereits als »künftigen Herrn von Sizilien«[49] bezeichnet, ab 1059 machte er Ernst mit seinen Eroberungsplänen. Robert war ein bemerkenswerter Mann. Wie die byzantinische Prinzessin Anna Komnena berichtet, galt er als »hervorragender Herrscher, intelligent, mit edlen Zügen«, war »von großer Statur, trug sein Haar immer eng am Kopf und hatte einen dichten Bart. … Bis zu seinem Ende wahrte er das blühende Aussehen seines Gesichtes und seiner ganzen Figur … würdig eines Herrschers.« Aber er sei auch »sehr geizig« gewesen, »ganz und gar von der Mentalität eines Händlers«.[50]

Im Jahr 1061 landete Robert Guiscard mit seinem

Bruder Roger und einer ausgewählten Truppe von Normannen eines Nachts in Messina. Er fand die Stadt verlassen und ließ sie unverzüglich befestigen, verbündete sich mit Ibn at-Tinnah, einem der sich befehdenden Emire, eroberte anschließend den größten Teil Siziliens, musste dann aber nach Süditalien zurückkehren, um dort nach dem Rechten zu sehen. Er unternahm noch einige Versuche, seinen Machtbereich in Sizilien auszudehnen, konzentrierte sich aber auf die gänzliche Vertreibung der Byzantiner aus Süditalien, was ihm im Jahr 1071 gelang. Im Jahr darauf kehrte er nach Sizilien zurück, eroberte Palermo und trat die Herrschaft über die ganze Insel an. 1098 besetzte sein ältester Sohn Bohemund an der Spitze des Kreuzfahrerheers die Stadt Antiochia und wurde Regent des gleichnamigen Fürstentums. Und im Jahr 1130 gründete sein Neffe Roger II. das normannische Königreich Sizilien (zu dem auch Süditalien gehörte).[51] Es existierte nur etwa hundert Jahre lang, aber die Herrschaft über die Insel erlangten die Muslime nie wieder.

VORHERRSCHAFT AUF SEE

In den 1920er Jahren verschaffte sich der belgische Historiker Henri Pirenne (1862–1935) internationale Aufmerksamkeit mit seiner These, Europa habe sein »dunkles Zeitalter« nicht deshalb erlebt, weil das Römische Reich unterging oder »Barbaren« aus dem Norden einfielen, sondern weil es durch die muslimische Vorherrschaft im Mittelmeer isoliert, »hinter Schloss und Riegel gesetzt« worden sei. Das Mittelmeer, das Städte und

Provinzen des Römischen Reichs verband und damit regen Handel förderte, habe »den Charakter eines mohammedanischen Sees« gewonnen.[52] Vom Orienthandel abgeschnitten, sei Europa zu einer Ansammlung rückständiger Agrargesellschaften verfallen.

Um seine These zu stützen, zitiert Pirenne einige fragmentarische Quellen, die einen deutlichen Rückgang des Seehandels im 7. Jahrhundert und bis zum frühen 15. Jahrhundert ein geringes Handelsvolumen belegen. Pirennes Ansicht blieb einige Jahre sehr einflussreich, verlor aber an Plausibilität, als Kollegen überzeugende Beweise erbrachten, dass der angebliche Rückgang des Handels, auf dem Pirennes These beruht, stark überschätzt wurde. Es mochte, während der ersten fünfzig Jahre der muslimischen Expansion, Unterbrechungen des Seehandels mit dem Orient gegeben haben, doch die Handelsschifffahrt auf dem Mittelmeer erholte sich rasch; ebenso der Handel zwischen Europa und den islamischen Ländern.[53]

Merkwürdigerweise haben die Historiker der grundlegenden Annahme Pirennes, dass die muslimische Seemacht das Mittelmeer beherrschte, kaum Aufmerksamkeit geschenkt, sie eher unhinterfragt übernommen.[54] Wie Pirenne zu dieser Auffassung kam, lässt sich schwer sagen. Vielleicht glaubte er einfach Ibn Chaldun, der schrieb: »Die Muslime gewannen die Vorherrschaft über das gesamte Mittelmeer. Ihre Macht und Herrschaft über die See waren riesig. Die christlichen Nationen konnten nichts bewirken gegen die muslimischen Flotten, nirgendwo im Mittelmeer. Zu jeder Zeit ritten die Muslime auf seinen Wellen zur Eroberung.«[55] Tatsächlich aber erlangte die muslimische Flotte, abgesehen von den Vorteilen, die ihr einige strategisch günstige Inselstützpunkte boten, niemals die unbestrittene Vorherrschaft auf dem Meer.

Zwar legten sich die Muslime nach der Eroberung Ägyptens eine mächtige Flotte zu, besiegten im Jahr 655 die byzantinische Flotte vor der anatolischen Küste. Doch nur zwanzig Jahre später zerstörten die Byzantiner mit Hilfe des Griechischen Feuers eine große muslimische Flotte, ebenso im Jahr 717. Dann, im Jahr 747, traf »eine gewaltige arabische Armada von 1000 Galeeren, die Blüte der syrischen und ägyptischen Seemacht«, vor Zypern auf eine viel kleinere byzantinische Flotte – das anschließende Gefecht überstanden nur drei arabische Schiffe.[56] Die muslimischen Seestreitkräfte konnten ihre alte Stärke auch deshalb nicht mehr ganz zurückgewinnen, weil sie im Unterschied zu den Byzantinern nie über ausreichend »Holz zum Schiffsbau, über Werften und Hafenspeicher und Eisen« verfügten.[57] Das Mittelmeer wurde also nicht zum »mohammedanischen See«, dessen östlicher Teil war vielmehr byzantinisch. »Die mit äußerstem Geschick operierende Flotte kontrollierte erfolgreich die Küsten, überwachte die Meere und griff die sarazenischen Piratenschiffe an, wo immer sie sich zeigten.«[58] Zwar konnten die Muslime im 8. und 9. Jahrhundert im westlichen Mittelmeer, weit ab von den byzantinischen Flottenstützpunkten, zum Teil auch auf dem Seeweg vordringen, seit dem 10. Jahrhundert aber mussten sie sich sowohl vor abendländischen Flotten als auch vor der des erneuerten Byzantinischen Reichs in Acht nehmen.

Die Schwäche der muslimischen Seemacht blieb stets offensichtlich. Zunächst machten die Muslime rasch die

Erfahrung, dass sie ihre Schiffe aus offenen Häfen zurückziehen mussten, wo ihnen Überraschungsangriffe drohten. Aus diesem Grund gaben sie beispielsweise Karthago auf, verlegten die dort stationierte Flotte in einen Binnenhafen bei Tunis und bauten einen Kanal, um Zugang zum Meer zu haben. Der Kanal war so eng, dass nur jeweils eine Galeere durchpasste, weswegen er sich leicht gegen feindliche Schiffe verteidigen ließ.[59] Auch aus Alexandria wurde die ägyptische Flotte abgezogen, dafür nilaufwärts ein neuer Stützpunkt angelegt. Diese Maßnahmen waren strategisch sinnvoll, zeigen aber auch die Schwäche der muslimischen Seemacht.

Dass die Muslime das Mittelmeer nicht unangefochten oder ausreichend kontrollieren konnten, geht auch daraus hervor, dass die Byzantiner ihre Armeen ungehindert auf dem Seeweg transportieren, zum Beispiel Nachschub und Soldaten in Süditalien an Land bringen und von da aus die Muslime aus dieser Region vertreiben konnten. Ebenso wenig konnten die Muslime den wachsenden Seehandel italienischer Stadtstaaten wie Genua, Pisa und Venedig unterbinden.[60] Im 11. Jahrhundert, einige Zeit vor dem Ersten Kreuzzug, unternahmen italienische Seeverbände nicht nur Überfälle auf muslimische Schiffe, sondern auch auf deren Stützpunkte an der nordafrikanischen Küste.[61] Darum konnten auch italienische, englische, fränkische und sogar Wikingerflotten nach Belieben zum Heiligen Land und zurück segeln, Tausende Kreuzfahrer und den für sie notwendigen Nachschub transportieren. Schon deshalb kann Pirennes These nicht richtig sein, muslimische Seehandelsblockaden seien die Ursache dafür, dass Europa in ein »dunkles Zeitalter« eintrat. Im nächsten Kapitel aber werden wir zeigen, dass diese These vor allem darum falsch ist, weil es ein solches »dunkles Zeitalter« gar nicht gab.

SCHLUSS

Alle diese christlichen Siege ereigneten sich vor dem Ersten Kreuzzug. Als die Ritter aus Westeuropa auf dem Land- oder Seeweg zum Heiligen Land zogen, wussten sie über ihre muslimischen Gegner also gut Bescheid. Vor allem wussten sie, dass dieser Gegner nicht unüberwindbar war.

Kapitel drei

ABENDLÄNDISCHE »IGNORANZ« VERSUS MORGENLÄNDISCHE »KULTUR«

Trotz gegenteiliger Behauptungen war die Technik in der muslimischen Welt viel weniger weit entwickelt als im Westen. Die hier abgebildeten Ritter sind mit Armbrüsten bewaffnet, die viel zielgenauer und effektiver waren als die muslimischen Bögen, deren Pfeile kaum geeignet waren, die Kettenhemden der Kreuzritter zu durchschlagen. Muslime verfügten nur selten über solche Rüstungen. (© British Library / HIP / Art Resource, NY)

Seit langem ist die Auffassung verbreitet, dass zu einer Zeit, da Europa im »finsteren Mittelalter« vor sich hin döste, Wissenschaft und Bildung in der islamischen Welt in voller Blüte standen. Wie Bernard Lewis, eine Kapazität auf diesem Gebiet, in seiner jüngsten Studie schreibt, hatte der Islam »im Hinblick auf die Künste und Wissenschaften das höchste kulturelle Niveau in der Geschichte der Menschheit erreicht. ... das mittelalterliche Europa [ging] bei den Muslimen in die Lehre und war in gewisser Weise abhängig von der islamischen Welt.« Dann aber hätten die Europäer plötzlich und sprunghaft Fortschritte gemacht: »Sie ließen das islamische Erbe – die Wissenschaften, die Technologie und schließlich auch die Kultur – weit hinter sich.«[1] Daher die Frage, die Lewis im Titel seines Buches stellt: *What went wrong?* (»Was ist schief gelaufen?«)[2]

Dieses Kapitel ist meiner Antwort auf Lewis' Frage gewidmet: *Nichts* ist schiefgelaufen. Der Glaube, es habe einmal eine muslimische Kultur gegeben, die der europäischen überlegen war, ist bestenfalls eine Illusion.

DHIMMI-KULTUR

Die höhere Kultur, die arabische Eliten sich aneigneten, haben sie von den Völkern übernommen, die sie unterworfen hatten. Wie Bernard Lewis schreibt, ohne sich allerdings völlig im Klaren darüber zu sein, was das bedeutet, hatte »der Islam das Wissen und die Fertigkeiten des antiken Nahen Ostens, Griechenlands und Persiens übernommen ... und außerdem ... aus Indien«.[3] Die hohe Kultur der Muslime (meistens ist von »arabischer« Kultur die Rede) war die der unterworfenen Völker – die jüdisch-christlich-griechische Kultur von Byzanz, der erstaunlich hohe Bildungsstand in häretischen christlichen Gemeinschaften wie den Kopten und Nestorianern, das umfangreiche Wissen des zoroastrischen Persien und (wenn wir an die frühen und ausgedehnten Eroberungen der Muslime in Indien denken) die großen mathematischen Leistungen der Hindu. Dieses Bildungserbe, von dem viel auf das alte Griechenland zurückging, wurde ins Arabische übersetzt und zum Teil in die arabische Kultur aufgenommen. Aber auch nachdem es übersetzt war, wurde es in erster Linie von den *dhimmis* (geduldete, staatlich geschützte und steuerpflichtige Nichtmuslime, genauer: Angehörige der monotheistischen Religionen; A. d. Ü.) erhalten, die unter arabischer Herrschaft standen. Das »älteste wissenschaftliche Buch in der Sprache des Islam« beispielsweise ist »eine medizinische Abhandlung eines syrischen christlichen Priesters aus Alexandria und wurde von einem persisch-jüdischen Arzt ins Arabische übersetzt«.[4] Nicht nur, dass die »arabische« Wissenschaft und Bildung größtenteils von den *dhimmis* stammte; sie waren es auch, die die Texte ins Arabische übersetzten.[5] Doch aus diesem Wissensbestand wurde damit noch keine arabische Kultur. Sondern, schreibt Marshall Hodgson, »wer auf naturwissenschaftlichem Gebiet arbeitete, hielt im Allgemeinen an seinen alten religiösen Anschauungen fest und blieb ein *dhimmi,* auch wenn er Arabisch schrieb«.[6] Als sich die *dhimmis* allmählich assimilierten, ist denn auch vieles der gepriesenen hohen Kultur der Araber verloren gegangen.

Ein gutes Beispiel, das freilich nicht Wissenschaft und Kunst betrifft, sind die muslimischen Flotten. Die Probleme, die die Araber hatten, insofern die Byzantiner sie vom Meer aus angreifen konnten, brachten sie darauf, sich eigene Schiffe und Kriegsflotten zuzulegen. Diese konnten sich in manchen Gefechten mit byzantinischen oder westlichen Flotten durchaus messen, und das könnte als Beispiel für den hohen kulturellen Stand in der islamischen Welt gelten. Bei näherem Hinsehen aber zeigt sich, dass diese Flotten auch nicht wirklich »muslimisch« waren.

Als Wüstenbewohner verstanden die Araber nichts vom Schiffbau. Also wandten sie sich an die jüngst eroberten und noch intakten Werften in Ägypten[7] und in den syrischen Hafenstädten Tyrus, Akko und Beirut und ließen dort eine große Flotte bauen. Sie verstanden auch nichts von Segeltechnik und Navigation, bemannten ihre ägyptische Flotte deshalb mit koptischen Seeleuten,[8] ihre persischen Schiffe mit Söldnern, die ihre seemännischen Kenntnisse unter byzantinischer Flagge erworben hatten. Als sie etwas später eine Seestreitmacht in Karthago brauchten, schickte der »Statthalter von Ägypten 1000 koptische Schiffszimmerleute ..., um eine Flotte von 100 Kriegsschiffen bauen zu lassen«.[9] Über die muslimische Marine ist sehr wenig geschrieben worden (was den Gedanken nahe legt, dass muslimische Schriftsteller wenig davon verstanden).[10] Daher ist davon auszugehen, dass die Muslime »ihre« Schiffe nicht selbst bauten und befehligten, sondern dass sie weiterhin von *dhimmis* entworfen, gebaut und geführt wurden. Auch für den letzten, gescheiterten Versuch der Araber im Jahr 717, Konstantinopel vom Meer aus zu erobern, war entscheidend, dass »die christlichen Besatzungen der arabischen Schiffe großenteils zu den Byzantinern überliefen«.[11] Und schließlich, als 1571 in der Seeschlacht von Lepanto eine große muslimische Flotte durch Europäer versenkt wurde, waren »die Kapitäne beider Flotten ... Europäer. Der Sultan selbst bevorzugte abtrünnige italienische Admiräle.«[12] Überdies waren die arabischen Schiffe nicht nur Kopien europäischer Entwürfe, sondern »sie wurden für den Sultan von bestbezahlten Ausreißern aus Europa gebaut«,[13] von »Schiffszimmerleuten aus Neapel und Venedig«.[14]

Auch die hoch gelobte arabische Architektur war im Wesentlichen ein Werk der *dhimmis* und hatte persische und byzantinische Ursprünge. Als Kalif Abd al-Malik den großen Felsendom in Jerusalem bauen ließ, der als Meisterwerk der islamischen Kunst gilt, beauftragte er byzantinische Architekten und Handwerker,[15] weshalb er der Grabeskirche so ähnlich ist.[16] Und als Kalif al-Mansur im Jahr 762 Bagdad gründete, vertraute er den Entwurf der Stadt einem Zoroastrer und einem Juden an.[17] Zahlreiche berühmte Moscheen waren ursprünglich christliche Kirchen, nur Minarette wurden außen zugefügt und das Innere umgebaut. »Der Felsendom ist ein Werk der heute sogenannten islamischen Kunst«, das aber, so schreibt ein anerkannter Islamwissenschaftler, »bedeutet nicht unbedingt, dass er von Muslimen gebaut wurde, sondern dass es sich um eine Kunst in Gesellschaften handelt, in denen die meisten – oder die wichtigsten – Menschen Muslime waren.«[18]

Werke, die eine ähnlich große Bewunderung für die arabische Bildung geweckt haben, entstanden auf wissenschaftlichem und philosophischem Gebiet. So bemerkt Donald R. Hill in seinem viel beachteten Buch über die »enormen« Leistungen arabischer Wissenschaftler und Ingenieure, dass sie ihre Ursprünge in der vorarabischen Geschichte der eroberten Völker haben. Avicenna beispielsweise, den die *Encyclopædia Britannica* für den »einflussreichsten muslimischen Philosophen und Gelehrten« hält, war Perser, ebenso die berühmten Gelehrten Omar Khayyam, al-Biruni und Razi, die ebenso bedeutend sind wie Avicenna. Ein anderer Perser, al-Chwarizmi, gilt als Vater der Algebra. Al-Uqlidisi, der die Bruchrechnung erfand, war Syrer; Bakhtishu und Hunayn ibn Ishaq, zwei bedeutende »muslimische« Ärzte, waren nestorianische Christen. Masha'allah Ibn-Athari, der berühmte Astronom und Astrologe, war Jude. Die Liste ließe sich fortsetzen. Vielleicht haben sich manche Historiker von den arabischen Namen dieser Vertreter »arabischer Wissenschaft« sowie durch die Tatsache täuschen lassen, dass sie ihre Werke auf Arabisch veröffentlichten, in der damals »offiziellen« Landessprache.

Betrachten wir die Mathematik. Die sogenannten arabischen Ziffern sind indischen Ursprungs. Nachdem das großartige, auf dem Begriff der Null basierende indische Zahlensystem in arabischer Version in Umlauf gekommen war, wurde es nur von Mathematikern verwendet; im Alltag nutzten die Muslime weiter ihr umständliches traditionelles System. Auch viele andere Leistungen auf mathematischem Gebiet wurden irrtümlich »Arabern« zugeschrieben. Beispielsweise gilt der für seine Beiträge zur Geometrie und zur Zahlentheorie bekannte Thabit ibn Qurra gewöhnlich als »arabischer Mathematiker«, er war jedoch kein Araber, sondern Angehöriger der heidnischen Sekte der Sabier. Natürlich gab es eine Reihe hervorragender muslimischer Mathematiker; möglicherweise weil Mathematik ein so abstraktes Gedankengebäude ist, dass diejenigen, die sich mit ihm beschäftigten, gegen kritische Stimmen von religiöser Seite geschützt waren. Das Gleiche gilt für die Astronomie, obwohl auch in diesem Fall nicht Araber, sondern Inder und Perser die größten Verdienste hatten. Die »Entdeckung«, dass sich die Erde um ihre Achse dreht, wird häufig dem Perser Raihan Muhammad al-Biruni zugeschrieben, der sie aber nach eigenem Bekunden von Brahmagupta und anderen indischen Astronomen übernommen hat.[19] Biruni war sich in dieser Angelegenheit nicht wirklich sicher; in seinem *Canon Masudicus* jedenfalls schreibt er, es sei dasselbe, »ob man der Ansicht ist, dass die Erde sich bewegt oder der Himmel. In beiden Fällen ist die astronomische Wissenschaft nicht betroffen.«[20] Ein anderer berühmter »arabischer« Astronom, al-Battani, war wie Thabit ibn Qurra ein Mitglied der Sabier. Sie waren Sternenanbeter und darum hatten sie ein besonderes Interesse an Astronomie.

Auch in der Medizin haben die Araber nicht das geleistet, was ihnen vielfach nachgesagt wird,[21] denn in dieser Wissenschaft waren sie, wie auf mathematischem Gebiet, vorangegangenen Kulturen keineswegs überlegen. Die »muslimische« oder »arabische« Medizin war in Wirklichkeit eine Domäne nestorianischer Christen, selbst führende muslimische und arabische Ärzte wurden in dem großen Wissenschaftszentrum im syrischen Nisibis ausgebildet. Dort wie in anderen von Nestorianern betriebenen Bildungsstätten, beispielsweise in Jundishapur in Persien – der Wissenschaftshistoriker George Sarton (1884–1956) bezeichnet es als »das größte Bildungszentrum dieser Zeit«[22] –, wurde nicht nur auf medizinischem Gebiet, sondern auch auf allen anderen Wissensgebieten gelehrt und geforscht. Daher erwarben sich die Nestorianer bei den Arabern »den Ruf, ausgezeichnete Buchhalter, Architekten, Astrologen, Banker, Ärzte, Kaufleute, Philosophen, Naturwissenschaftler, Schreiber und Lehrer zu sein. Vor dem 9. Jahrhundert waren fast alle Gelehrten im islamischen Gebiet nestorianische Christen.«[23] Der nestorianische Christ Hunayn ibn Ishaq al-'Ibadi (auf Lateinisch bekannt als Johannitius), »sammelte, übersetzte und bearbeitete Texte, ließ unter seiner Leitung, zudem Übersetzungen griechischer Manuskripte ins Syrische und Arabische anfertigen, insbesondere von Hippokrates, Galen, Platon und Aristoteles«.[24] Mitte des 11. Jahrhunderts berichtete der muslimische Schriftsteller Nasir-i Khrusau: »Die Schreiber hier in Syrien und ebenso in Ägypten sind alle Christen ... und Ärzte sind gewöhnlich ... Christen.«[25] Christen, so heißt es auch in Moshe Gils monumentalem Geschichtswerk über Palästina, hatten unter muslimischer Herrschaft »einen starken Einfluss und bedeutende Machtpositionen, weil es unter ihnen fähige Verwalter gab, die Regierungsämter bekleideten, obwohl das muslimische Recht die Anstellung von Christen [in solchen Ämtern] untersagte, oder sie gehörten zur Intelligenz, weil sie hervorragende Naturwissenschaftler, Mathematiker, Ärzte und so weiter waren.«[26] Auch Abd al-Jabbar hat die bedeutende Rolle, die christliche Beamte spielten, hervorgehoben; um 995 schrieb er: »Könige in Ägypten, al-Sham, Irak, Dschazira, Fāris und in ihrer ganzen Umgebung vertrauen in der Beamtenschaft, der zentralen Verwaltung und im Finanzwesen auf Christen.«[27]

Selbst die parteilichsten Historiker des Islam wie der berühmte englische Konvertit und Koranübersetzer Marmaduke Pickthall (1875–1936)[28] teilen die Auffassung, dass die hoch entwickelte islamische Kultur ihren Ursprung in den Kulturen der eroberten Völker hatte. Zum Niedergang der islamischen Kultur und zur Unfähigkeit der Muslime, mit dem Abendland Schritt zu halten, kam es – und das wird immer wieder übersehen –, weil eine eigene muslimische oder arabische Kultur im Großen und Ganzen eine Illusion war. Sie beruhte auf einer komplexen Mischung von *dhimmi*-Kulturen und konnte darum leicht verloren gehen, war zudem stets in Gefahr, als häretisch unterdrückt zu werden. Daher kam im 14. Jahrhundert, als die Muslime im Osten jede Art von religiösem Nonkonformismus ausmerzten, ihre Rückständigkeit zum Vorschein.

ISLAM UND ARISTOTELES

Der Vorstellung, dass die Muslime gebildeter waren als das christliche Abendland, liegt die Annahme zugrunde, dass eine Gesellschaft, die nicht in griechischer Philosophie und Literatur verwurzelt ist, im Dunkel der Geschichte lebe! So haben europäische Schriftsteller in den letzten Jahrhunderten immer wieder betont, dass die Araber im Besitz der klassischen Schriften gewesen seien, wobei sie davon ausgingen, dass aufgrund des Zugangs zur fortgeschrittenen »Weisheit« der Alten der Islam die überlegene Kultur gewesen sei. Die mittelalterlichen europäischen Gelehrten waren mit den »Klassikern« viel vertrauter, als häufig angenommen wird, dennoch bleibt die Tatsache bestehen, dass aufgrund des Weiterbestehens der byzantinisch-griechischen Kultur in den meisten von den Arabern eroberten Gesellschaften die gebildetsten Araber eine umfangreichere Kenntnis klassischer griechischer Autoren hatten, vor allem von Platon und Aristoteles. Weniger bekannt ist der eher negative Einfluss, den der Zugang zur griechische Bildung auf die arabische Gelehrsamkeit hatte.

Die Werke von Platon und Aristoteles erreichten die Araber wahrscheinlich im 9. Jahrhundert in Übersetzungen aus dem Syrischen, die im späten 7. Jahrhundert aus dem Griechischen ins Syrische übertragen wurden. Anstatt jedoch in diesen Werken die *Bemühungen* griechischer Gelehrter zu sehen, Antworten auf spezifische Fragen zu geben, betrachteten die muslimischen Intellektuellen diese Texte wie den Koran als unverrückbare Wahrheiten, die unhinterfragt und widerspruchslos verstanden werden müssten, um immanente Unstimmigkeiten oder Widersprüche aufzuheben. Schließlich richtete sich ihr Hauptinteresse auf Aristoteles. »In Aristoteles«, schreibt der angesehene muslimische Historiker Caesar Farah, »fanden die muslimischen Denker den großen Führer, er wurde ihr ›erster Lehrer‹. Nachdem dies allgemein anerkannt war, entwickelte sich die muslimische Philosophie der folgenden Jahrhunderte nur noch in dieser Richtung als eine *Fortsetzung* von Aristoteles, um diesen zu erweitern, anstatt etwas Neues zu schaffen.«[29]

Das führte schließlich dazu, dass der Philosoph Averroes und seine Anhänger die Auffassung vertraten, die aristotelische Physik sei vollständig und unfehlbar, und wenn bestimmte Beobachtungen mit der Lehre des Aristoteles unvereinbar waren, dann konnte das nur auf Irrtümern oder Täuschungen beruhen.[30]

Solche Einstellungen hinderten den Islam, im Erkenntnisfortschritt dort fortzufahren, wo das griechische Denken stehen geblieben war. Im Unterschied dazu ließen sich die frühen christlichen Scholastiker durch ihre Rezeption des Aristoteles zum Experimentieren und Forschen anregen. Denn damals wie heute erwarb man sich größeren Ruhm, wenn man das überkommene Wissen hinterfragte, bessere Lösungen fand und zu neuen Erkenntnissen gelangte, und so begannen die Scholastiker, Mängel bei den Griechen zu entdecken.[31] Und es gab viele Fehler zu finden.

BÜCHER UND BIBLIOTHEKEN

Wie gesagt, alle Argumente für die angebliche Überlegenheit der muslimischen Kultur, stützen sich darauf, dass die muslimischen Gelehrten Übersetzungen der klassischen griechischen Schriften besaßen. Bücher und Manuskripte müssen aber irgendwo aufbewahrt werden, und diese Orte mit großen Textsammlungen kann man als Bibliothek bezeichnen – ob es sich nun um die Sammlungen von einzelnen Personen oder um solche von Institutionen handelt, die ihre Aufgabe darin sahen, Texte zu erwerben, zu kopieren und aufzubewahren. Beide Arten von Sammlungen gab es in der islamischen

Welt schon in ihrer Frühzeit. Islamische Eroberungsarmeen stießen auf solche Bibliotheken überall im Nahen Osten und in Nordafrika. Einige stammten noch aus heidnischen Zeiten, andere hatten Christen und Juden eingerichtet. »Jedes Kloster und vermutlich jede Kirche« der Kopten in Ägypten »hatten einst eigene Manuskriptsammlungen.«[32] Im ganzen Byzantinischen Reich verfügte der orthodoxe Klerus über Bibliotheken. Auch die Nestorianer hatten in ihren großen Bildungseinrichtungen umfangreiche Handschriftensammlungen. Daher verwundert die Geschichte von jenem nestorianischen Mönch keineswegs, der sich jede Woche eine Schrift aus der Klosterbibliothek holte und die freie Zeit nutzte, über den Text nachzudenken und ihn auswendig zu lernen.[33] So wurde den Muslimen von Anfang an vor Augen geführt, dass sie, wenn sie »das vielfältige Wissen, das ihnen als Erbe zugefallen war, nutzen wollten, Schriften haben mussten, vorzugsweise auf Arabisch, und dass diese Schriften sicher und für die Leser gut zugänglich aufbewahrt werden mussten«.[34]

Die Vorstellung, dass die Muslime Bibliotheken zu schätzen wussten, steht jedoch im Widerspruch zu der kontrovers diskutierten Behauptung, dass sie die große Bibliothek von Alexandria verbrannt haben.[35] Der Überlieferung nach ließ der muslimische Befehlshaber nach der Eroberung Alexandrias beim Kalifen Umar in Damaskus anfragen, was mit der riesigen Bibliothek – angeblich Hunderttausende von Schriftrollen – geschehen solle. Und der Kalif habe geantwortet: »Wenn das, was in den Schriften geschrieben steht, mit dem Buch Gottes [dem Koran] übereinstimmt, brauchen wir sie nicht, wenn es nicht übereinstimmt, haben wir kein Verlangen danach. Also verbrenne sie.«[36] Daraufhin soll der General die Schriftrollen an die 4000 Bäder der Stadt verteilt haben – als Brennmaterial. Sechs Monate habe es gedauert, bis alles verfeuert war.

Dieser überlieferte Bericht hat bei vielen Bewunderern des Islam für heftige Reaktionen gesorgt, auch wenn die Tatsache als solche von führenden westlichen Historikern (einschließlich Edward Gibbon) bestritten wurde und die meisten sich mit der landläufigen These zufrieden gaben, dass die Bibliothek bereits während der Eroberung Ägyptens durch Julius Cäsar unbeabsichtigt abgebrannt war. Gleichwohl hat die Islamwissenschaftlerin Asma Afsaruddin den Vorwurf erhoben, diese Geschichte belege nichts außer den Hass der Christen auf die Muslime,[37] wobei sie allerdings die Tatsache ignoriert, dass der Bericht zum ersten Mal von einem Muslim, einem ägyptischen Geschichtsschreiber des 13. Jahrhunderts, überliefert wurde; und andere muslimische Gelehrte haben den Bericht dann tradiert, unter ihnen auch der berühmte Ibn Chaldun.[38] Der Vorwurf, der Kalif habe die Zerstörung der Bibliothek angeordnet, kam also von Muslimen, was natürlich kein Beweis dafür ist, dass er zu Recht erhoben wurde, wird doch von dem angeblichen Geschehen gut 600 Jahre später erstmals berichtet. Aber dass dieser überlieferte Bericht von so vielen muslimischen Intellektuellen geglaubt wurde, verweist auf etwas viel Interessanteres: dass nämlich vielen Muslimen, auch Staatslenkern, Bücher und Bildung verhasst waren!

Diese antiintellektuelle Einstellung wird offensichtlich, wenn man sich einmal mit der politischen Geschichte des Islam beschäftigt und nicht nur mit Darstellungen der ruhmreichen muslimischen Wissenschaft.

So hat Mutawakkil, als er im Jahre 847 Kalif wurde, unverzüglich damit begonnen, »die unabhängige wissenschaftliche Forschung abzuwürgen und abweichende religiöse Meinungen gewaltsam zu unterdrücken«.[39] Seine Nachfolger verfuhren nicht anders. Und als das Kalifat zusammenbrach, war es nicht mehr möglich, eine einheitliche – sei es eine »aufgeklärte« oder »repressive« – Politik zu betreiben, denn das Reich war in eine Vielzahl von Emiraten zersplittert, die sich gegenseitig bekriegten. Nun verhielten sich manche muslimische Herrscher den Gelehrten, ihren Schriften und ihrer Bildung gegenüber toleranter als andere; die meisten freilich waren nicht übermäßig tolerant. Sogar Saladin, der berühmte, von abendländischen Schriftstellern so bewunderte Held des 12. Jahrhunderts, schloss die öffentliche Bibliothek der Fatimiden in Kairo und ließ die Bücher verscherbeln.[40] Alles das zeigt die Diskrepanz, die es zwischen der hohen, sogenannten muslimischen, faktisch aber von den *dhimmis* getragenen Kultur und der tatsächlichen Kultur der muslimischen Eliten gab.

DER MYTHOS VOM FINSTEREN MITTELALTER

Die Behauptung, die Muslime hätten die fortgeschrittenere Kultur gehabt, beruht auch auf falschen Vorstellungen über die kulturelle Rückständigkeit der Christenheit – auf der verbreiteten, aber unbegründeten Überzeugung, Europa sei nach dem Untergang des Römischen Reichs in ein dunkles Zeitalter zurückgefallen und habe das kulturelle Erbe verloren, das im Islam lebendig blieb. So behauptete Voltaire, nach dem Fall Roms hätten »Barbarei, Aberglaube und Unwissenheit das Antlitz der Welt bedeckt«.[41] Ebenso sah Rousseau (1712–1778) Europa »in die Barbarei seiner Vorzeiten zurückgefallen. Die Völker dieses ... Teils der Welt lebten vor einigen Jahrhunderten in einem Zustand, der schlimmer als die Unwissenheit war.«[42] Auch Edward Gibbon sah in diesem Zeitalter den »Triumph der Barbarei und Religion«.[43] Kein Wunder, dass solche Ansichten zum anerkannten Wissen wurden. In seinem Bestseller *Entdeckungen* (1983, dt. 1991) hat der Historiker und Pulitzer-Preisträger Daniel J. Boorstin (1914–2004) im Kapitel »Das Gefängnis des christlichen Dogmas« geschrieben, das »dunkle Zeitalter« habe schon vor dem Untergang Roms begonnen. Das Christentum »eroberte das Römische Reich und große Teile Europas. Dann beobachten wir ein europaweites Phänomen des Gedächtnisschwundes der Gelehrten, das den Kontinent von etwa 300 n.Chr. bis mindesten 1300 n. Chr. heimsuchte.« Es seien die Führer des orthodoxen Christentums gewesen, die eine »große Barriere gegen den Fortschritt des Wissens« errichtet hätten.[44] Und der Historiker William Manchester (1922–2004) sieht das Mittelalter als eine Ära »unablässiger Kämpfe, der Rechtlosigkeit, der Besessenheit von seltsamen Mythen, einer nahezu undurchdringlichen Geistlosigkeit. ... Das dunkle Zeitalter war eine in jeder Hinsicht öde Periode.«[45]

Einige dieser Behauptungen sind boshaft, alle zeugen von erstaunlicher Ignoranz. Freilich, wie die muslimischen Eroberer hatten auch die germanischen Stämme, die das Römische Reich eroberten, in Sachen Kultur allerhand aufzuarbeiten, bis sie es mit ihren Vorgängern aufnehmen konnten. Aber sie hatten nicht nur Römer, die sie unterrichteten und anleiteten, sie hatten auch die Kirche, die die von Rom ererbte Kultur sorgfältig bewahrte und *weiterentwickelte*.[46] Man sollte sich vor Augen halten, dass die als »dunkel« bezeichneten Jahrhunderte eine der »großen innovativen Epochen der Menschheit« gewesen sind, eine Zeit, in der in einem Maß neue Techniken entwickelt und angewandt wurden, wie dies »in keiner Zivilisation zuvor« der Fall war.[47] Tatsächlich machte Europa, wie wir sehen werden, im angeblich dunklen Zeitalter den großen technologischen Sprung nach vorn, mit dem es sich weltweit an die Spitze setzte.[48] Immerhin hat sich diese Erkenntnis inzwischen so weit durchgesetzt, dass der Terminus »dunkles Zeitalter« mittlerweile auch in solchen Lexika und Enzyklopädien als unbegründeter Mythos gilt, die ihn einige Jahre zuvor noch verbreitet hatten. Während in älteren Auflagen der *Encyclopædia Britannica* die fünf oder sechs Jahrhunderte nach dem Untergang Roms noch »dark ages« genannt wurden, lehnten die Autoren der 15. Auflage (1981) diese Bezeichnung als »unannehmbar« ab, denn damit werde *fälschlich* behauptet, diese Zeit sei »eine Periode des geistigen Dunkels und der Barbarei« gewesen.

Den Annahmen über eine fortgeschrittenere und höher entwickelte Kultur der islamischen Welt liegt, wie sich gezeigt hat, häufig ein gewisser »Intellektualismus« zugrunde. Kultur besteht nicht nur in Schriften oder »Bücherwissen«. Wie man Ackerbau betreibt, ein Segelschiff navigiert oder Schlachten gewinnt, lernt man nicht, indem man Platon oder Aristoteles liest. Technik im weitesten Sinne ist der Stoff, aus dem das wirkliche

Leben gemacht ist; Technik entscheidet darüber, wie gut die Menschen leben und ob sie sich schützen können. Und wie gut oder schlecht die muslimischen Intellektuellen im Vergleich zu gebildeten christlichen Scholastikern die aristotelische Wissenschaft und die platonische politische Philosophie gekannt haben mögen – die Technik jedenfalls befand sich in den muslimischen Ländern, verglichen mit den byzantinischen und europäischen, eindeutig im Rückstand.

UNTERSCHIEDE AUF TECHNISCHEM GEBIET

Es ist weitaus schwieriger, als es sein sollte, den in der christlichen und der islamischen Welt unterschiedlichen Entwicklungsstand der Technik herauszuarbeiten, weil das Thema von muslimischen Autoren beherrscht wird, die zu absurden Behauptungen neigen. So kann man »entdecken«, dass »Ibn Firnas aus dem islamischen Spanien im 9. Jahrhundert eine Flugmaschine erfand, baute und erprobte«.[49] Nicht europäische, vielmehr muslimische Schiffbauer hätten das Steuerruder erfunden. (Welche muslimischen Schiffbauer sollen das gewesen sein?) Der Kompass sei keine chinesische Erfindung, sondern eine muslimische. Und so weiter und so fort.[50]

Transport

Was wir mit absoluter Sicherheit wissen, ist, dass das Rad nach der muslimischen Eroberung Ägyptens, des Mahgreb und Spaniens aus diesen Gebieten verschwand![51] Über Jahrhunderte gab es dort weder Karren noch Wagen. Alle Waren wurden von Menschen getragen oder auf Kamele, Esel und Pferde gepackt. Das heißt nicht, dass die Araber das Rad nicht kannten, aber sie waren der Meinung, dass es ihnen nicht viel nütze. Für Räder braucht man Straßen und Wege. Kamele und Fußgänger brauchen beides nicht. Wenn man in Betracht zieht, wie sie die Möglichkeiten des Rades verkannten, erscheint es zweifelhaft, dass sie wussten, wie Geschirre auszusehen hatten, mit denen man Zugtiere vor Karren oder Wagen spannen konnte.

Ganz anders im »dunklen Zeitalter« Europas: Irgendwann in dieser Zeit nämlich wurden das Kummet und ein Geschirr entwickelt, mit dem man Pferde statt Ochsen als Zugtiere für schwer beladene Wagen benutzen konnte – und schneller vorankam. Ein richtig angeschirrtes Pferd kann einen Wagen mit fast einer Tonne Last ziehen,[52] für diese Last braucht man vier oder fünf Kamele.[53] Die Zugkraft europäischer Pferde wurde weiter gesteigert, als im 8. Jahrhundert das Hufeisen erfunden wurde und im folgenden Jahrhundert überall in Gebrauch kam. Hufeisen schützen nicht nur die Hufe vor Abnutzung, besonders auf harten Oberflächen, beschlagene Pferde finden auf weicherem Untergrund auch besseren Halt und können mehr ziehen.[54] Ferner erfanden Europäer im 10. Jahrhundert ein Geschirr, das es erlaubte, mehrere Pferde oder Ochsen paarweise hintereinander, nicht mehr nur nebeneinander anzuschirren. Damit war es möglich, große Ladungen mit vielen Zugtieren zu bewegen,[55] zum Beispiel große Steinschleudern oder Belagerungstürme.

Gegen Wagen hätten die Araber einwenden können, dass die Konstruktionen, die zur Zeit der muslimischen

Eroberungen und davor in Gebrauch waren, eine starre Vorderachse hatten, darum schwer zu wenden waren. Auch Bremsen kannte man noch nicht, was bei starkem Gefälle gefährlich war.[56] Die Europäer hatten diese Probleme spätestens im 9. Jahrhundert gelöst, ihre Fuhrwerke mit Schwenkachsen und Bremsen ausgerüstet. Diese technischen Neuerungen verschafften ihnen Vorteile auf Feldzügen, die oft fast 4000 Kilometer von ihren Siedlungen entfernt stattfanden. Ein Heer soll im Ersten Kreuzzug mit mindestens 2000 Wagen aufgebrochen sein.[57]

Und zuletzt fehlten den Muslimen, obwohl sie die schnellsten Reitpferde der Welt züchteten, die großen und schweren Zugpferde, wie sie die Europäer einsetzten. Darum hätte es ihnen auch kaum Vorteile gebracht, hätten sie Wagen anstelle ihrer Packkamele benutzt. Natürlich waren beide, Muslime wie Europäer, erfahrene Pferdezüchter; diese Unterschiede haben sich also infolge unterschiedlicher Präferenzen ergeben.

Landwirtschaft

Große Zugpferde spielten auch eine Rolle für die Revolution der Landwirtschaft, die das Europa des »dunklen Zeitalters« verwandelte. Damals konnte die Nahrungsmittelproduktion gewaltig gesteigert werden. Das lag nicht zuletzt daran, dass Pferde einen Pflug doppelt so schnell ziehen können wie Ochsen; Bauern, die auf Pferde umstellten, konnten in der gleichen Zeit zweimal so viel Land bewirtschaften wie Bauern mit Ochsengespannen. Nicht weniger wichtig war, dass die schweren Zugpferde einen viel besseren Pflug zogen.

Bis zum 6. Jahrhundert benutzten die fortgeschrittensten Bauern auf der ganzen Welt Hakenpflüge, es waren Grabstöcke, die an einem Brett angebracht wurden. Mit einem Pflug dieses Typs war es unmöglich, den Boden zu wenden, der Pflug wurde einfach über die Oberfläche gezogen; der Boden zwischen den flachen Furchen blieb unberührt, so dass man noch einmal quer pflügen musste.[58] Diese Art des Pflügens eignete sich weder für die mageren trockenen Böden des Mittelmeerraums noch für die schweren, nassen und fruchtbaren Böden Nordeuropas. Gebraucht wurde ein schwerer Pflug mit langer, scharfer und schwerer Schar, nur so ließ sich der Boden wenden und eine tiefe Furche ziehen. Hatte man diesen Pflug, war die nächste Verbesserung eine zweite Schar, die, in einem Winkel zur ersten angebracht, die von der ersten Schar gewendete Scholle durchschnitt; schließlich fehlte noch das Streichbrett oder -blech, das die zerkleinerte Scholle vollständig wendet. Und der Pflug musste Räder bekommen, damit man ihn leichter von einem Feld zum anderen bewegen und die Schar auch unterschiedlich hoch einstellen und so, je nach Gegebenheit, flacher oder tiefer pflügen konnte. Mit diesen Neuerungen wurden auch Böden, die vorher nicht oder nicht effizient genug beackert werden konnten, ertragreich; selbst auf mageren Böden ließ sich mit schweren Streichblech-Pflügen der Ertrag fast verdoppeln.[59]

Im 8. Jahrhundert kam es in Europa zu einer zweiten Revolution in der Landwirtschaft: der Dreifelderwirtschaft. Das Ackerland, das zu einem Dorf gehörte, wurde dreigeteilt,[60] und jeder Bauer hatte in allen drei Feldern oder Flurstücken eigene Ackerstreifen. In einem Flurstück wurde Wintergetreide angebaut, zum Beispiel

Weizen, im zweiten Sommergetreide wie Hafer (der vor allem gebraucht wurde, nachdem das Pferd zum wichtigsten Zugtier geworden war), oder Hülsenfrüchte (Erbsen und Bohnen) und Gemüse, das dritte Stück blieb ein Jahr lang brach liegen. Im nächsten Jahr wurde auf dem Brachland Wintergetreide angebaut, auf dem zweiten Stück Sommergetreide, und das Stück, auf dem im Vorjahr Sommergetreide angebaut wurde, blieb Brachland und wurde als Weide genutzt. Damit wurde nicht nur das Unkraut niedrig gehalten, sondern auch der Dung des Weideviehs genutzt, um die Fruchtbarkeit des Landes zu erhöhen.

Diese Verbesserungen hatten zur Folge, dass sich die meisten Europäer seit dem »dunklen Zeitalter« besser ernähren konnten, als es dies einfachen Leuten anderswo oder zu früheren Zeiten jemals möglich war. Die Europäer im Mittelalter, so lässt sich sagen, waren die ersten Menschen, deren genetisches Potential nicht durch schlechte Ernährung verkümmerte, und so waren sie im Durchschnitt größer, gesünder und kräftiger als die Menschen anderer Regionen.

Die Liste technischer Neuerungen im Europa des »dunklen Zeitalters« ließe sich um ein Vielfaches verlängern; an anderer Stelle habe ich das getan.[61] Hier erscheint es mir sinnvoller, das Thema mit einem Vergleich der Militärtechnik abzuschließen.

Militärische Macht

Beginnen wir mit einem Beispiel: Im Jahr 732, tief im angeblich »dunklen Zeitalter«, hatte die schwere Reiterei Karl Martells Sättel mit einem hohen Rückenteil und Steigbügeln, so dass die volle Masse eines angreifenden Pferdes und eines schwer gepanzerten Reiters hinter eine lange Lanze gesetzt werden konnte, ohne dass der Reiter durch den Aufprall abgeworfen wurde.

Die Muslime dagegen benutzten Pferde ohne Sattel oder nur mit einem dünnen Polster, sie ritten ohne Steigbügel, konnten also nur Schwerter und Äxte schwingen, so wie es die berittenen Abteilungen früher getan hatten, auch die der Römer und Perser.[62] Die muslimische Reiterei konnte den geballten Angriffen abendländischer Ritter ausweichen und flüchten, standhalten konnte sie ihnen nicht.

Hinzu kam, dass den Muslimen, ebenso wie sie keine starken Pferde zum Pflügen und zum Ziehen schwerer Fuhrwerke hatten, auch die großen Streitrösser fehlten, wie sie gut gepanzerte Ritter brauchten – ein Handikap, das sich erstmals in der Schlacht von Tours und Poitiers zeigte und nie gelöst wurde. Im Zeitalter der Kreuzzüge benutzten die europäischen Ritter Pferde, die zwölf und mehr Zentner wogen, die muslimische Reiterei dagegen Pferde, die nur etwa acht Zentner schwer waren.[63] Das verschaffte den Kreuzrittern Vorteile, im Nahkampf konnte der Mann auf dem größeren Pferd nach unten auf seinen Gegner einschlagen, dessen Pferd ließ sich mit dem massigeren Tier abdrängen. Zudem wog der durchschnittliche Kreuzritter mehr als sein muslimischer Gegner, denn er war größer und trug vor allem eine schwerere Rüstung.

Anders als in neueren Zeiten gab es in dieser Epoche keine »Standardausrüstung« für Soldaten. Zwar stellten manche Adelige ihren Männern Waffen und Rüstungen zur Verfügung, aber das war nicht die Regel: Die meisten Krieger hatten ihre eigene Ausrüstung. Daher sind Vergleiche zwischen der Ausrüstung der christlichen und muslimischen Heere viel weniger aussagekräftig als beispielsweise Vergleiche zwischen amerikanischen und japanischen Soldaten und ihrer Ausrüstung im Zweiten Weltkrieg. Dennoch lässt sich sagen, dass die Kreuzfahrer mehr und bessere Rüstungen trugen als die Muslime. Das aber heißt nicht, dass alle europäischen Ritter mit Rüstungen aus beweglichen Panzerplatten, wie man sie in Museen sieht, ausgestattet waren. Solche eisernen Vollrüstungen, die ihren Träger rundum schützten, kamen später auf, und nur wenige Ritter der schweren Reiterei trugen sie. Denn solche Rüstungen waren unpraktisch und gefährlich. Ein voll gepanzerter Ritter musste mittels einer Hebevorrichtung in den Sattel gehievt werden, und wenn er vom Pferd fiel, konnte er nicht wieder aufstehen und weiterkämpfen. Daher waren auch in der schweren Reiterei eher dicke Kettenmäntel üblich, die heftigen Schläge mit dem Schwert oder der Axt standhielten, sowie Helme, die Schädel, Hals und in besonderen Ausführungen auch Teile des Gesichts bedeckten. Fußsoldaten, die den Hauptanteil aller abendländischen Heere im Mittelalter stellten, haben ebenfalls solche Rüstungen getragen.

Die Kettenpanzer wurden aus dünnen Eisenringen gefertigt, wobei jeder Ring mit vier anderen verbunden war; geschnitten war dieses Gewebe wie »ein langes Hemd, an der Leiste in Bahnen geteilt, die von der Hüfte zum Knie herunterhingen und – wie die Überhosen der Cowboys – um die Beine gebunden werden konnten oder aber, wie dies meistens der Fall war, lose um die

Beine baumelten«.[64] Manche Kreuzritter trugen auch Gamaschen aus Kettengewebe, die die Füße bedeckten.

Bekannt waren Kettenhemden auch im Morgenland, waren aber selten zu sehen. Stattdessen nähte man schuppenförmige Metallteile auf Stoff- oder Lederjacken – eine Art der Rüstung, die »im Abendland als veraltet«[65] galt. Einerseits waren die muslimischen Krieger wegen ihrer leichteren und sparsameren Rüstungen beweglicher, bei Frontalangriffen aber auch verwundbarer. Die Kettenpanzer der Franken waren erstaunlich robust. Die muslimischen Pfeile konnten sie nicht durchschlagen, »oft fügten sie keine Verletzungen zu. Manchmal wurde das Bild eines Stachelschweins verwendet, wenn man Männer beschreiben wollte ..., die von Türken angegriffen worden waren.«[66] Insofern war es durchaus angemessen, wenn Radulf von Caen in seiner Chronik des Ersten Kreuzzugs schreibt, die Sarazenen hätten »auf ihre Zahl und wir auf unsere Rüstungen vertraut«.[67]

Keine Rüstung, auch kein Plattenpanzer, vermochte etwas auszurichten gegen die Erfindung, die die Kreuzfahrer in der Schlacht so gefährlich machte – die Armbrust. Diese Waffe war unter Kreuzfahrern weit verbreitet, doch nur wenig wurde über sie geschrieben – wohl deshalb, weil ihr Einsatz als schändlich, ja sündhaft galt. Das Zweite Laterankonzil hat die Armbrust und ihren Einsatz 1139 unter die Strafe des Kirchenbanns gestellt: als »eine Waffe, die Gott und den Christen verhasst ist«, sie war verboten (ausgenommen aber im Einsatz gegen Ungläubige); ein Verbot, das Innozenz III. bestätigt hat.[68] Die europäischen Heere kümmerten sich jedoch nicht um die Kirche und machten reichlich Gebrauch von der Armbrust, bis sie durch Feuerwaffen überholt war. So bestand beispielsweise die Garnison der Tempelritter in der Burg von Safed im nördlichen Galiläa aus 50 Rittern und 300 Armbrustschützen.[69]

Die »moralischen« Einwände gegen die Armbrust hatten mit sozialen Unterschieden zu tun, denn diese revolutionäre Waffe machte auch einfache Bauern zu tödlichen Gegnern des Kriegerstands. Um Ritter zu werden, war eine lange Ausbildungszeit erforderlich, und das galt auch für Bogenschützen; sie brauchten jahrelanges Training, bis ihre Arme so stark waren, dass sie einen Langbogen spannen und sicher treffen konnten. Dagegen konnte praktisch jeder die Handhabung einer Armbrust binnen einer Woche lernen, zumindest in ihren Grundzügen, und selbst ein Anfänger konnte auf eine Entfernung bis zu 60 Metern bald genauer schießen als ein gut ausgebildeter Langbogenschütze.[70] Das lag daran, dass man mit der Armbrust zielte wie mit einem Gewehr und mit einem Abzugshahn die Sehne freigab, die dann einen Bolzen (einen schweren Pfeil) losschnellen ließ, der in gerader Linie ins Ziel flog. Zwar konnten Langbögen schneller und (auf einer hohen Flugbahn) auf weiter entfernte Ziele abgeschossen werden, aber sie waren lange nicht so genau wie Armbrüste. Die von Armbrüsten abgeschossenen Projektile hießen Bolzen, weil sie viel kürzer und schwerer waren als die Pfeile herkömmlicher Bögen. Wenn sie auch auf große Entfernungen nicht zu gebrauchen waren, so hatten sie auf kürzere Entfernungen eine ungleich größere Wirkung. Da keine lange und mühselige Ausbildung nötig war, um das Armbrustschießen zu lernen, konnte man rasch auch größere mit dieser Waffe ausgerüstete Abteilungen aufstellen. Die Genuesen etwa zogen mehrmals mit einer Armee von 20 000 Armbrustschützen in die Schlacht.[71]

Gegen die Armbrüste der Kreuzfahrer setzten die Muslime einen kurzen Kompositbogen von geringerer Reichweite und Schlagkraft ein. Ihr Pfeilhagel tat seine Wirkung, wenn es sich um leicht gepanzerte Gegner handelte, zum Beispiel um feindliche Muslime, aber wenn sie nicht aus kürzester Entfernung abgeschossen wurden, mussten sie einen Kreuzfahrer an einer ungepanzerten Stelle treffen. Der Bolzen einer Armbrust dagegen konnte, selbst wenn er aus einer Entfernung von etwa 130 Metern abgeschossen wurde, noch eine Panzerplatte durchschlagen. Wie die byzantinische Prinzessin Anna Komnena in der *Alexias* – einer hervorragenden Darstellung der Regierungszeit ihres Vaters Alexios Komnenos – schreibt, schießt die Armbrust mit »voller Wucht und höchster Schnellkraft die Bolzen ab, dann prallen diese dort, wo immer sie auftreffen, nicht nach hinten ab, sondern durchlöchern einen Schild und durchschlagen einen schweren Eisenpanzer und treten dann auf der anderen Seite wieder aus.«[72]

In Kreuzfahrerheeren wie dem des Richard Löwenherz wurde eine Armbrust von jeweils drei Männern bedient: Einer trug einen großen Schild und richtete ihn auf, alle drei kauerten sich dahinter, um vor feindlichen Pfeilen und Geschossen geschützt zu sein, einer spannte und lud die Waffe, reichte sie dem Schützen, und der zielte und löste sie aus. Diese Teams konnten achtmal pro Minute schießen, ebenso oft wie ein Langbogenschütze, aber mit größerer Wirkung.[73]

Kamen Armbrustschützen hinter einer gut gepanzerten, zuverlässigen Abteilung Fußsoldaten zum Einsatz, dann war dies eine tödliche Kombination: Der anstürmende Gegner erlitt durch die Armbrüste hohe Verluste und traf dann auf die noch geschlossenen Reihen der Fußsoldaten.[74] Für die muslimischen Heerscharen erwies sich als zusätzlicher Nachteil, dass sie vor allem aus Reiterabteilungen bestanden, die für Angriffe auf eine entschlossene Fußtruppe nicht tauglich waren, es sei denn, sie waren in der Überzahl. Die schweren Niederlagen, die diese Reiterarmeen im 8. Jahrhundert gegen die Frankenheere einstecken mussten – und damals setzten diese noch keine Armbrüste ein –, werden die muslimischen Führer veranlasst haben, die Zusammensetzung ihrer Streitkräfte zu überdenken. Doch wiegt in solchen Fragen die Tradition schwer. Die Araber waren immer als leichte Reiterei in Fehden und Kriege gezogen, hatten mit ihren traditionellen Methoden zunächst auch glänzende Siege errungen. Alle Versuche muslimischer Strategen, an der übergroßen Abhängigkeit von ihren Reitertruppen etwas zu ändern, möglicherweise in Reaktion auf ihre Vertreibung aus Europa, kamen im 11. Jahrhundert zum Erliegen, als nämlich gerade zum Islam übergetretene seldschukische Türken den arabischen Nahen Osten überrannten. Die Türken waren berittene Nomaden, die den Fußkampf verachteten. Daher blieb das Vertrauen der Muslime in ihre leichten Reiterverbände ein ernsthaftes taktisches und kriegstechnisches Defizit, das während der Kreuzzüge fatale Folgen hatte. Immer wieder scheiterten die muslimischen Reiter, trotz ihrer zahlenmäßigen Übermacht, an den christlichen Fußtruppen. Auch christliche Ritter stiegen häufig vom Pferd und kämpften zu Fuß weiter, stets unterstützt von zahlreichen Armbrustteams.[75]

Nicht nur auf dem Schlachtfeld entfalteten Armbrüste ihre tödliche Wirkung, sie ließen sich auch wirkungsvoll einsetzen, um Verteidiger von Festungsmauern herunterzuholen, beziehungsweise um Angriffe auf eine Festung abzuwehren; selbst in Seegefechten spielten sie eine wichtige Rolle.

Wenn man christliche und muslimische Kriegsflotten vergleicht, sollte man vor allem beachten, dass die Schiffe der Muslime Kopien christlicher Schiffe waren, gebaut und bemannt von christlichen Renegaten und Söldnern. Daraus folgt, dass die Besatzungen der muslimischen Schiffe nicht so engagiert waren wie die der christlichen Flotten. So wurde eine von Saladin in den 1180er Jahren neu aufgestellte Flotte bereits 1187 komplett zerstört, während sie vor Tyrus kreuzte, damit die von Saladins Streitkräften belagerte Stadt nicht vom Meer aus versorgt werden konnte. Von einer Kreuzfahrerflotte überrascht, gaben Saladins Besatzungen, so jedenfalls steht es in einer ägyptischen Chronik, ihre Schiffe kampflos auf.[76]

Außerdem waren die muslimischen Flotten, die Christen nach christlichen Vorbildern gebaut hatten, selten auf dem neuesten Stand der Technik. Nicht nur im Hinblick auf seemännisches Können und den Kampfwillen ihrer Besatzungen waren christliche den muslimischen Flotten überlegen, sondern auch hinsichtlich der »Größe und der technischen Fähigkeiten ihrer Schiffe«.[77] So waren die »Kastelle« christlicher Galeeren mit Armbrustschützen besetzt, die den gegnerischen Schiffen schwere Verluste beibringen konnten, bevor sie in Reichweite von deren Rammspornen kamen – ganz ähnlich hat die englische Flotte später Kanonen gegen die spanische

Armada eingesetzt und auf den Nahkampf Mann gegen Mann verzichtet. Außerdem entwickelten die Christen schwere Armbrüste, die auf den Decks ihrer Galeeren montiert wurden und große Geschosse abschießen konnten – bisweilen auch Behälter mit Griechischem Feuer. Ein weiterer technischer Vorsprung bestand darin, dass christliche Flotten über spezielle Galeeren verfügten, die zum Kampf gerüstete Ritterabteilungen samt ihren großen Streitrössern an Land bringen konnten.[78]

SCHLUSS

Selbst wenn wir einräumen, dass gebildete Araber über eine überlegene Kenntnis der klassischen Autoren verfügten, dass sich unter ihnen hervorragende Mathematiker und Astronomen befanden, so bleibt doch festzuhalten, dass die Muslime auf vielen technischen Gebieten weit im Rückstand lagen. Man denke an Sättel, Steigbügel, Hufeisen, Wagen und Karren, Zugpferde und Geschirre, effektive Pflüge, Armbrüste, das Griechische Feuer, den Schiffbau, die Kenntnisse der Seeleute, produktive Landwirtschaft, leistungsfähige Rüstungen und gut ausgebildete Fußtruppen. Insofern ist es kaum verwunderlich, dass die Kreuzfahrer Tausende von Kilometern marschieren und einen Feind schlagen konnten, der ihnen zahlenmäßig überlegen war – dies allerdings nur so lange, wie die Menschen und Staaten Europas bereit waren, ihren Kampf zu unterstützen.

Kapitel vier

PILGER UND VERFOLGTE

Eingang zur Grabeskirche, errichtet über der Gruft, in der Jesus bestattet worden sein soll. Die ursprüngliche Kirche hat Kaiser Konstantin zwischen 326 und 335 erbauen lassen. Auf Befehl des Kalifen von Ägypten wurde sie im Jahr 1009 zerstört; ab 1037 entstand auf ihren Fundamenten die heutige Kirche. © The Francis Frith Collection/ Art Resource, NY

Seinen Aufruf an Europas Ritterschaft, sich Gottes Bataillonen anzuschließen, begründete Papst Urban II. damit, dass die Muslime nach Jahrhunderten der Toleranz die heiligen Stätten im Heiligen Land entweihten und sich schwerer Misshandlungen an christlichen Pilgern schuldig machten. Entsprach das den Tatsachen? Oder hat sich der Papst solche Gräuelgeschichten zu Propagandazwecken ausgedacht? Um diese Frage zu beantworten, müssen wir zurückgehen zu den Ursprüngen der christlichen Pilgerschaft und untersuchen, wie Muslime die Pilger im Laufe der Zeit behandelten.

DIE ERSTEN PILGER

Im 1. Jahrhundert gab es keine christlichen Pilger, und wenn es sie gegeben hätte, wohin hätten sie gehen sollen? Jesus hat vor allem in Galiläa gewirkt, Jerusalem nur einige kurze Besuche abgestattet.[1] Orte, die in Galiläa zu heiligen Stätten hätten werden können, waren nicht wirklich bedeutend. Nur Nazareth, Kanaan und einige andere Orte in Galiläa wurden mit der Zeit attraktiv für Pilger; zum Gedenken an die Ereignisse wurden an Ort und Stelle Klöster und Kirchen gebaut. Aber das geschah später. In der Zwischenzeit wurde Jerusalem mit seinen bedeutenden heiligen Stätten mehrmals zerstört, so von den Römern unter Titus im Jahr 70 und dann noch einmal unter Hadrian im Jahr 135 nach dem Bar-Kochba-Aufstand. Den ersten Christen war Jerusalem ebenso ehrwürdig wie den Juden, wann aber die Christen damit begannen, die heiligen Stätten dort zu besuchen, wissen wir nicht genau.

Bekannt ist nur, dass Pilger aus dem Abendland ein »dünnes Rinnsal« waren im Vergleich zu dem »Strom von Pilgern aus dem Osten«.[2] Leider ist kaum etwas über das byzantinische Pilgerwesen überliefert, daher wissen wir mehr über das »dünne Rinnsal« als über die Scharen, die aus den christlichen Gebieten im Osten kamen.

Ein früher Pilger aus dem Osten war Melito (2. Jh. n. Chr.), der Bischof von Sardes, der den ersten christlichen Kanon des Alten Testaments zusammenstellte. Er hat Jerusalem besucht und in seiner Osterpredigt *Vom Passa* (ein Text, der erst in den 1930er Jahren entdeckt wurde) die großen heiligen Stätten in der Stadt aufgezählt. Ein anderer Besucher war der berühmte alexandrinische Theologe Origenes (185–254), der ins Heilige Land reiste und vom »Wunsch der Christen« sprach, »auf Christi Spuren zu wandeln«.[3] Palästina war nicht weit entfernt von den großen byzantinischen Städten, dennoch scheint es in früher Zeit nicht viele Pilger gegeben zu haben.[4]

Das änderte sich, als der römische Kaiser Konstantin zum Christentum übertrat. Seine Mutter Helena war heilig gesprochen worden, nachdem sie Jerusalem besucht, dort viele lokale Traditionen noch lebendig vorgefunden und viele Reliquien entdeckt hatte. So glaubte man, das Grab Christi befinde sich unter einem

Venustempel, den Kaiser Hadrian hatte errichten lassen, um die Christen zu kränken.

Diese Überlieferung löste eine der frühesten archäologischen Unternehmungen aus; der Kirchengeschichtsschreiber Eusebius (263–339) berichtet davon in seinem *Leben Konstantins*.

> Diese heilbringende Höhle hatten also einige Gottlose und Verworfene bei den Menschen gänzlich in Vergessenheit bringen wollen, von dem Wahne geleitet, dadurch wohl die Wahrheit verbergen zu können. Und wirklich verwandten sie viele Mühe darauf, von außen Erde hinein zu schaffen und den ganzen Platz zu bedecken; sie führten dann einen Hügel darüber auf und legten Steine darauf, und suchten so unter diesem vielen Schutt die göttliche Höhle zu verbergen. Sodann errichteten sie, als ob sie nichts unterlassen wollten, über der Erde eine in der Tat schreckliche Grabstätte für die Seelen toter Götzenbilder.
>
> [Konstantin befiehlt] den Platz zu reinigen. … Kaum war der Befehl gegeben, wurde auch sofort das Werk des Truges von oben bis unten gänzlich zerstört und die Gebäude des Irrtums mitsamt den Götterbildern und Götzen vernichtet. …
>
> Aber auch damit war der Kaiser noch nicht zufrieden; wiederum … befahl er, an jener Stelle auch den Boden tief aufzugraben und ihn samt dem Schutt möglichst weit zu entfernen, da er durch Dämonen besudelt und befleckt sei. …
>
> Da zeigte sich auch gegen aller Erwarten das hehre und hochheilige Denkmal der Auferstehung des

> Heilandes, und der heiligsten Höhle sollte da ein ähnliches Wiederaufleben beschieden sein wie dem Erlöser selber: nachdem sie lange Zeit im Dunkel verborgen gewesen war, kam sie wiederum ans Licht und gab denen, die sie zu sehen herbeigekommen waren, deutliche Kunde von den daselbst geschehenen Wundern.[5]

Was auf diese Weise entdeckt wurde, ist eine in den Felsen gehauene Gruft, die der biblischen Beschreibung entspricht. Über dieser Stelle ließ Konstantin die große Grabeskirche errichten. Bei ihrer Einweihung war Eusebius zugegen, damals Bischof von Caesarea. Auch in Bethlehem und auf dem Ölberg ließ der Kaiser große Kirchen bauen. Die Entdeckung des Heiligen Grabes und Konstantins andere Bauprojekte lösten einen rasch anschwellenden Pilgerstrom aus.

Der erste bekannte Pilger aus dem Westen war ein Mann aus Bordeaux, der im Jahr 333 im Heiligen Land umherzog, als Konstantins Kirchen fertig gestellt wurden. Sein Name ist nicht bekannt, aber eine ausführliche Beschreibung seiner Reiseroute und der besten Raststationen auf dem Weg hat sich erhalten. Die Pilgerroute führte über die Alpen nach Italien, von dort nach Thrakien und über Byzanz und den Bosporus die Küste entlang nach Palästina. Nach seiner Schätzung war es eine Reise von 5000 Kilometern, 360 Mal wechselte er die Pferde.[6]

Im Heiligen Land selbst verfasste er Beschreibungen von Konstantins Kirchen, gab die Lage der heiligen Stätten an: Wenn man nach Norden zur Stadt und zum Damaskustor geht, findet sich »zur Linken der Berg

Golgotha, wo der Herr gekreuzigt wurde, und einen Steinwurf weit davon entfernt die Gruft, in die sie seinen Leib legten und aus der er am dritten Tag auferstand. Auf Befehl des Kaisers Konstantin wurde dort jetzt eine Basilika erbaut ..., die an ihrer Seite Zisternen von bemerkenswerter Schönheit und daneben ein Baptisterium hat, in dem die Kinder getauft werden.«[7]

Im Jahr 1884 entdeckte ein italienischer Wissenschaftler in einer Klosterbibliothek eine Handschrift, das Fragment eines Briefes einer Frau namens Egeria (oder Aetheria), die von 381 bis 384 eine Pilgerfahrt durch das Heilige Land unternahm. Manche Historiker gehen davon aus, dass Egeria eine Nonne war; wahrscheinlicher ist, dass die Reisende eine reiche Frau war, die ihren Freundinnen in der Heimat (vermutlich an der gallischen Atlantikküste) von den Orten berichtete, die sie gesehen hatte. Den erhaltenen Teil des Briefes haben Mönche aus Montecassino im 11. Jahrhundert kopiert. Er galt als wertvolles Dokument, weil er Mönche im Heiligen Land und ihre liturgischen Praktiken beschrieb. Doch enthält er auch Berichte über ihre Besuche der heiligen Stätten und ihre Abstecher zum Berg Sinai und nach Ägypten.

Im Jahr 385 zog der Heilige Hieronymus (um 347–420) mit einer Pilgergruppe von Rom aus ins Heilige Land. Zu der Gruppe gehörten der Bischof Paulinus von Antiochia, die reiche Witwe Paula und ihre unverheiratete Tochter Eustochium sowie Paulas Freundin, die Witwe Marcella. Paula war eine reiche römische Matrone aus der Oberschicht, die seit langem zum Kreis um Hieronymus gehörte (was zu moralischen Zweifeln Anlass gab). Nach dem Besuch der heiligen Stätten reisten Hieronymus und die Frauen weiter nach Ägypten, kehrten im Jahr 388 zurück und gingen in ein Kloster, das Paula gestiftet hat. Dort verbrachte Hieronymus die letzten 32 Jahre seines Lebens und übersetzte die Bibel aus dem Griechischen und Hebräischen ins Lateinische.

Merkwürdigerweise hielt Hieronymus Pilgerfahrten ins Heilige Land für unwichtig, auch andere frühe Kirchenväter lehnten diese Praxis ab oder machten sie lächerlich. Selbst Augustinus (354–430) sprach sich gegen das Pilgerwesen aus, und Johannes Chrysostomos (um 344–407) spottete über die Wallfahrer;[8] Gregor von Nyssa (um 335–394) wiederum verwies darauf, dass in der Bibel von Wallfahrten nicht die Rede sei, Jerusalem zudem eine wenig reizvolle und sündige Stadt. Dem stimmte Hieronymus mit der Bemerkung zu, die Stadt sei »voller Huren«, »der Abschaum der ganzen Welt versammelt sich dort«.[9]

Doch solche Ansichten fanden wenig Widerhall. Als sich Kaiserin Aelia Eudocia (um 401–460) im Jahr 440 in Jerusalem niederließ, kam die Stadt geradezu in Mode, und Frauen aus dem Adel wurden in den Reihen der Pilger zu dominierenden Figuren.[10] Nach wie vor kamen die meisten Pilger aus dem Ostreich, denn die Reise aus dem Westen war langwierig und teuer. Selbst von Konstantinopel aus waren es auf den alten römischen Heerstraßen über 1600 Kilometer bis Jerusalem.[11] Die Pilgerzahlen indes stiegen, und am Ende des 5. Jahrhunderts boten allein in Jerusalem über 300 Herbergen und Klöster den Pilgern Unterkünfte an.[12] Nimmt man an, dass diese im Durchschnitt 20 Gäste beherbergen konnten und immer ausgebucht waren, wären das täglich 6000 Personen gewesen, was auf einen erheblichen

Reiseverkehr schließen lässt, zumal die Stadt zu dieser Zeit nur etwa 10 000 Einwohner hatte.[13]

Auch im 6. Jahrhundert stiegen die Pilgerzahlen noch, und nun kamen auch mehr Pilger aus dem Westen, die meisten über das Meer. Einer von ihnen war Antoninus der Märtyrer, der um 570 von Italien nach Zypern und von dort zur Küste Palästinas segelte. In seinem Bericht lässt er sich ausführlich über die Schönheit jüdischer Frauen aus; als Erster erwähnt er auch, dass es auf dem Berg Tabor drei Kirchen gab – was durch Ausgrabungen bestätigt wurde.[14] Er hat die Grabeskirche über 200 Jahre nach ihrer Errichtung besucht; und wie bei ihm zu lesen ist, wurde sie durch fromme Besucher ständig weiter ausgeschmückt: »Der Stein, mit dem das Grab verschlossen wurde, … ist verziert mit Gold und Edelsteinen … und unermesslichem Schmuck. An Eisenstangen hängen Armbänder, Halsketten, Diademe, Gürtel, Schwertgurte und goldene, mit Edelsteinen besetzte Kaiserkronen und unzählige Schmuckstücke von Kaiserinnen. Das ganze Grab … ist mit Silber bedeckt.«[15]

Die Verschönerung Jerusalems durch die Byzantiner wurde unter Kaiser Justinian (um 483–565) fortgesetzt, der durch die »Wiedergewinnung« Nordafrikas, Italiens, Siziliens und Südspaniens von verschiedenen »barbarischen« Eindringlingen das Reich stark vergrößerte. Überall im Reich ließ Justinian so viele Bauwerke errichten und wiederherstellen, dass der spätantike Geschichtsschreiber Prokopios (um 500–565), der an Justinians Hof lebte, ein ganzes Buch über dessen Bautätigkeit schrieb.[16] Der gewaltigste Bau des Kaisers war die der Gottesmutter geweihte Nea-Kirche in Jerusalem, mit der Justinian vermutlich Erinnerungen an den Tempel Salomons entgegentreten wollte. Aus riesigen Steinquadern errichtet sei sie, so Prokopios, mit keiner anderen Kirche zu vergleichen.[17] Einige Archäologen, die im Heiligen Land geforscht haben, vermuten, dass die Nea-Kirche in erster Linie der Unterbringung des Tempelschatzes diente, den die Römer im Jahr 70 geraubt hatten und von dem die Byzantiner behaupteten, sie hätten ihn wiederentdeckt.[18] Jedenfalls gehörte zu dem umfangreichen, viel besuchten Komplex auch ein Pilgerhospiz.

Dann aber fand all dies ein Ende.

DAS MUSLIMISCHE JERUSALEM

Im Jahr 636 fiel eine muslimische Armee in Palästina ein, zwei Jahre später ergab sich Jerusalem. Bald nach seinem triumphalen Einzug in die Stadt ließ der Kalif Umar dem Volk von Jerusalem verkünden:

> Dies ist die Vereinbarung Umars, des Knechts Gottes und Befehlshabers der Gläubigen, mit dem Volk von Jerusalem: Er gewährt ihnen Sicherheit, allen Menschen und ihrem Eigentum: ihren Kirchen, ihren Kreuzen, ihren Kranken und Gesunden, allen Menschen ihres Glaubens. Wir werden die Kirchen nicht zerstören und ihr Eigentum oder ihre Kreuze oder ihre sonstige Habe nicht beschädigen. Wir werden das Volk von Jerusalem nicht zwingen, seinen Glauben aufzugeben, und wir werden ihm kein Leid zufügen.[19]

Klingt menschlich und vernünftig. Im nächsten Satz dieses Schreibens jedoch heißt es: »Kein Jude soll unter ihnen in Jerusalem leben.«

Dieses Verbot erscheint merkwürdig, weil in arabischen Quellen behauptet wird, die Juden hätten die muslimischen Truppen in Palästina willkommen geheißen.[20] Manche Historiker vermuten, dieses Verbot sei nur eine Fortsetzung der byzantinischen Politik gewesen, die Juden aus Jerusalem zu vertreiben. Von Hieronymus wissen wir, dass es »den Juden verboten« war, »nach Jerusalem zu kommen«.[21] Aber auch die Byzantiner hatten nur an dem Verbot festgehalten, das Hadrian gegen die Juden verhängt hatte, nachdem die Römer ihren Aufstand des Jahres 135 niedergeschlagen hatten.[22] Dass die Muslime das Verbot aufrechterhielten, stand im Einklang mit Mohammeds Judenverfolgung in Medina und mit ihrer Politik in Arabien: Juden durften sich dort nicht niederlassen.[23] Einige Jahre später allerdings ließen die muslimischen Herren dieses Verbot fallen und erlaubten den Juden, in die Stadt zurückzukehren. Das war ein zwiespältiger Ausgang des Konflikts, denn weder Christen noch Juden konnten in Jerusalem – oder sonst irgendwo im muslimischen Herrschaftsbereich – leben, wenn sie sich nicht mit der untergeordneten Rolle von *dhimmis* zufrieden gaben; zudem mussten sie als »Ungläubige« die Verachtung der Muslime und gelegentliche Verfolgungen ertragen, die dieser Status mit sich brachte. »In fast jeder Generation verzeichneten christliche Chronisten Verfolgungen und Schikanen bis hin zu Massakern und Verwüstungen, die ihnen durch die muslimischen Herrscher angetan wurden.«[24] In manchen Fällen sollen sich – wie nicht nur aus christlichen, sondern auch aus muslimischen Quellen hervorgeht – Juden an den Pogromen gegen Christen beteiligt haben.[25]

Jedenfalls waren Morde an christlichen Mönchen und Pilgern nicht selten. Nach Moshe Gils umfangreicher *History of Palestine, 634–1099* kann man, ohne Anspruch auf Systematik, folgende Vorfälle nennen:

- Im frühen 8. Jahrhundert ließ der Gouverneur von Caesura siebzig Pilger aus Kleinasien bis auf sieben, die zum Islam übertraten, hinrichten.
- Kurze Zeit später wurden sechzig Pilger, ebenfalls aus Kleinasien, in Jerusalem gekreuzigt.
- Im späten 8. Jahrhundert überfielen Muslime das Kloster des Heiligen Theodosius bei Bethlehem, töteten die Mönche und zerstörten zwei nahe gelegene Kirchen.
- Im Jahr 796 verbrannten Muslime zwanzig Mönche aus dem Kloster von Mar Saba bei lebendigem Leibe.
- Im Jahr 809 wurden mehrfach Kirchen und Klöster in und um Jerusalem überfallen und viele Klosterangehörige vergewaltigt und getötet.
- Auch im Jahr 813 waren viele solche Überfälle zu verzeichnen.
- Am Palmsonntag des Jahres 923 kam es zu einer neuen Welle von Gräueltaten, Kirchen wurden zerstört und viele Menschen getötet.

Diese Vorfälle lassen Behauptungen, wonach sich die Muslime religiöser Toleranz befleißigten, in doch fragwürdigem Licht erscheinen.

Nicht von Anfang an, aber im Laufe der Zeit wurde

Jerusalem auch für die Muslime zu einer Stadt von großer religiöser Bedeutung. Im Koran taucht die Stadt Jerusalem nicht auf, obwohl Mohammed ursprünglich lehrte, Muslime sollten sich beim Gebet in Richtung Jerusalem verneigen. Das jedoch änderte er später, aus Enttäuschung über die Juden, die ihn nicht als den Propheten anerkennen wollten, und er schrieb nun den Muslimen vor, sich beim Gebet in Richtung Mekka zu verneigen. Was die Muslime schließlich doch veranlasste, Jerusalem als heilige Stadt zu betrachten, ist die Bedeutung, die sie für Mohammeds »Nachtfahrt« erlangte.

Im Jahr 620, zehn Jahre vor seinem Tod, während Mohammed im Haus seines Vetters in Mekka schlief, wurde er vom Erzengel Gabriel geweckt, der ihn zu einem geflügelten Pferd führte, das beide nach Jerusalem brachte. Dort wurde er Adam, Abraham, Moses und Jesus vorgestellt. Dann fuhr der Engel mit ihm zum Himmel auf, wo Mohammed durch jeden der sieben Himmel geführt wurde; und schließlich war es ihm vergönnt, Allah zu sehen, der ihm als göttliches Licht erschien. Auf dem Weg zurück durch die sieben Himmel hatte er mehrere Begegnungen mit Moses, bei denen es darum ging, wie oft die Muslime täglich beten sollten: Die Anzahl der Gebete wurde schrittweise von fünfzig auf fünf gesenkt. Am nächsten Morgen erwachte Mohammed friedlich in seinem Bett in Mekka.[26]

Der Felsendom, der zwischen etwa 685 und 691 an der Stelle des seit langem zerstörten jüdischen Tempels erbaut wurde, sollte symbolisch zum Ausdruck bringen, dass der Islam die Nachfolge von Judentum und Christentums angetreten hatte.[27] In der Folgezeit wurden muslimische Pilgerfahrten auch nach Jerusalem empfohlen, was damit begründet wurde, dass der Felsendom genau an jener Stelle errichtet worden sei, an der Mohammed und Gabriel in den Himmel aufgefahren seien. Beides zusammen, das prächtige Bauwerk und seine symbolische Funktion als Verkörperung dieser geheiligten Tradition, machte Jerusalem auch für Muslime zu einer heiligen Stadt, selbst wenn sie im Kontext ihrer Glaubenslehre nicht annähernd die Bedeutung hat, die sie für Juden und Christen besitzt. Da Jerusalem nun aber für alle drei Religionen heilig ist, kam und kommt es immer wieder zu Konflikten, was aus der arabischen Inschrift an der der Grabeskirche zugewandten Außenfassade des Felsendoms anschaulich hervorgeht: Gott hat keinen Sohn. Doch auch zwischen der römischen und der griechischen Kirche kam es, nach deren Trennung, zu erbitterten Konflikten.

Vor dem Einfall der Muslime stand Jerusalem unter der Herrschaft der byzantinischen orthodoxen Kirche, die römischen (lateinischen) Katholiken waren nur geduldet. Die orthodoxe Vorherrschaft behauptete sich auch unter den Muslimen, bis Kalif Harun al-Raschid im Jahr 800 Karl dem Großen gestattete, Herbergen und andere Einrichtungen für Pilger aus dem Westen errichten zu lassen, sie zu unterhalten und sie der römischen Kirche zu unterstellen. Die Orthodoxen empfanden das als schwere Kränkung,[28] und nach dem Tod Kaiser Karls stellten sie ihre Autorität schnell wieder her. Nun blieben den Lateinern nur eine Kirche sowie »die lateinischen Nonnen, die am Heiligen Grab dienten«.[29] (Bis heute kommt es zwischen katholischen und orthodoxen Mönchen wegen des Grabes zu tätlichen

Auseinandersetzungen.)[30] Im Jahr 1056 beklagte sich Papst Viktor II., dass nicht nur die byzantinischen Beamten von westlichen Pilgern, die durch ihr Gebiet zogen, hohe Abgaben erhoben, sondern orthodoxe Mönche auch noch eine Gebühr für den Besuch des Heiligen Grabes von ihnen verlangten.[31]

Die muslimischen Behörden in Jerusalem hatten gehofft, dass sie viele Pilger anlocken könnten, indem sie die religiöse Bedeutung der Stadt hervorhoben. Sie handelten nach dem gleichen Motiv, dass alle Einrichtungen zur Förderung des Tourismus nur dem Zweck dienten: Fremde sollen kommen und in der Stadt Geld ausgeben. Aber nur wenige muslimische Pilger ließen sich blicken. Nachdem Jerusalem unter muslimische Herrschaft geraten war, sind eine Zeitlang wohl auch die christlichen Pilger mehr oder weniger ausgeblieben. Bald jedoch stieg ihre Zahl wieder an, und im 8. Jahrhundert kamen sie wieder in Scharen, selbst aus dem weit entfernten England und den skandinavischen Ländern. Im 9. Jahrhundert ebbte der Pilgerstrom wieder etwas ab, als es zu Konflikten um die Vorherrschaft über Sizilien und Süditalien kam. Doch diese unsichere Periode ging schnell vorbei, nachdem die muslimischen Seestreitkräfte im westlichen Mittelmeer geschlagen worden waren, und bald reisten wieder viele Pilger von Venedig oder Bari mit dem Schiff.[32]

Die Pilger waren willkommen im Heiligen Land, weil sie »Geld ins Land brachten und besteuert werden konnten«.[33] So wurde im 10. Jahrhundert aus dem christlichen Pilgerstrom eine Flut.

WELLEN VON BUSSPILGERN

Eine Pilgerfahrt lässt sich definieren als »eine Reise, die aus religiösen Motiven zu einer heiligen Stätte unternommen wird«.[34] Bei den Christen, insbesondere bei denen aus dem Westen, verbanden sich die »religiösen Motive« zunehmend mit Sühneleistungen – mit der Absicht also, Vergebung für ihre Sünden zu erlangen. Wer diese lange Reise auf sich nahm, suchte Vergebung für alle im Allgemeinen nicht schwerwiegenden Sünden, die er oder sie im Leben begangen hatte. Seit dem 9. und 10. Jahrhundert jedoch füllten sich die Reihen der Pilger mit Personen, denen ihre Beichtväter gesagt hatten, ihre einzige Hoffnung, der Verdammnis zu entgehen, liege in einer oder mehreren Wallfahrten nach Jerusalem. Als beispielsweise Graf Thierry von Trier im Jahr 1059 seinen Erzbischof ermordet hatte, erlegte sein Beichtvater ihm als Buße eine Wallfahrt auf, die der Graf auch antrat.[35] Der vielleicht berühmteste Bußpilger war Fulko III., Graf von Anjou (972–1040), dem vier Wallfahrten ins Heilige Land auferlegt wurden, die erste als Buße dafür, dass er seine Frau in ihrem Hochzeitskleid bei lebendigem Leib öffentlich verbrannt hatte, weil sie angeblich mit einem Ziegenhirten Beischlaf hatte. Vier Wallfahrten waren vielleicht noch zu wenig, wenn man bedenkt, dass Fulko ein »Plünderer, Mörder, Räuber und notorisch Meineidiger war, ein wirklich schrecklicher Charakter von teuflischer Grausamkeit. … Bei der geringsten Meinungsverschiedenheit mit einem Nachbarn stürzte er sich auf dessen Land und verwüstete es, plünderte, vergewaltigte und tötete, nichts konnte ihm Einhalt gebieten.«[36] Gegen seinen Beichtvater jedoch »verhielt er sich geradezu devot«.[37]

Fulkos Fall verweist auf einen fundamentalen Aspekt mittelalterlicher Pilgerfahrten. Die christliche Ritterschaft und der Adel waren gewalttätig, sündig und religiös: »Der gewöhnliche Ritter war wild, brutal und wollüstig. Zugleich war er aber, auf seine Weise, fromm«, heißt es bei Sidney Painter (1902–1960).[38] Daher hatten die Ritter und Adligen ständig Grund, Buße zu tun, und waren aus Furcht vor der ewigen Verdammnis und den Qualen des Fegefeuers auch bereit, die Strapazen auf sich zu nehmen, die ihnen als Buße auferlegt wurden. Und bei Kapitalverbrechen, darin bestand wohl Einigkeit, konnte nur eine Pilgerfahrt eine – hoffentlich – ausreichende Sühne verschaffen. Betrachten wir folgende Auszüge aus der um 1020 entstandenen Gesetzessammlung Knuts des Großen, des sogenannten Wikingerkönigs von England und Dänemark:

> 39. Wenn jemand einen Priester am Altar erschlägt, ist er ein Gesetzloser vor Gott und den Menschen, solange er nicht aufrichtig Buße tut, indem er eine Wallfahrt unternimmt. […]
> 41. Wenn ein Priester zum Mörder wird oder sonst ein zu schweres Verbrechen begeht, verwirkt er seinen kirchlichen Stand und seine Heimat und muss auf Pilgerschaft gehen.[39]

Und sie gingen. Ende des 10. Jahrhundert bauten die Cluniazenser, die große und tatkräftige Reformbewegung der Mönche von Cluny in Frankreich, entlang der Route ins Heilige Land Pilgerherbergen. Ein Pilgerzug konnte tausend und mehr Personen umfassen. Wir wissen von einer Wallfahrt aus Deutschland, die mit mindestens 7000 männlichen Teilnehmern (darunter mehreren Bischöfen) begann und sich unterwegs immer noch vergrößerte, als sich weitere kleine Gruppen anschlossen.[40] Sowohl auf dem Hinweg als auch auf dem Rückweg wurden die Pilger von räuberischen Beduinen angegriffen, und nur etwa 2000 von ihnen überlebten die Reise.[41]

Im 10. Jahrhundert, als die meisten ihrer Landsleute noch Heiden waren, machten sich norwegische Pilger auf den Weg ins Heilige Land.[42] »Die meisten skandinavischen Pilger bevorzugten die Rundreise, nämlich den Hinweg zu Schiff durch die Meerenge von Gibraltar und die Rückreise über Land durch Rußland.«[43] Wie die Franken waren die norwegischen Konvertiten »Christus und seinen Geboten hingebungsvoll zugetan«.[44] Einer von ihnen war Thorwald der Weitgereiste aus Island, ein berühmter Wikinger. Er war zum Christentum übergetreten und »verkündete seinen Landsleuten im Jahr 981 den neuen Glauben«.[45] Im Jahr 990 begab er sich auf Pilgerschaft, um Buße zu tun für seine Mordtaten an zwei Dichtern und an einem weiteren Mann, die einen hatten seinen Glauben verspottet, der andere hatte es gewagt, seine Predigt zu kritisieren. Nach seiner Wallfahrt wirkte er in Russland als Missionar und starb dort, angeblich ohne russische Heiden umgebracht zu haben. Ein anderer norwegischer Pilger war Lagman Gudrodsson, König auf der Isle of Man, der für den Mord an seinem Bruder büßen wollte. Sweyn Godwinson, ebenfalls aus Norwegen und von königlicher Herkunft, starb auf der Rückreise von Jerusalem, nachdem ihm auferlegt worden war, die Reise barfuß zu absolvieren, als Sühne für verschiedene Morde. Viele weitere Beispiele sind überliefert.

DIE ZERSTÖRUNG DES HEILIGEN GRABES

Im Jahr 878 kam in Ägypten eine neue Dynastie an die Macht, die dem Kalifen in Bagdad die Herrschaft über das Heilige Land entriss. Zunächst änderte das wenig. Im Jahr 996 jedoch wurde Tariq al-Hakim im Alter von elf Jahren der sechste Kalif der ägyptischen Fatimiden. Er regierte als Kalif, bis er im Alter von 36 Jahren verschwand.

Ob al-Hakim wahnsinnig war oder nicht, ist umstritten. Marshall Hodgson meint, er sei »exzentrisch« gewesen, dennoch ein »tatkräftiger Herrscher«.[46] Wahr ist, dass al-Hakim einfach lebte. Überliefert ist auch, dass er durch die Straßen ging und mit den einfachen Leuten sprach. Auf der anderen Seite befahl er, alle Hunde in Kairo zu töten, keine Trauben anzubauen und zu essen (damit nicht Wein aus ihnen gemacht wurde), dass Frauen nicht das Haus verlassen und Schuhmacher darum keine Schuhe für Frauen anfertigen durften. Er untersagte das Schachspiel sowie den Genuss von Brunnenkresse und von Fischen ohne Schuppen. Ferner befahl er seinen Untertanen, nachts zu arbeiten und tagsüber zu schlafen, weil er selbst es so hielt. Seinen Erzieher ermordete er und fast alle Wesire, eine Reihe anderer hoher Beamter, Dichter und Ärzte sowie viele seiner Verwandten – häufig übernahm er das Töten selbst. Seinen Sklavinnen im Palast ließ er die Hände abschneiden. Um seine Verachtung für die öffentlichen Frauenbäder kund zu tun, ließ er den Eingang zu dem beliebtesten Bad zumauern samt allen Frauen, die darin waren. Al-Hakim zwang die Christen, ein fast zwei Kilo schweres Kreuz am Hals zu tragen, und die Juden, ein ebenso schweres geschnitztes Kalb (als Schandmal für ihre Anbetung des Goldenen Kalbs). Schließlich ließ er in den Gebeten, die in den Moscheen gesprochen wurden, den Namen Allahs durch seinen ersetzen.[47]

Der Lauf der Geschichte änderte sich erst, als al-Hakim befahl, alle christlichen Kirchen zu verbrennen oder zu enteignen; »einige dreißigtausend Kirchen [wurden] geplündert oder eingeäschert«.[48] Auch die Grabeskirche ließ er ausrauben und vollständig zerstören, einschließlich aller Spuren der in den Felsen gehauenen Gruft unter ihr. Wie der arabische Chronist Yahya ibn Said (um 996–1021) aus Antiochien berichtet, befahl al-Hakim seinem Statthalter in Palästina, einem Mann namens Yaruk, »die Kirche der Auferstehung zu zerstören und ihre (christlichen) Symbole zu entfernen, und alle Spuren sowie Erinnerung an sie zu vernichten«. Yaruks Sohn und zwei Gefährten »beschlagnahmten alle Einrichtungsgegenstände, die dort waren, und rissen die Kirche bis zu ihren Fundamenten nieder, bis auf das, was nicht zerstört werden kann und kaum auszugraben und mitzunehmen war«.[49]

Die Nachricht von diesem Gewaltakt sorgte in ganz Europa für große Empörung – es war eine bittere Kränkung, die jene, die später Freiwillige für den Ersten Kreuzzug warben, gerne wieder aufleben ließen. Al-Hakim aber verschwand irgendwann während eines Ausritts in die Berge, wo er sich für gewöhnlich mit der Beobachtung und Deutung der Sterne beschäftigte. Sein Esel kam nach Hause, blutverschmiert am Rücken. Die Drusen glauben, al-Hakim sei »verborgen« und werde am Jüngsten Tag als Mahdi zurückkehren. Ansonsten geht man allgemein davon aus, dass er auf Befehl seiner

Schwester ermordet wurde, die fürchtete, er werde sie wie so viele andere umbringen.

Als Gegenleistung für die Freilassung von 5000 muslimischen Gefangenen durch die Byzantiner gestattete al-Hakims Nachfolger den Wiederaufbau der Grabeskirche,[50] die zerstörte Felsengrotte allerdings konnte nicht völlig wiederhergestellt werden. Die Arbeiten begannen 1037, zu einer Zeit, in der sich »ein unaufhörlicher Strom von Reisenden nach Osten« ergoss, »zuweilen in Reisegesellschaften, die nach Tausenden zählten, Männer und Frauen jeglichen Alters und Standes, … bereit, ein ganzes Jahr oder länger auf die Reise zu verwenden«.[51]

Diese Reisenden konnten weder die ursprüngliche Grabeskirche besuchen noch Justinians riesige Nea-Kirche, die ebenfalls in Trümmern lag; wer sie zerstört hat und wann, ist nicht bekannt.[52] Die Pilger kamen dennoch, trotz der Strapazen und Gefahren, die mit einer derart langen Reise verbunden waren, und obwohl sie wussten, dass sich die Überfälle auf christliche Pilger häuften und immer blutiger wurden:[53]

- 1022 wurde Gerald de Thouars, Abt von Saint-Florent lès Saumur, nach seinem Eintreffen im Heiligen Land von den Muslimen eingekerkert und hingerichtet.
- 1026 wurde Richard von Saint-Vanne zu Tode gesteinigt, weil er auf islamischem Gebiet die Messe gelesen hatte.
- 1040 wurde Ulrich vom Breisgau am Jordan von einer aufgehetzten Menge gesteinigt.
- 1064 gerieten Bischof Gunther von Bamberg und

seine umfangreiche Pilgergruppe bei Caesarea in einen Hinterhalt. Zwei Drittel der Gruppe kamen ums Leben.

Hatten sie die gefährliche Reise überstanden, wurden die Pilger in Jerusalem willkommen geheißen, weil sie einen beträchtlichen Beitrag zum wirtschaftlichen Wohlergehen der Stadt leisteten.

Im Jahr 1071 jedoch nahmen die Ereignisse eine dramatische Wendung.

DIE TÜRKEN IM HEILIGEN LAND

Ende des 10. Jahrhunderts trat ein großer Stamm räuberischer Nomaden in einem Gebiet südwestlich vom Aralsee, das heute zu Usbekistan und Turkmenistan gehört, zum Islam über, zuerst per Vertrag, später aus Überzeugung. (Heiden nahmen den Islam schneller an als Juden, Christen oder Zoroastrer.)[54] Der Islam, zu dem sie sich bekehrten, unterschied sich jedoch beträchtlich von der muslimischen Orthodoxie. Claude Cahen (1909–1991) bezeichnete ihn als »Volks-Islam«, nicht nur wegen seiner geringen Differenziertheit, sondern auch wegen seiner militanten Intoleranz gegenüber »häretischen« islamischen Gruppierungen, besonders den Schiiten. Cahen schreibt: »Natürlich vergaßen die Türken, als sie den neuen Glauben annahmen, die Sitten, Überzeugungen und Praktiken ihrer nichtmuslimischen Vorfahren nicht völlig.«[55] Die seldschukischen Türken blieben Briganten, »plünderten und raubten, wo immer sich eine Gelegenheit dazu bot«.[56] Auch wenn sie sich bisweilen von muslimischen Herrschern als Söldner anheuern ließen, ihr Übertritt zum Islam schützte andere muslimische oder von Muslimen beherrschte Gesellschaften nicht vor ihren Raubzügen. Mit der Zeit aber haben sich die Türken, statt sich weiterhin mit spontanen Überfällen zu begnügen und mit ihrer Beute wieder zu verschwinden, dauerhafte Machtpositionen geschaffen – sie begannen also ihr Brigantentum zu ersetzen durch das systematische, organisierte Ausplündern ganzer Territorien, wie dies von Staaten betrieben wird.

Ab dem 11. Jahrhundert haben sich die Seldschuken allmählich immer weiter nach Westen bewegt, brachten um 1045 unter ihrem tatkräftigen Führer Tughrul Beg Persien in ihre Gewalt und setzten sich in Bagdad als Erben des Kalifats der Abbasiden ein. Tughrul Beg erklärte sich zum »Sultan und König von Ost und West«. Immer noch auf Expansionskurs, zog er nun mit seinen Truppen nach Norden, griff Armenien an, ein Königreich monophysitischer Christen, das kurz zuvor von den Byzantinern erobert worden und nun brutalen religiösen Verfolgung ausgesetzt war, angeführt von den Bischöfen der orthodoxen Kirche. Die armenischen Fürsten, voller Hass auf Byzanz, leisteten den Türken wenig Widerstand, was sie wohl getan haben würden, hätten sie gewusst, was auf sie zukam. Als die Byzantiner 1048 durch einen Aufstand im Heimatland abgelenkt waren, überrannten die Türken die Stadt Ardzen, massakrierten die Männer, vergewaltigten die Frauen und entführten die Kinder als Sklaven.[57]

Allerdings besetzten die Türken Armenien nicht, sondern begnügten sich mit Raubzügen. So folgten weitere

Massaker. 1063 starb Tughrul Beg, zum Nachfolger wurde sein 33-jähriger Neffe Alp Arslan (um 1030–1072) bestimmt. Im Jahr darauf zog dieser an der Spitze einer großen Armee nach Armenien und belagerte die Hauptstadt Ani. Obwohl sie gut zu verteidigen war, ergab sich die Stadt nach nur 25 Tagen, wohl um sinnloses Leiden zu vermeiden. Aber, so steht es bei dem arabischen Geschichtsschreiber Sibt ibn al-Jawzi (um 1186–1256), der sich, wie er behauptet, auf einen Augenzeugen beruft: »Die Soldaten fielen in die Stadt ein, metzelten deren gesamte Bevölkerung nieder, plünderten die Häuser und setzten sie in Brand. ... Es gab so viele Leichen, daß alle Straßen davon bedeckt waren und man nirgendwo hintreten konnte, sondern über sie hinwegsteigen mußte.«[58] 1067 durchbrachen Alp Arslans Truppen byzantinische Verteidigungslinien vor dem kappadokischen Caesarea (mitten in der heutigen Türkei) und richteten ein weiteres Massaker an. Nun konnte Byzanz nicht anders, es musste endlich entschieden reagieren.

Zuvor mussten die Byzantiner aber die verwickelten und feigen politischen Intrigen und Kabalen beenden, die an ihrem Hof herrschten. Sie hatten sich noch gesteigert, nachdem Kaiser Konstantin X. gestorben war, der wegen seiner Vernachlässigung der Armee und der Interessen des Reichs in Verruf geraten war. Am 1. Januar 1068 wurde Romanos Diogenes zum Kaiser gekrönt, und nun sah es so aus, als bekomme das Reich wieder eine verantwortungsvolle und kompetente Führung. Romanos war ein erfolgreicher und sehr erfahrener Feldherr – noch jung, aber energisch, tapfer und der Gefahr bewusst, die von den Seldschuken ausging.

Direkt nach seiner Inthronisation begann er mit dem

Wiederaufbau der byzantinischen Armee, die zu einem demoralisierten Haufen schlecht ausgerüsteter, kaum ausgebildeter und seit langem unbezahlter Söldner verkommen war. Zwei Jahre kostete ihn das, aber er gab sich alle Mühe, neue Truppen zu rekrutieren. 1071 war er bereit, mit 60 000 bis 70 000 Soldaten gegen die Türken zu ziehen. (Nach einigen muslimischen Quellen soll diese Armee 600 000 Mann stark gewesen sein, der armenische Geschichtsschreiber Matthias von Edessa schreibt sogar von einer Million!) Zwei Jahre waren eine zu kurze Zeit, um die Armee zu reformieren, Romanos konnte nicht viel mehr tun, als seine Streitmacht zu vergrößern, besser ausgerüstet und ausgebildet war sie darum nicht, auch nicht loyaler als die vorherige, wieder ein »zusammengewürfelter Haufen« von Söldnern aus verschiedensten Ländern, die einander teilweise spinnefeind waren.[59] So bestanden große Abteilungen aus Oghusen (Turkvölker mit Beziehungen zu den Seldschuken), die in der Entscheidungsschlacht prompt zum Feind überliefen.

Romanos, den verschiedene schlechte Vorzeichen in Unruhe versetzten und dem die Mängel seiner Bataillone keineswegs entgangen waren, zog dennoch nach Osten, um die Türken zu stellen. Er bezog zunächst bei Erzurum ein Lager, dann aber teilte er aus unerfindlichen Gründen seine Armee auf, übertrug das Kommando über den größeren Truppenteil Joseph Tarchaniotes, der Khelat (heute Ahlat) am Van-See angreifen sollte, während er mit der kleineren Abteilung gegen die Stadt Manzikert zog. Wir wissen nicht, was dann geschah, nur dass die größere Streitmacht floh und am Feldzug nicht mehr teilnahm. Manche muslimische

Geschichtsschreiber nehmen an, dass Alp Arslan mit einer viel kleineren muslimischen Armee in einer offenen Feldschlacht gegen Tarchaniotes und seine Byzantiner siegte. Andere meinen, die Byzantiner seien, als sich herumsprach, dass die türkischen Streitkräfte im Anmarsch waren, einfach weggelaufen. Dass den nur 50 Kilometer entfernten Romanos keine Nachricht von der verheerenden Niederlage erreichte, passt zu der Schlussfolgerung Norwichs, dass nämlich Tarchaniotes ein Verräter war, mit Verschwörern in Konstantinopel paktierte, Romanos einfach im Stich ließ und zurückmarschierte.

Romanos, dem nur gerade ein Drittel seiner Armee geblieben war, versuchte dennoch, mit den Türken abzurechnen. Es folgten einige Scharmützel, schließlich kam es zu der großen Schlacht bei Manzikert, in der die Oghusen die Fronten wechselten und das byzantinische Heer vernichtet wurde. Romanos kämpfte, bis er so viele Wunden davongetragen hatte, dass er sein Schwert nicht mehr führen konnte und in Gefangenschaft geriet. Man brachte ihn vor Alp Arslan, und die beiden haben sich offenbar gut verstanden: Sie einigten sich auf einen Friedensvertrag. Die Byzantiner mussten einen Teil ihres Gebietes abtreten und jährlichen Tribut zahlen, und Romanos willigte ein, eine seiner Töchter einem Sohn Alp Arslans zur Frau zu geben. Alles in allem kein schlechter Handel für die Byzantiner.

Unterdessen erreichte die Verschwörer in Konstantinopel nicht nur die Nachricht von der Niederlage und dem Gebietsverlust, sie erfuhren auch, dass Wilhelm Eisenarm und seine Normannen die byzantinischen Truppen in Italien geschlagen hatten. Daraufhin zogen die Verschwörer mit Truppen aus nahegelegenen Garnisonen dem zurückkehrenden Kaiser entgegen. Möglicherweise kam es zum Kampf, jedenfalls wurde Romanos festgenommen. Der zeitgenössische Chronist Johannes Skylitzes berichtet, dass »ihn grausame und harte Männer ergriffen und erbarmungslos, gnadenlos, sein Augenlicht auslöschten. Auf einem billigen Lasttier getragen wie ein verwesender Leichnam, die Augen ausgestochen und den Kopf voller Würmer, lebte er noch ein paar Tage in Schmerzen und mit einem fauligen Gestank um sich, bis er den Geist aufgab...«[60]

Michael VII., der neue Kaiser, erwies sich als unfähig, unter seiner Regierung herrschte im ganzen Reich ständiger Aufruhr. 1078 schließlich geriet die Lage dermaßen außer Kontrolle, dass er abdankte und floh. Als Nachfolger wurde ein alter General eingesetzt. Drei Jahre später dankte auch der ab. Nun kam ein glänzender junger Kommandeur auf den Thron: Alexios Komnenos. Die verlorenen Gebiete konnte auch er nicht zurückerobern, doch die Ordnung stellte er wieder her, baute eine zuverlässige Armee auf und schrieb den Brief, der Papst Urban II. veranlasste, den Ersten Kreuzzug auszurufen.

Eigentlich hätten sich zu diesem Zeitpunkt die seldschukischen Türken als eine Elite, die ein großes und reiches Gebiet unter ihre Herrschaft gebracht hatte, zu einem friedlichen Leben niederlassen können. Doch da gab es die religiösen Gegensätze. Die Türken waren orthodoxe Sunniten, das Kalifat der Fatimiden in Kairo aber war von Schiiten dominiert – jenen Häretikern, die nach Meinung der Sunniten die Schuld trugen an der Spaltung des Islam. Deshalb zogen die Türken weiter nach Westen und Süden, drangen in fatimidisches Gebiet ein, auch ins Heilige Land.

Der türkische Befehlshaber war Atsiz bin Uwaq, der an Alp Arslans Hof Dienst tat, dann aber zu den Fatimiden in Palästina überlief, später erneut die Seite wechselte und 1071 Oberbefehlshaber der türkischen Invasionstruppen wurde. Unter Historikern ist umstritten,[61] ob Atsiz Jerusalem 1071, im ersten Jahr seines Feldzuges, eingenommen hat oder erst 1073; gesichert ist, dass Akko 1074, Damaskus 1075 fiel. Danach wandte sich Atsiz nach Süden, um die Fatimiden aus Ägypten zu vertreiben, erlitt 1077 aber eine schwere Niederlage. Nach dem Sieg der Fatimiden über die Türken kam es zu Aufständen fatimidischer Muslime in Palästina, Atsiz musste nach Damaskus ausweichen, kehrte aber bald zurück und belagerte nun Jerusalem. Da er der Stadt und ihren Bewohnern Sicherheit versprochen hatte, wurden die Tore geöffnet, die türkischen Truppen stürmten hinein, töteten und plünderten, Tausende kamen ums Leben. Auch die Städte Ramla und Gaza, dann Tyrus und Jaffa wurden erobert, ihre Bewohner niedergemetzelt.[62]

Bei diesen Unruhen und bei all diesem Blutvergießen können die christlichen Pilger keine gute Zeit gehabt haben. Aber es sollte schlimmer kommen. Sie wurden nicht nur von den neuen türkischen Herrn verfolgt, diese taten auch nichts (konnten vielleicht nichts tun), um Räuberhorden und lokale Beamte daran zu hindern, die Pilger zu überfallen, auszurauben und auszubeuten. Nur wenige große, gut bewaffnete Pilgerzüge kamen durch, so der, den Robert I. von Flandern 1089 nach Jerusalem führte. Die meisten jedoch wurden Opfer von

Unglücksfällen, Räuberbanden und skrupellosen Provinzstatthaltern, manche kehrten rechtzeitig um.[63] Sogar ein muslimischer Geschichtsschreiber aus dem 12. Jahrhundert, der Syrer al-ʻAzimi, gab zu, dass die Muslime 1093 christliche Pilger in Palästina daran hinderten, nach Jerusalem zu gelangen. Er äußert auch die Vermutung, dass überlebende Pilger von ihren Erfahrungen in den muslimischen Gebieten und im Heiligen Land berichtet haben und auf Gegenmaßnahmen drängten, was schließlich zu dem Kreuzzugsunternehmen geführt habe. Moshe Gil hat darauf hingewiesen, dass al-ʻAzimi, wenn er von Überlebenden sprach, damit indirekt sagt, dass es ein Massaker gegeben haben muss,[64] und vermutlich nicht nur eines.

Letzten Endes brauchte der europäische Adel nicht den Papst und Alexios I. Komnenos, um zu wissen, wie die Pilger behandelt wurden. Ritter und Adlige kannten solche Nachrichten, von Verwandten und Freunden, die mit dem Leben davongekommen waren und »erschöpft und verarmt in den Westen« zurückkehrten, »und ihre Erzählungen waren der schrecklichen Erlebnisse voll«.[65] – Es waren die Überlebenden, von denen al-ʻAzimi berichtet.

SCHLUSS

Die Kreuzzüge wurden nicht ohne Grund unternommen. Die muslimischen Eroberungen und Expansionsbestrebungen setzten sich auch im 11. Jahrhundert (und in der Folgezeit) fort. Die Pilger riskierten ihr Leben, wenn sie ins Heilige Land zogen. Die heiligen Stätten der Christenheit waren unsicher. Und die christlichen Ritter vertrauten darauf, dass sie die Sache in Ordnung bringen könnten.

Kapitel fünf

ANWERBUNG DER KREUZFAHRER

Ein Ritter im Gebet, bevor er zum Ersten Kreuzzug aufbricht. Oben rechts im Bild lehnt sich sein Knecht mit dem Helm seines Herrn in Händen vom Turm. © British Library / HIP / Art Resource, NY

Papst Urban II. hatte sich entschieden: Europa musste der Christenheit im Osten zu Hilfe kommen und das Heilige Land befreien. Aber wie wollte er das durchsetzen? Wie Zehntausende überzeugen, ihr Leben und ihr Vermögen einzusetzen für eine derart unwägbare Aufgabe? Viele dieser prospektiven Kämpfer, vor allem diejenigen, die von Peter dem Einsiedler rekrutiert wurden, werden wohl kaum gewusst haben, worauf sie sich einließen. Aber die bedeutenden und mächtigen Adligen und Ritter waren so unbedarft und naiv nicht, sie hatten von Reisen ins Heilige Land und ihren Gefahren gehört, einige von ihnen hatten bereits eine Pilgerfahrt ins Heilige Land hinter sich, fast alle wussten von Verwandten und Freunden, die dort gewesen waren. Sie wussten also auch, welch lange und gefahrvolle Reise ihnen bevorstand, an deren Ende sie blutige Kämpfe gegen einen gefährlichen und entschlossenen Feind erwarteten. Und sie wussten, dass im Sand von Palästina keine Töpfe voller Gold auf sie warteten. Wie also sollte man sie gewinnen?

KREUZZUGSPREDIGTEN

Papst Urban II. mochte bei seiner Predigt vor der Menge bei Clermont alle Beredsamkeit aufgewendet haben, mit einer einzigen Rede hat selbst er nicht Tausende Ritter zum Aufbruch in das Heilige Land bewegen können. Bevor er nach Clermont kam, hatte er vier Monate lang einflussreiche fränkische Adlige, Äbte und Bischöfe besucht. Da die meisten von ihnen in der Folgezeit, als der Kreuzzug organisiert wurde, eine wichtige Rolle spielten, ist anzunehmen, dass der Papst seine Besuche nutzte, seine Gastgeber für sein Anliegen zu gewinnen. Wenn wir den Chronisten und ihren Berichten Glauben schenken wollen, dass bereits während der berühmten Rede vor den Toren von Clermont einige Zuhörer Kreuze schnitten und sich aufs Brustwams nähten, dann müssen wir davon ausgehen, dass sie sich darauf vorbereitet hatten, denn für gewöhnlich trugen Ritter kein Nähzeug bei sich. Ohne Vorbereitung wären, wie es in einem Bericht heißt, am Ende der Papstrede auch nicht die Abgesandten des Grafen Raimund von Toulouse aufgetaucht, die »verkündeten, dass ihr Herr das Kreuz genommen« habe.[1]

Aber was immer der Papst zuvor unternommen haben mag, um sich Unterstützung zu sichern, Clermont war gewiss erst der Anfang. Das Projekt war vielerorts »an den Mann« zu bringen, bevor es losgehen konnte. Daher wandte sich Urban, wie Balderich von Bourgueil berichtet, am Ende seiner Predigt vor Clermont an die Bischöfe und sagte: »Ihr, Brüder und Mitbischöfe, Mitpriester und die ihr mit uns in Christus seid, verkündigt, was ihr gehört habt, in den Kirchen, die euch anvertraut sind, und predigt mit ganzer Seele die Fahrt nach Jerusalem.«[2] Doch selbst wenn alle diesem Aufruf gefolgt wären, ihre Bemühungen hätten wahrscheinlich nicht ausgereicht. Der Kreuzzug kam nur zustande, weil der Papst Hunderte von Predigern gewinnen konnte, die gar nicht in Clermont waren. Um zu verstehen, wie ihm das gelang, wollen wir uns anschauen, was für ein Papst er war und über welche kirchlichen Hilfsmittel er gebieten konnte.

Zwei Kirchen

Blicken wir zurück. In mancherlei Hinsicht war die Bekehrung Kaiser Konstantins eine Katastrophe für das Christentum. Es hätte ausgereicht, hätte er den Christen nur das Recht ihrer Existenz ohne Verfolgung eingeräumt. Als er es jedoch »zum meistbegünstigten Empfänger der nahezu unbegrenzten Mittel machte, mit denen der Kaiser sein Wohlwollen zum Ausdruck bringen konnte«,[3] schadete er der ehrlichen Hingabe, mit der der damalige Klerus seine Amtspflichten versah. Plötzlich fanden sich die Gläubigen, die sich zuvor in privaten Wohnhäusern und schlichten Gebäuden versammelt hatten, in prächtigen öffentlichen Bauten wieder. Die neue Kirche des Heiligen Petrus, die Konstantin in Rom bauen ließ, wurde nach dem Vorbild der Basilika errichtet, wie ein kaiserlicher Thronsaal. Die Kleriker, die aus dem einfachen Volk stammten und bescheiden von Spenden der Gläubigen lebten, wurden plötzlich zu wohlhabenden und mächtigen Beamten des Reichs, die Bischöfe »standen jetzt als Honoratioren mit den reichsten Senatoren auf einer Ebene«.[4] Das hatte, wie Richard Fletcher schreibt, zur Folge, dass die »dem christlichen Klerus gewährten Privilegien und Exemtionen einen Massenansturm auf das Priesteramt auslösten«.[5]

Da kirchliche Ämter nun zugleich hohe Reichsämter wurden, begannen sich alsbald Söhne der Aristokratie für sie zu interessieren. Dazu musste man nun nicht mehr moralisch besonders qualifiziert sein, geschweige denn »berufen«. Um ein hohes kirchliches Amt zu bekommen, brauchte man vor allem Einfluss und Geld, und irgendwann wurden auch solche Ämter vererbt. Simonie wurde gesellschaftsfähig: Immer häufiger wurden kirchliche Ämter gekauft und verkauft, nicht nur hohe Ämter wie Bischofssitze, auch ganz einfache Pfarrstellen. Bald entstanden große Klerikerfamilien, deren Söhne ihren Vätern, Onkeln und Großvätern in den heiligen Ämtern folgten, selbst im Amt des Papstes.[6] Damit kamen denn auch viele zügellose und korrupte, konnten laxe und ehrlose Männer in hohe Stellungen gelangen: Benedikt IX. (1012–1055) etwa, der Neffe zweier vorheriger Päpste, war nicht zum Priester geweiht und wurde doch Papst. Und er erregte so viele Skandale, indem er »in ganz Rom herumhurte«, dass er mit viel Geld dazu bewegt werden musste, sein Amt niederzulegen.[7]

Natürlich waren nicht alle, die ein Gott geweihtes Leben wählten, Karrieristen oder Wüstlinge. Es gab auch ehrbare und fromme Söhne und Töchter aus Klerikerfamilien. Es entwickelten sich zwei parallele Kirchen, die wir hilfsweise als *Kirche der Macht* und als *Kirche der Frömmigkeit* bezeichnen können. Die Kirche der Macht war diejenige, die sich in Reaktion auf die ungeheure Macht und den Reichtum entwickelte, die ihr von Konstantin verliehen wurde. Zu ihr gehörte die große Mehrheit der Priester, Bischöfe, Kardinäle und Päpste, die in der Kirche die meiste Zeit den Ton angaben, bis im 16. Jahrhundert die Reformation einsetzte. Die Kirche der Frömmigkeit hingegen war in vieler Hinsicht eine Reaktion auf die Kirche der Macht. Möglicherweise wäre sie zum Schweigen gebracht, zumindest beiseite geschoben worden, hätte sie nicht eine unnachgiebige Basis in den Klöstern gehabt, die wiederum in den herrschenden Eliten eine mächtige Stütze fanden: Drei Viertel der asketischen mittelalterlichen Heiligen waren Söhne und Töchter des Adels, sogar von Königen.[8]

Es ist bemerkenswert, dass sich ausgerechnet dann, als der »Massenansturm« von Söhnen privilegierter Familien auf das Priesteramt einsetzte, das Klosterwesen mächtig ausbreitete: Um die Mitte des 4. Jahrhunderts gab es Tausende von Mönchen und Nonnen, die fast alle in organisierten Gemeinschaften lebten. Natürlich fühlte sich, wer ein entsagungsreiches Leben führte, den anderen spirituell überlegen; befand sich damit auch im Einklang mit der katholischen Lehre. Doch der Gegensatz, in dem sie zum regulären Klerus und besonders zur kirchlichen Hierarchie standen, hatte eine andere Ursache. Denn diese Männer führten gar kein asketisches Leben, viele von ihnen lebten als Wüstlinge. Das war ein Problem, an dem sich aber nicht viel änderte. Immer wieder versuchten führende Kleriker die Kirche der Macht zu einer der Frömmigkeit zu reformieren, und tatsächlich gelang es ihnen immer wieder, das Papsttum unter ihre Kontrolle zu bringen und wichtige Reformen durchzusetzen. Und genau in einer solchen Zwischenzeit, in der die Kirche der Frömmigkeit einen starken Einfluss nehmen konnte, war Odo de Lagery als Urban II. auf den Stuhl Petri gewählt worden.

Odo de Lagery wurde um 1042 in einer nordfranzösischen Adelsfamilie geboren. Schon in jungen Jahren stand er in kirchlichen Diensten und wurde bald Erzdiakon der Kathedrale von Reims. 1067 trat er ins Kloster Cluny ein, von dem die größte und streitbarste monastische Reformbewegung Europas ihren Ausgang nahm. Er wurde Großprior, in der Klosterhierarchie stand nur der Abt über ihm. 1078 ernannte ihn Papst Gregor VII. (selbst ein ehemaliger Mönch und glühendes Mitglied der Kirche der Frömmigkeit) zum Kardinalbischof von Ostia. 1088 wurde er durch Akklamation zum Papst gewählt und nahm den Namen Urban an. Er starb am 29. Juli 1099, zwei Wochen nachdem die Kreuzfahrer Jerusalem eingenommen hatten, was zu diesem Zeitpunkt im Westen aber noch nicht bekannt war.

Urban II. war ein geschätztes Mitglied der Kirche der Frömmigkeit, was ihm sehr dabei half, das Vertrauen der Mönche und Ordensbrüder zu gewinnen, die für das Predigen zuständig waren. Im Mittelalter wurde generell wenig gepredigt, Predigten vor Laien waren eine »Seltenheit«,[9] die Pfarrer waren nicht verpflichtet, während der Messe zu predigen, wobei die Messgottesdienste ohnehin wenig besucht waren.[10] Wirklich gepredigt wurde von umherziehenden Mönchen, meistens auf Marktplätzen und nicht in Kirchen. Genau diese Predigermönche waren die Adressaten des Papstes, ihnen galt seine Aufforderung zu predigen, sie sollten die Menschen dazu bringen, das Kreuz zu nehmen. Hunderte (vielleicht Tausende) Predigermönche folgten dem Aufruf des Papstes und verbreiteten seine Botschaft in jedem Weiler, in jedem Dorf, jeder Stadt. Drei ausgezeichnete Männer waren unter ihnen, die auf Karriereerfolge in der Kirche verzichtet hatten und als Asketen im Wald von Craon lebten: Robert von Arbrissel, Vitalis von Savigny und Bernhard von Tiron. Auf Bitten des Papstes verließen sie ihre Abgeschiedenheit und predigten den Ersten Kreuzzug; alle drei wurden später erfolgreiche Ordensgründer.

So wie diese drei Männer und der Papst selbst kamen auch die meisten Mönche aus der Oberschicht und konnten also versuchen, ihre adligen Verwandten direkt für den Kreuzzug zu gewinnen. Zu dieser Zeit kamen Mönche gewöhnlich durch eine Opfergabe (*Oblation*) ins Kloster, die von wohlhabenden Eltern für ihren Jungen (seltener für Mädchen) bezahlt wurde. Diese Praxis wird oft fälschlich als eine Methode gedeutet, um »überschüssige«, also nicht erbberechtigte Söhne loszuwerden.[11] Tatsächlich aber war die Gebühr für den Eintritt in ein Kloster in der Regel nicht geringer als ein ansehnliches Erbe.[12] Wie auch immer, die Praxis der Oblation war derart verbreitet, dass die meisten Adligen Verwandte hatten – Onkel, Söhne, Brüder oder Neffen –, die in einem Kloster lebten und mit denen sie normalerweise eng verbunden blieben. Auf diese Weise bestanden enge Beziehungen zwischen der Kirche der Frömmigkeit und dem Adel, was wiederum starke Auswirkungen auf die Religiosität privilegierter Familien hatte.

Der Papst tat jedoch mehr, als die Aufgabe der Kreuzzugspredigt zu delegieren. Er reiste selbst von Clermont aus neun Monate lang über 3000 Kilometer durch ganz Frankreich, kam dabei »in Landstädte, deren Einwohner nie einen König oder gar jemanden von so hohem Rang gesehen hatten, ... und der begleitet war von einem Schwarm von Kardinälen, Erzbischöfen und Bischöfen, ... deren Zug sich auf den Landstraßen kilometerweit erstreckt haben muss.«[13] Überall, wohin er kam, weihte der Papst Kapellen, Kirchen, Kathedralen, Klöster und Friedhöfe, segnete Altäre und Reliquien.

Das waren zumeist öffentliche Zeremonien, an denen große Menschenmengen teilnahmen – »groß« natürlich im Verhältnis zur Größe der Bevölkerung (Paris hatte damals 25 000 Einwohner).[14] Natürlich predigte bei solchen Gelegenheiten auch der Papst den Kreuzzug, spornte die lokale Geistlichkeit, vor allem die Bischöfe, an, es ihm gleich zu tun und die Predigten fortzusetzen, wenn er mit seinem Gefolge weitergezogen war.[15] Und während seiner Rundreise schickte der Papst »Sendschreiben und päpstliche Legaten nach England, in die Normandie und nach Flandern, nach Genua und Bologna, mahnte, befahl und warb ... In diesem Jahr entsandte der Papst auch die Bischöfe von Orange und Grenoble nach Genua, dass sie dort den Kreuzzug predigten und versuchten, die stattliche Seemacht der Genuesen für den Krieg zu gewinnen.«[16]

Die Kreuzzugsprediger waren in vielerlei Hinsicht erfolgreich, überzeugten nicht nur Tausende von Kriegsmännern, sich zum Kampf zu rüsten, sondern auch solche Männer und Frauen, die keine kriegerische Ausbildung hatten. Bald zogen auch Tausende aus dem einfachen Volk, vor allem Bauern, unter der Führung Peter des Einsiedlers nach Osten und richteten auf dem Weg viel Unheil an, bis sie, wie wir sehen werden, selbst einen sinnlosen Tod starben.

Bußkrieg

Viele skeptische Beobachter haben festgehalten, dass die Wallfahrten nicht dazu angetan waren, das Verhalten der Pilger nach ihrer Rückkehr zu bessern. Sie hatten damit nicht nur Pilger wie Fulko III. im Auge, der von jeder seiner vier Wallfahrten nach Hause kam und gerade so weiter sündigte wie vorher. Durch eine Wallfahrt sollten sich, so zumindest die Erwartung, Charakter und Persönlichkeit des Pilgers grundlegend wandeln – zumindest sollte der Pilger zu einem friedlicheren und versöhnlicheren Verhalten finden. Aber so lief es normalerweise nicht. Die meisten Ritter, die sich auf Pilgerfahrt begeben hatten und zurückkehrten, kamen so streitlustig und kampfbesessen zurück, wie sie es zuvor waren. So heißt es in der *Chronik von Montecassino* aus den 1050er Jahren:

> Vierzig Normannen im Pilgergewand gingen auf ihrer Rückreise von Jerusalem in Salerno an Land, Männer von einigem Einfluss, beeindruckende Gestalten und kampferprobt. Bei ihrer Ankunft war die Stadt von Sarazenen belagert. Ihre Seelen waren entflammt, und leidenschaftlich riefen sie Gott an. Sie ließen sich von Gaimar, dem Herrn von Salerno, Waffen und Pferde geben und stürzten sich wild entschlossen auf die Feinde. Viele von ihnen töteten sie oder nahmen sie gefangen, den Rest schlugen sie in die Flucht und mit Gottes Hilfe errangen sie einen wunderbaren Sieg. Das, so schworen sie, hätten sie allein aus Liebe zu Gott und aus ihrem christlichen Glauben heraus getan und wollten keine Belohnung oder in Salerno bleiben.[17]

Dass selbst fromme Ritter kein Verständnis für pazifistische Einstellungen hatten, mögen wir heute nur schwer nachempfinden können, aber für Papst Urbans Aufruf zum Kreuzzug war genau das von grundlegender Bedeutung. Er selbst stammte aus einer Familie adliger

Ritter, und ihre Neigung zur Gewalt war ihm keineswegs fremd oder befremdlich. Ein Ritter, und das wusste der Papst, wurde von Kindheit an dazu erzogen, den Kampf als seine wichtigste Aufgabe zu betrachten, er wusste auch, dass ein Ritter »sein ganzes Leben damit verbrachte, sich im Gebrauch der Waffen zu üben oder tatsächlich zu kämpfen. In tristen Friedenszeiten war es seine Hauptbeschäftigung, auszureiten und Wildschweine und anderes Wild zu jagen.«[18] Wenn Urban sie schon nicht zum Gottesfrieden bekehren konnte, dann konnte er die Ritter wenigstens zum Dienst in Gottes Bataillonen überreden, ihren ungezügelten Kampfgeist auf eine heilige Sache lenken. Um das zuwege zu bringen, dachte sich der Papst etwas ganz Neues aus: Er erklärte, die Teilnahme an diesem Kreuzzug sei moralisch betrachtet ein Äquivalent für den Dienst in einem Mönchsorden; wer also teilnahm, konnte eine besondere Heiligkeit und Erlösungsgewissheit erlangen. In Guibert von Nogents Wiedergabe von Urbans Rede vor Clermont heißt es:

> Gott hat in unserer Zeit die Einrichtung des heiligen Krieges geschaffen, damit der Stand der Ritter …, die sich gegenseitig bekämpfen, … einen neuen Weg zur Erlösung finden möge. So müssen sie nicht ihre weltlichen Geschäfte aufgeben und ein mönchisches Leben führen oder sich ein kirchliches Amt suchen, wie es bisher Sitte war, sondern sie können der Gnade Gottes in besonderer Weise teilhaftig werden, indem sie ihrem eigenen Werdegang treu bleiben, mit der Freiheit und der Kleidung, die sie gewohnt sind.[19]

Insofern gründete das Handeln Papst Urbans auf einer realistischen Sichtweise nicht nur des Rittertums, sondern auch der militärischen Lage. Zehntausende frommer Pazifisten hätten für die Befreiung des Heiligen Landes nichts ausrichten können. Gebraucht wurde ein Heer kampfbereiter Ritter, die durch das Versprechen der Erlösung motiviert, aber nicht verwandelt wurden. Damit hat Urban II. den Bußkrieg erfunden.

Viele jüngere Historiker haben, im Anschluss an Carl Erdmann (1898–1945), behauptet, Papst Urbans Aufruf zum Kreuzzug sei nichts Neues gewesen, nur eine Mixtur aus bekannten Ideen und Praktiken – heilige Kriege, Wallfahrten, Ablässe.[20] Außerdem seien für die Ritter religiöse Motive nebensächlich gewesen, sie hätten es in erster Linie auf Beute abgesehen. Solche Historiker folgen auch Erdmanns erstaunlicher Ansicht, Papst Urban sei weniger an der Befreiung des Heiligen Landes gelegen gewesen als an der Verstärkung des byzantinischen Heers – in der Hoffnung, so Macht über die Ostkirche gewinnen zu können.

Aus den Quellen ist diese Ansicht nicht zu belegen, auch nicht aus denen, die Erdmann heranzog, der »die verschiedenen Versionen der Papstrede von Clermont durchstöberte, um einzelne Sätze aus dem Kontext herauszureißen ... und seine These zu bestätigen, dass Urban nicht die Befreiung Jerusalems im Sinn hatte, sondern die Pläne Gregors VII. zur Wiedervereinigung der christlichen Kirche realisieren wollte.«[21]

Da alle erhaltenen Versionen von Urbans Kreuzzugspredigt lange nach diesem Ereignis erinnert und niedergeschrieben wurden, muss man wohl davon ausgehen, dass das, was der Papst tatsächlich gesagt hat, mit einiger Freiheit wiedergegeben wurde. Die Schlusserklärung der Synode von Clermont, die der Papst einberufen und mit seiner Predigt beendet hat, ist jedoch eindeutig: »Wer sich auf den Weg zur Befreiung der Kirche Gottes macht aus frommer Absicht und nicht um des Reichtums und des Ruhmes willen, kann damit Buße tun für alle seine Sünden.«[22] Kein Wort über die Rettung von Byzanz.

Außerdem hat der Papst während seiner Kampagne zur Anwerbung Freiwilliger mehrere Briefe geschrieben; sie sind erhalten und in ihnen wird als Ziel des Kreuzzugs jedes Mal Jerusalem genannt. So beispielsweise in seinem Brief nach Bologna: »Wir haben gehört, dass einige von euch den Wunsch haben, nach Jerusalem zu ziehen. Ihr wisst, dass uns dies eine Freude ist, und ihr sollt auch wissen, dass sie, wenn sie … nur um ihres Seelenheils und der Freiheit der Kirche Gottes in Jerusalem willen diese Reise machen, Vergebung für alle ihre Sünden erlangen.«[23]

Man hat behauptet, die Vorstellung des Papstes vom Bußkrieg sei nichts Neues gewesen, und daran ist wohl so viel richtig, dass sie ganz sicher nicht in einem theologischen Vakuum entstanden ist. Seit Jahrhunderten wurden Buße und Pilgerschaft in engem Zusammenhang betrachtet. Auch der Gedanke eines »gerechten Krieges« war nichts Neues. Augustinus beispielsweise hat dieses Konzept ausführlich diskutiert, nach ihm noch eine ganze Reihe weiterer Theologen. Neu war, dass Urban diese Begriffe zusammenbrachte. Wie wir gesehen haben, erklärte Urban ohne Umschweife und theologische Spitzfindigkeiten, den Kreuzfahrern würden, sofern sie die rechte Gesinnung hätten, ihre Sünden vergeben. Dieser Gedanke war so neu, dass viele zeitgenössische Theologen dagegen Stellung bezogen, indem sie daran erinnerten, dass er sich mit der christlichen Lehre, nach der Gewaltanwendung in jedem Fall sündhaft sei, nicht vereinbaren lasse. »Die Idee des Bußkriegs war revolutionär, ... insofern mit ihr das Kämpfen als ebenso verdienstvoll hingestellt wurde wie Beten, fromme Werke und Fasten.«[24]

Und selbst wenn Erdmann Recht haben sollte, dass der Papst nicht in erster Linie an die Befreiung Jerusalems gedacht hätte, dann muss die Tatsache umso mehr Gewicht erhalten, dass die Kreuzfahrer selbst, wie dies aus vielen erhaltenen Dokumenten hervorgeht, die Befreiung Jerusalems als ihre Aufgabe betrachteten. So fertigten Gottfried von Bouillon und sein Bruder Balduin von Boulogne ein Dokument für ihre Mutter aus, das wirksam werden sollte, falls sie nicht zurückkehrten von »ihrem Kampf für Gott in Jerusalem«.[25] Raimund von Saint-Gilles ließ die Mutter wissen, er gehe »auf Pilgerschaft, um gegen barbarische Völker zu kämpfen, damit die Heilige Stadt Jerusalem aus der Gefangenschaft befreit und das Heilige Grab unseres Herrn Jesus nicht länger besudelt werde«.[26]

Diesen Worten folgten Taten. Die Ritter begnügten sich nicht damit, unterwegs einige entscheidende Siege über muslimische Truppen errungen und sie vor Konstantinopel vertrieben zu haben. Nein! Hungrig, krank, sich vom Fleisch ihrer Pferde ernährend, zogen sie in stark verminderter Zahl weiter bis nach Jerusalem. Und gegen alle Wahrscheinlichkeit stürmten sie über dessen Mauern zum Sieg.

NETZWERKE ZUR ANWERBUNG

Die primären Quellen zu den Kreuzzügen – zu den Routen, die sie nahmen, den Leiden, die die Kreuzfahrer zu erdulden hatten, den Kämpfen, die sie ausfochten – sind seit Jahrhunderten bekannt. Aber erst in jüngerer Zeit ist Historikern aufgegangen, wie viele Quellen und Informationen es zu den Kreuzfahrern selbst gibt – dazu, wer sie waren und wie sie ihre Teilnahme finanzierten. Als Erster hat Giles Constable darauf verwiesen,[27] dass sich solche Daten in »rechtlichen Dokumenten« finden, »in denen es um Eigentumsübertragungen durch Schenkung oder Stiftung, durch Verkauf, Verpfändung oder wohltätige Zuwendungen und andere finanzielle Abmachungen geht, die Angehörige der besitzenden Klassen vorgenommen haben, wenn sie an einem Kreuzzug teilnahmen, Testamente, die in ihrem Namen aufgesetzt wurden, und Streitigkeiten unter ihren Erben und in ihrer Familie.«[28] Diese reichen Daten bekamen zusätzlich Bedeutung, als sie Jonathan Riley-Smith in eine Computerdatenbank eingab, um die Aufmerksamkeit von den Ereignissen auf die beteiligten Individuen und die Frage zu lenken, warum bestimmte Leute sich entschlossen, Kreuzfahrer zu werden, was die große Mehrheit ihrer Standesgenossen offenbar nicht getan hat.[29]

Riley-Smiths wichtigste Erkenntnis aus den Daten war: Das Kreuzzugsunternehmen lag in den Händen weniger eng miteinander verflochtener Familien. Wir müssen wohl davon ausgehen, dass nicht Einzelpersonen der Aufforderung des Papstes folgten, sondern Familien. Was Riley-Smith nicht wusste, ist, dass sein Befund sich völlig im Einklang befindet mit einer umfangreichen sozialwissenschaftlichen Literatur zur Rekrutierung in sozialen Bewegungen, seien dies nun politische Kampagnen oder neue Religionen. Menschen werden in sozialen Bewegungen aktiv, weil viele ihrer Freunde, Verwandten oder Mitarbeiter schon dabei sind. Anders gesagt, kollektives soziales Engagement ist nicht die Summe unabhängiger Einzelentscheidungen, sondern das Produkt sozialer Netzwerke. So zeigt zum Beispiel die Rekonstruktion der ersten Anhänger einer neuen Religion, vom Buddhismus bis zu den Mormonen, dass diese Religionen als Familienangelegenheiten begannen.[30] Nicht anders war es bei den Kreuzzügen.

Da ist zum Beispiel die Familie des Grafen Wilhelm des Großen (Tête Hardie) von Burgund. Er hatte fünf Söhne. Drei von ihnen nahmen am Ersten Kreuzzug teil, und der vierte wurde Priester; als Papst Kalixt II. (1119–1124) verfügte er den sogenannten zweiten venezianischen Kreuzzug und ließ 1122 Damaskus angreifen. Graf Wilhelm hatte auch vier Töchter. Drei von ihnen waren mit Männern verheiratet, die mit ihren Schwägern am Ersten Kreuzzug teilnahmen, die vierte war die Mutter eines Sohnes, der später ebenfalls nach Osten zog. Zum Zweiten Kreuzzug steuerte die Familie 1147 zehn Kreuzritter bei. Ein anderes Beispiel ist Balduin von Gent, der sich zusammen mit seinem Bruder, seinem Onkel und seinen beiden Schwägern am Ersten Kreuzzug beteiligte. Die vier Schwestern aus der Familie Montlhéry hatten so viele Ehemänner, Söhne und andere Verwandte, die Kreuzfahrer wurden und in den Kreuzfahrerkönigreichen Dienst taten, dass Riley-Smith ein ganzes Kapitel braucht, um sie alle zu erfassen.[31] Riley-Smith hat auch entdeckt, dass nicht nur viele

Kreuzritter zu ein und derselben Familie gehörten, sondern dass diese Familien auch durch Heirat und Verwandtschaft eng miteinander verbunden waren, wobei diese verwandtschaftlichen Bande auch zwischen Franken und Normannen geknüpft wurden, den beiden großen Volksgruppen, die sich am Ersten Kreuzzug beteiligten. So war Graf Wilhelms I. Enkelin Florine mit Sven von Dänemark verheiratet, den sie auf dem Ersten Kreuzzug begleitete.

Davon abgesehen, dass solche engen Beziehungen die Beteiligung an sozialen Bewegungen erleichtern, spielte die Familie noch aus einem weiteren Grund eine so große Rolle für den Entschluss, an einem Kreuzzug teilzunehmen. Die Familien waren davon auch insofern betroffen, als sie dem Ritter, der sich entschlossen hatte, die Möglichkeit dazu bieten musste. Und für dies Unternehmen waren beträchtliche Summen aufzubringen; zudem musste Vorsorge für Vermögen und Erben getroffen werden für den Fall, dass ein Kreuzritter zu Tode kam. Aus diesem Grund konnte Riley-Smith überhaupt nur so viele Daten zusammentragen: Solche Verfügungen wurden in Dokumenten mit manchmal umfangreichen Aufzeichnungen von Grundschulden, Schuldscheinen und Darlehensverträgen festgehalten.

FINANZIERUNG

Die Teilnahme an einem Kreuzzug war eine kostspielige Sache. Ein Ritter brauchte Rüstungen, Waffen, mindestens ein Schlachtross (besser zwei oder drei), einen Zelter (Reitpferd) sowie Packpferde oder Maultiere.

Guy de Thiers beispielsweise zahlte zehn Pfund für ein Schlachtross, was der Bezahlung eines Schiffskapitäns für zwei Jahre entsprach.[32] Ein Ritter brauchte auch einen oder zwei Knechte (die sich um die Pferde kümmerten), Kleidung, Zelte, verschiedenes Zubehör wie Hufeisen, eine beträchtliche Summe Bargeld, um unterwegs zusätzlich zu dem, was durch Plünderungen oder Abgaben einkam, Vorräte einkaufen zu können; außerdem musste er die Männer in seinem Gefolge bezahlen. In dieser Zeit gab es Geld nur in Form von Münzen, und weil diese ein erhebliches Gewicht hatten, teilten sich oft mehrere Ritter einen Wagen für den Geldtransport.[33]

Geldmittel brauchten Kreuzritter auch, um in der Zeit ihrer Abwesenheit ihre Familien zu ernähren und ihr Vermögen zu erhalten. Man schätzt, dass ein ganz normaler Kreuzritter das mindestens Vier- oder Fünffache seines jährlichen Einkommens aufbringen musste, bevor er aufbrechen konnte.[34] Das allein zeigt schon, wie absurd die Behauptung ist, die Kreuzritter seien zumeist jüngere Söhne ohne Land gewesen: Es wäre die Familien erheblich billiger gekommen, sie zu Hause zu behalten und ihnen ein angemessenes Erbe auszuzahlen.

Papst Urban bat die reicheren Kreuzritter, die weniger wohlhabenden zu unterstützen, und manche Angehörige des Hochadels statteten einige weitere Ritter mit den notwendigen Geldmitteln aus. Trotzdem gab es viele, besonders im niederen Adel, die die erforderlichen Summen nicht aufbringen konnten. Einige bezahlten ihre Teilnahme, indem sie Land verkauften; so etwa Gottfried von Bouillon, der die ganze Grafschaft Verdun an König Philipp I. von Frankreich veräußerte. Eudes Herpin, Vicomte de Bourges, verkaufte Stadt und

Grafschaft gleichen Namens, auch er an König Philipp.[35] Ebenso »ein Teil der Grafschaft von Chalon und das Schloss Couvin«[36] wechselten den Besitzer. Im Übrigen sind Unterlagen über Verkäufe von Weinbergen, Mühlen und Wäldern überliefert, auch darüber, dass einzelnen Bauern gegen Bezahlung neue Rechte am Land, das sie bearbeiteten, abgetreten wurden.

Im Allgemeinen jedoch legten die mittelalterlichen Familien so viel Wert auf die Erhaltung ihres Landbesitzes, dass sich die meisten Kreuzritter lieber Geld liehen, als Grundbesitz zu verkaufen. Manche baten Verwandte oder Freunde um Darlehen. Da sich häufig mehrere Mitglieder einer Familie am Kreuzzug beteiligen wollten, war dieser Weg nicht immer möglich, weil jene, von denen man hätte leihen können, nun selbst Geld brauchten. Daher erhielten nur etwa 10 Prozent der Kreuzfahrer die benötigten Summen von Verwandten.[37] Einer davon war Herzog Robert II. der Normandie, der im Jahr 1096 »das ganze Herzogtum Normandie« für 10 000 Mark an seinen Bruder König Wilhelm II. von England »verpfändete«,[38] eine Summe, die dem Jahreslohn von 2500 Schiffskapitänen entsprach.[39] Um eine so große Summe zusammenzubringen, musste der König trotz heftiger Proteste eine neue Steuer einführen.[40] Und Gottfried von Bouillon, der bereits die Grafschaft Verdun verkauft hatte, verpfändete zusätzlich seine Grafschaft Bouillon für 1500 Mark an den Bischof von Lüttich.[41]

Banken waren damals noch nicht erfunden, darum fungierten vor allem Orden als Finanzinstitute;[42] die meisten künftigen Kreuzfahrer wandten sich an sie. Weil die Kirche ihren Widerstand gegen Zinsen noch nicht aufgegeben hatte (Zinsen zu nehmen galt als Wucher, und das war eine Todsünde), wurden geschickte Abmachungen getroffen. Nimmt man heute ein Darlehen oder eine Hypothek auf einen Hof oder eine Fabrik auf, zahlt man diese plus Zinsen zurück. Der Darlehensnehmer bleibt im Besitz des belasteten Eigentums, erhält also auch die Einnahmen aus seinem Eigentum. Im 11. Jahrhundert dagegen lieh sich ein Grundherr eine Summe Geldes in Form einer *vifage*; nach dieser Abmachung gingen Verfügungsrecht und Einkommen aus diesem Grundbesitz so lange an den Darlehensgeber, bis das Darlehen zurückbezahlt war. Natürlich war der Ertrag, den ein Darlehensgeber aus dem Land zog, im Grunde nichts anderes als Zinsen, doch wurde dies von der Kirche nicht so genannt, niemand verfiel der Sünde der Wucherei. So verschrieb Wilhelm von Le Vast sein Land der Abtei von Fécamp für ein Darlehen von drei Silbermark, damit er am Ersten Kreuzzug teilnehmen konnte. Als Gegenleistung kassierte die Abtei so lange die Pacht für das Land, bis Wilhelm das Darlehen zurückbezahlt hatte. (Die Pachteinnahmen wurden nicht auf die Rückzahlung angerechnet.) Bessere Bedingungen konnte Bernard Morel mit den Nonnen von Marcigny aushandeln. Sein *vifage* sah vor, dass die Nonnen die Hälfte der Erträge, die sein Land einbrachte, einbehielten, bis er oder seine Erben das ganze Darlehen zurückbezahlt hatten.[43]

Für den Fall, dass die geliehene Summe nicht zurückbezahlt wurde, erfolgte, wie bei modernen Darlehen und Hypotheken auch, die Zwangsvollstreckung. Und es wurden viele Ritter und adlige Kreuzfahrer unterwegs krank und starben, verhungerten oder wurden im Kampf getötet, entsprechend häuften sich die Zwangsvollstreckungen. Der Darlehensvertrag über 2000 Solidi, den Achard de Montmerle mit den Mönchen von Cluny abschloss, enthielt die Klausel, dass »niemand [dieses Pfand] einlösen kann außer mir. Wenn ich also sterbe ... soll der Gegenstand des Darlehens ... auf Zeit und Ewigkeit in den rechtmäßigen und erblichen Besitz des Klosters Cluny übergehen.« Achard kam im Sommer 1099 bei Kämpfen in der Nähe Jerusalems ums Leben.[44]

In den Verhandlungen vieler Ritter mit Ordensleuten ging es aber nicht nur um das Geld, das sie für ihre Teilnahme am Kreuzzug brauchten. Sie wollten auch, so gut sie konnten, für sich und ihre Familien vorsorgen. So vermachte Stephan II. von Blois der Abtei Marmoutier einen Wald, »damit Gott durch die Fürsprache des Heiligen Martin und seiner Mönche mir alle meine Fehltaten vergebe, mich auf der Reise fernab der Heimat führe und gesund und sicher zurückbringe sowie meine Frau Adela und unsere Kinder beschütze«.[45] Robert der Burgunder stiftete derselben Abtei einen Weinberg und einen Bauernhof, »damit Gott mich auf der Hin- und Rückreise gesund erhalte und mich sicher geleite.«[46] Viele andere Kreuzritter übertrugen, bevor sie auf die Reise gingen, Klöstern beträchtliche Schenkungen, damit die Mönche für ihre Seelen und ihr irdisches Wohlergehen beteten.

Schließlich sollten wir nicht vergessen, dass 85 bis 90 Prozent der fränkischen Ritter dem Kreuzzugsappell des Papstes *keine* Folge leisteten.[47] Auch damit bestätigt sich die Auffassung, dass Glaubenseifer und Idealismus die Kreuzfahrer motivierten. Wären sie von der Möglichkeit überzeugt gewesen, durch Beutezüge und Plünderungen in einem Land, wo »Milch und Honig fließen«, große Reichtümer gewinnen zu können, dann, so ist anzunehmen, wäre der Aufruf des Papstes auf weitaus größere Resonanz gestoßen.

EIN DEBAKEL VON ANFANG AN

Der Papst hat wiederholt gefordert, dass nur kampftüchtige Männer und ihre Bediensteten am Kreuzzug teilnehmen sollten. »Wir halten es nicht für ratsam«, sagte er in Clermont, »dass Alte und Schwache oder sonst zum Waffentragen ungeeignete Personen diese Reise unternehmen, auch sollten Frauen sich nicht ohne ihre Ehemänner oder Brüder oder vom Gesetz zu ihrem Schutz bestimmte Männer auf den Weg machen. Sie wären mehr ein Hindernis als eine Hilfe und mehr eine Last als ein Gewinn.«[48] Auch Klerikern, die nicht die ausdrückliche Genehmigung ihrer Oberen hatten, verbot er die Teilnahme.

Die meisten Adligen beherzigten den Rat des Papstes bei der Rekrutierung ihrer Truppen, obwohl sich auch unter diesen oft zahlreiche Individuen fanden, die an den bevorstehenden Kämpfen kaum würden teilnehmen können: Mönche, Priester, schwache Alte, Ehefrauen und unbewaffnete arme Leute sowie der ganze Tross von Marketendern und Huren.[49] Gerade die größten Truppen, die sich beim Ersten Kreuzzug auf den Weg in den Nahen Osten machten, scherten sich zu ihrem eigenen Verhängnis nicht um die vernünftigen Vorschriften des Papstes. Diese Truppen bestanden überwiegend aus Bauern und Leuten vom Land, unter ihnen viele Frauen und Kinder. Nur wenige Ritter waren unter ihnen, und auch wenn sich die übrigen Männer bewaffnet hatten,

hatten sie doch nicht gelernt, ihre Waffen zu gebrauchen – ein verhängnisvoller Mangel, wie sich später noch zeigen sollte. Diese Truppen, bekannt als »Volkskreuzzug«, hat Peter der Einsiedler angeworben und -angeführt.

Dieser fromme Prediger war so klein, dass man ihn den »Kleinen Peter« nannten; er war »von schwarzbrauner Hautfarbe, mit einem langen und hageren Gesicht und auf schreckliche Weise dem Esel ähnlich, welchen er ritt und der nahezu die gleiche Verehrung genoß wie er selbst. Er ging barfuß; seine Kleider starrten vor Schmutz. Er aß weder Brot noch Fleisch, wohl aber Fisch, und sprach dem Weine zu.«[50] Peter der Einsiedler, in der Nähe von Amiens geboren, hatte schon vor 1096 eine Wallfahrt nach Jerusalem unternommen, wurde aber von den Seldschuken gefoltert und zur Umkehr gezwungen, wie wir von Anna Komnena wissen.[51] Wir wissen nicht, ob Peter in Clermont war und den Papst gehört hatte, jedenfalls folgte er dem päpstlichen Aufruf und begann mit seinen überaus erfolgreichen Kreuzzugspredigten. »Er war nämlich lebhaften Geistes, durchdringenden Blickes, und der Fluss seiner einnehmenden Beredsamkeit geriet nie ins Stocken«, wie Wilhelm von Tyrus berichtet.[52] In einer Zeit, in der die meisten Menschen selten oder nie eine leidenschaftliche Predigt zu hören bekamen, löste Peter mit seinen flammenden Reden Begeisterungsstürme aus. Peter sei, so schreibt Guibert von Nogent, der ihn kennen gelernt hat, »wo er auch hinkam, von Menschentrauben umringt und dermaßen mit Geschenken überhäuft und ob seiner Heiligkeit gerühmt worden, dass ich mich keines Menschen entsinnen kann, der gleichermaßen verehrt wurde.«[53] Er zog von einem Ort zum anderen und inspirierte so viele, ihr Heim zu verlassen und mit ihm zu gehen, dass sein Gefolge, als er nach Köln kam, 15 000 Männer, Frauen und Kinder umfasst haben soll,[54] was der damaligen Einwohnerzahl von London und knapp der von Paris entsprochen hätte.[55]

Peter der Einsiedler rief die Menge auf, in Köln kurz Halt zu machen, um zu den Deutschen zu predigen und eine noch größere Streitmacht zu versammeln. Aber viele seiner französischen Gefolgsleute, besonders die Ritter, wollten nicht warten. Anfang April 1096 (fast fünf Monate vor dem auf den 15. August festgesetzten Aufbruchstermin) zogen mehrere Tausend unter der Führung von Walter Sans-Avoir nach Ungarn. Walter, viel mehr ist über ihn nicht bekannt, war ein fränkischer Ritter aus Burgund; Albert von Aachen nennt ihn einen »berühmten Soldaten«.[56] Trotz seines Beinamens, Walter der Habenichts, war er keineswegs arm. Zu seinem Trupp gehörten einige der Ritter, die sich Peter angeschlossen hatten, und »eine große Kompanie fränkischer Fußsoldaten«,[57] die alle über das notwendige Geld verfügten, um durch Europa zu ziehen. Walter war ungeduldig und drängte Peter, so schnell wie möglich aufzubrechen, und so nahmen er und seine Anhänger, angeblich um die 20 000 Menschen, zehn Tage später ihren Marsch nach Osten auf. Ihre unerwartet frühe Ankunft in Konstantinopel brachte die Zeitplanung von Kaiser Komnenos durcheinander und schadete den Beziehungen zwischen den Kreuzfahrern und den Byzantinern.

SCHLUSS

Die europäischen Ritter nähten sich Kreuze auf das Brustgewand und zogen nach Osten. Dafür gab es zwei Gründe, einen allgemeinen und einen, der speziell mit dem Kreuzzug zu tun hatte. Der allgemeine Grund war der, dass sie das Bedürfnis hatten, Buße zu tun. Und zudem wollten sie unbedingt das Heilige Land befreien.

Wie heute hatte die Kirche auch im Mittelalter weitreichende Vorbehalte gegen Gewalt, insbesondere gegen das Töten. Das bereitete den Rittern und ihren Beichtvätern ernste Sorgen, denn kriegerische Auseinandersetzungen innerhalb des Adels waren an der Tagesordnung, und von jedem Ritter, der ein vergleichsweise hohes Alter erreicht hatte, war anzunehmen, dass er irgendwann in seinem Leben jemanden getötet hatte. Selbst wenn die Opfer ruchlose Gesellen waren, die keine Eigenschaften oder Handlungen zu ihrer moralischen Entlastung anzubieten hatten, so galt es doch als Sünde, sie zu töten,[58] und in den meisten Fällen gewann derjenige, der einen solchen Menschen umgebracht hatte, keine offensichtliche moralische Überlegenheit über das Opfer – manchmal ganz im Gegenteil. Nicht nur Gewaltanwendung, auch die anderen Todsünden waren den Rittern des Mittelalters nicht fremd, mit ihrem Lebensstil verstießen sie fröhlich gegen die Verbote des Ehebruchs, des Diebstahls und des Begehrens der Frauen anderer.[59] Insofern hatten die Ritter chronischen Bedarf an Vergebung ihrer Sünden, und ihre Beichtväter legten ihnen alle Arten von Bußen auf, auch Wallfahrten ins Heilige Land.

Der Aufruf zu einem Kreuzzug war also nichts Neues. Viele Ritter werden seit langem eine Wallfahrt ins Auge gefasst haben. (Einige hatten sie auch gemacht und waren zurückgekommen.) Und nun versicherte ihnen der Papst selbst, dass ihre Sünden vollständig abgewaschen würden, wenn sie an einem Kreuzzug teilnähmen; und zugleich konnten sie das Heilige Land, auch das Grab Christi, vor weiterem Schaden und Schändungen durch die Feinde Gottes bewahren. Es war eine durch und durch edle und heilige Mission, und die Ritter verstanden sie auch so. Der Burgunder Stephan I. von Neublans hat es folgendermaßen formuliert: »In Anbetracht meiner vielen Sünden und der Liebe, der Sanftmut und der Gnade unseres Herrn Jesus Christus, der reich war und um unseretwillen arm wurde, habe ich mich entschlossen, ihm, so gut ich kann, zu vergelten, was er mir umsonst gegeben hat, obwohl ich unwürdig bin. Und so will ich nach Jerusalem gehen, wo Gott als Mensch erschien und mit Menschen sprach, und anbetend auf dem Boden knien, auf den er seine Füße setzte.«[60]

Wären die Kreuzfahrer nicht durch ihren Glauben, sondern durch die Aussicht auf Land und Beute motiviert gewesen, dann hätten die europäischen Ritter früher reagiert, nämlich im Jahr 1063, als Papst Alexander II. einen Kreuzzug zur Vertreibung der ungläubigen Muslime aus Spanien ausrief. Und im Unterschied zum Heiligen Land war das maurische Spanien wirklich reich, besaß fruchtbares Land im Überfluss und lag in der Nähe. Aber kaum jemand folgte diesem Aufruf. Nur 33 Jahre später jedoch machten sich Zehntausende auf den Weg in die trockenen öden Wüsteneien des fernen Palästina. Was war anders? Spanien war nicht das Heilige Land! Christus ist nicht durch die Straßen Toledos gegangen und er wurde auch nicht in Sevilla gekreuzigt.

Kapitel sechs

AUFBRUCH NACH OSTEN

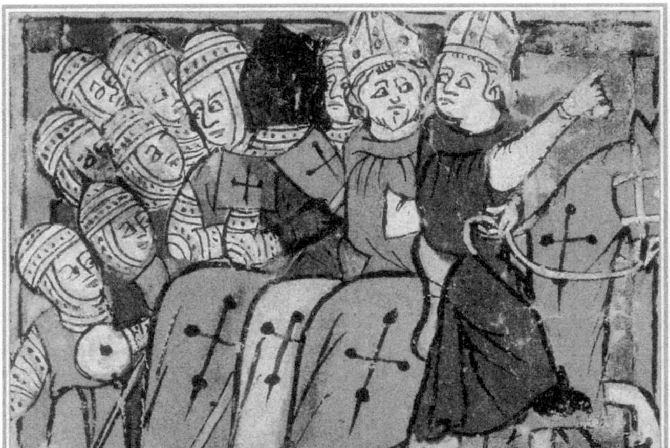

Angeführt von Bischöfen ziehen die Kreuzritter in ihren Rüstungen ins Heilige Land. Über 60 000 Kreuzfahrer machen sich auf den Weg, nur 15 000 kommen in Jerusalem an, die meisten kamen unterwegs ums Leben. © Erich Lessing / Art Resource, NY

Wir wissen nicht genau, wie viele Menschen sich zum Ersten Kreuzzug auf den Weg ins Heilige Land machten. Fulcher von Chartres behauptet, 6 000 000 kampfbereite Männer seien nach Osten aufgebrochen, 600 000 davon bis Nicäa gekommen.[1] Das ist kaum möglich, wenn die Gesamtbevölkerung Frankreichs, woher die meisten Kreuzfahrer kamen, im Jahr 1086 weniger als 5 000 000 Menschen betrug.[2] Nach Anna Komnena soll allein die Streitmacht Peters des Einsiedlers »80 000 Mann Fußvolk und 100 000 Mann Reiterei« gezählt haben;[3] tatsächlich waren es, Kinder und Frauen mitgerechnet, nur etwa 20 000 Menschen.[4] Die anderen Quellen sind nicht weniger phantastisch.[5] Die plausibelste Schätzung unserer Zeit kommt zu dem Ergebnis, dass etwa 130 000 Kreuzfahrer die Reise antraten, 13 000 Adlige und Ritter[6] mit ungefähr 50 000 ausgebildeten Fußsoldaten und 15 000 bis 20 000 nichtmilitärischen Teilnehmern: Kleriker, Knechte und Diener und der übliche Tross. Die übrigen waren Bauern und Dorfleute, die von der Begeisterung mitgerissen wurden.[7] Diese Zahlen stimmen in etwa mit Schätzungen überein, die davon ausgehen, dass unter Berücksichtigung der schweren Verluste während der Reise im Juni 1097 ungefähr 40 000 Christen aus dem Westen Nicäa belagert, zwei Jahre später 15 000 Jerusalem erreicht haben.[8]

Der Kreuzzug setzte sich aus drei großen Gruppierungen zusammen. Zuerst waren da der *Volkskreuzzug*, angeführt von Peter dem Einsiedler, und eine Vorausabteilung unter Walter Sans-Avoir. Auch einige später aufbrechende Gruppen standen mit dem *Volkskreuzzug* in Verbindung, sind aber von diesem getrennt zu betrachten: als der *Deutsche Kreuzzug*. Eine dieser Gruppen wurde von einem Priester namens Volkmar, eine andere von dem Mönch Gottschalk angeführt, einem Schüler von Peter dem Einsiedler. Die dritte Gruppe, von Graf Emicho rekrutiert, einem oberrheinischen Landadligen, hatte wahrscheinlich keine Verbindung mit Peters Expedition. Die Gruppen bestanden hauptsächlich aus Deutschen und nicht aus Franken, sie sind auch deshalb unabhängig vom Volkskreuzzug zu behandeln, weil sie, auf ihrem Weg entlang des Oberrheins etliche Massaker an Juden begingen. Alle diese drei Gruppen wurden aufgerieben, als sie auf ihrem Weg durch Ungarn wahllos zu plündern begannen. Und diejenigen aus der größten Gruppe des *Volkskreuzzugs*, die es bis nach Konstantinopel geschafft hatten, wurden später auf türkischem Gebiet getötet.

Der Erfolg des *Ersten Kreuzzugs* geht auf das Konto der gut bewaffneten und ausgebildeten Ritter, die mehrere Monate, manche sogar erst ein Jahr später nach dem *Volkskreuzzug* und dem *Deutschen Kreuzzug* aufbrachen. Die Bataillone des *Ersten Kreuzzugs* werden daher auch als *Fürstenkreuzzug* bezeichnet, weil sie von Angehörigen des Hochadels organisiert und geführt wurden. Die Anführer von drei der fünf großen Abteilungen waren Prinzen.

Der Papst hatte den 15. August 1096 als Aufbruchstermin festgesetzt, weil zu dieser Zeit die Ernten entlang der Routen nach Osten eingebracht war. Das war wichtig, denn die mittelalterlichen Armeen mussten sich in dem Land, durch das sie gerade zogen, ernähren; es war unmöglich, alle benötigten Vorräte an Lebensmitteln und Tierfutter auf so langen Feldzügen mitzuführen. Alle Kreuzfahrer, auch die des Volkskreuzzugs, mussten für ihren Proviant selbst aufkommen, aber wenn die einheimische Bevölkerung ihnen nichts verkaufen konnte oder wollte, mussten die Truppen sich eben stehlen, was sie brauchten, und so kam es auch zu Plünderungen und Schlimmerem.[9] Um ihre Versorgung unterwegs zu sichern und um die örtlichen Ressourcen nicht zu überlasten, zogen die Kreuzfahrer auf verschiedenen Routen.

Alle Truppen des Kreuzfahrerheers wollten in Konstantinopel zusammentreffen, um sich dort mit einer byzantinischen Armee zu vereinen. Diese kombinierte Streitmacht sollte unter dem Befehl des Kaisers Alexios Komnenos stehen. Aber wie bald klar wurde, hatte der Kaiser gar nicht die Absicht, das Heer zu befehligen, noch hatte er zuvor nennenswerte byzantinische Truppen ausgehoben. Die Kreuzfahrer aus dem Westen mussten also allein weiterziehen.

DER VOLKSKREUZZUG

Um den Volkskreuzzug ranken sich viele Mythen. Auf der Grundlage der Chronik von Ekkehard von Aura haben viele moderne Historiker die These vertreten, Peter der Einsiedler habe deshalb so viele einfache Leute für diesen Kreuzzug gewinnen können, weil die wirtschaftliche Lage in Europa zur damaligen Zeit sehr schlecht war;[10] ein Argument, das, wie wir sahen, auch dahingehend erweitert wurde, dass jüngere Söhne aus adligen Familien sich ebenfalls aus ökonomischen Gründen an den Kreuzzügen beteiligten.[11] Dieses Argument ist falsch. Die Kreuzzüge waren nur möglich, weil in dieser Zeit keine wirtschaftliche Notlage bestand, im Gegenteil, es war ein rasches wirtschaftliches Wachstum zu verzeichnen.[12] So erklärt sich, dass sogar der Volkskreuzzug relativ gut mit Geldmitteln ausgestattet war, nicht nur durch die Teilnehmer selbst, sondern auch durch Spenden von Menschen, die den Kreuzzug unterstützen wollten. Auch wenn er so hieß, Walter der Habenichts und sein Gefolge konnten ihre Vorräte auf dem ganzen Weg bis Konstantinopel aus eigener Tasche bezahlen. Nicht Armut, sondern Disziplinlosigkeit war der Grund für die gelegentlichen Plünderungen durch Peters Truppenaufgebot. Er begann die Reise mit einem gut bestückten Geldwagen und viele, vielleicht sogar die meisten seiner Anhänger verfügten über eigenes Geld.[13]

Damit kommen wir zum zweiten Mythos: Es heißt, die Menschen, die Peter folgten, waren überwiegend der Abschaum der Gesellschaft – verarmtes, hoffnungslos tumbes, »marodes Gesindel«,[14] »niederes Volk«.[15] Dergleichen behaupteten schon die ersten Chronisten: Ekkehard nannte Peters Anhänger »die Spreu«, ähnlich verächtlich Guibert von Nogent.[16] Laut Albert von Aachen fand sich in Peters Aufgebot »die ganze Menge des Volkes, die Keuschen ebenso wie die Ehebrecher, Mörder, Diebe, Meineidige und Räuber«.[17] Aber solche Sichtweise verrät mehr über den Hochmut dieser Zeitgenossen. Das Schlimmste, was sich von diesen Leuten sagen ließ, ist, dass sie einfache Leute waren, die wahrscheinlich alles, was sie hatten, verkauften, damit sie sich dem Kreuzzug anschließen konnten.

Walter Sans-Avoir

Walters Gruppe bewegte sich entlang der nördlichen Route, die von Köln durch Schwaben, Bayern, Österreich und Ungarn ins byzantinische Bulgarien, weiter über Niš und Sofia nach Konstantinopel führte. Der Marsch verlief nicht immer ungestört. Im Städtchen Semlin im Westen Belgrads versuchten sechzehn Angehörige von Walters Truppe Waffen zu kaufen. Als, wie Albert von Aachen berichtet, die Einheimischen »sahen, daß Walter und sein Heer weit weg waren, (fielen) sie böswillig über die sechzehn her, nahmen ihnen Waffen, Kleider, Gold und Silber und ließen sie nackt und ausgeplündert ihres Weges ziehen«.[18] Walter ließ sich nicht provozieren und zog weiter nach Belgrad, wo sich ein weiterer Zwischenfall ereignete. Der byzantinische Magistrat der Stadt wusste nicht, dass die Kreuzfahrer diesen Weg nahmen, und ließ in aller Eile beim Statthalter in Niš (Nisch) anfragen, was zu tun sei. In der Zwischenzeit verhinderte er stur, dass Walters Truppen Vorräte kaufen konnten. Um nicht zu verhungern, zogen die Kreuzfahrer los, um etwas Essbares aufzutreiben, und stahlen einige Viehherden, was die Bulgaren in solche Wut versetzte, dass sie eine Gruppe von Plünderern in eine Kirche trieben und diese niederbrannten; ungefähr 60 Kreuzfahrer kamen ums Leben. Weil Vergeltungsmaßnahmen Zeit, Tote und Verwundete kosten würden und den Hunger nur verschlimmerten, ließ Walter seine Truppen durch die Wälder in die Provinzhauptstadt Niš marschieren, wo sie gut aufgenommen wurden und ihre Vorräte auffüllen konnten. Von dort aus zogen sie rasch weiter und erreichten Konstantinopel am 20. Juli, nach einer Reise von 102 Tagen. Sie hatten ihr Ziel erreicht, wurden vom Kaiser willkommen geheißen. Sie schlugen außerhalb der Mauern ein Lager auf und warteten auf Peter.

Peters Vormarsch

Peter der Einsiedler brach am 19. April von Köln auf und ließ seine Leute dieselbe Route nehmen wie Walter. Bis zur ungarischen Grenze verlief die Reise friedlich und ohne Zwischenfälle. König Koloman gestattete ihnen die Durchreise durch Ungarn, »doch nur unter der Bedingung, daß man im Gebiet des Königreichs nicht auf Beute ausgehe ... alles, was das Heer an Unterhalt bedürfe, solle ohne Zank und Streit mit gutem Geld bezahlt werden«.[19] Peters Haufen hielt sich auf seinem ganzen Weg durch Ungarn an diese Regel. In Bulgarien freilich kam es anders. Wie Walter bekam auch Peter Schwierigkeiten in Semlin.

Als er sich mit seinen Leuten dem Städtchen näherte, erfuhr er, dass die Bulgaren einen Überfall planten und ihren Geldwagen stehlen wollten. Peter tat diese Nachricht als Gerücht ab, doch als sie näher kamen, sahen sie die Rüstungen, die Walters Nachzüglern geraubt worden waren, von den Mauern herabhängen. Dieser Anblick erzürnte die Männer in der Vorhut, und Peter vermochte es nicht, sie von einem Angriff auf die Stadt abzuhalten, bei dem viele ihrer Einwohner getötet wurden. Aus Albert von Aachens Chronik erfahren wir, dass Peter mit seiner Streitmacht fünf Tage blieb; die Kreuzfahrer hätten die Stadt und ihre Umgebung systematisch geplündert, »der reichen Beute wegen, die er dort an Getreide und Schafherden und Großvieh machte, an Wein in großen Mengen und an ungezählten Pferden«.[20] Bei einer Flussüberquerung auf der Weiterreise fanden viele Kreuzfahrer den Tod. Acht Tage später erreichten sie Niš (Nisch), und Peter suchte um die Erlaubnis nach, Getreide einkaufen zu können. Dies wurde ihm gestattet, aber am Tag darauf gerieten deutsche Nachzügler mit Einheimischen in Streit und setzten nahe der Stadt einige Mühlen in Brand. Peter eilte zurück, um die Sache in Ordnung zu bringen, aber er kam zu spät, um zu verhindern, dass Tausende seiner Männer sich eine Schlacht mit den Bulgaren lieferten. Fast ein Drittel von Peters Heer fand den Tod,[21] und viele der Wagen gingen an die Bulgaren verloren, auch Peters Geldwagen.

Als dies in Konstantinopel bekannt wurde, ließ Kaiser Alexios I. Beamte mit großzügigen Geschenken Peter entgegeneilen und bot an, das letzte Stück von dessen Reise bewachen zu lassen. Nach drei Monaten, am 1. August, erreichte Peters Zug Konstantinopel (zwei Wochen vor dem von Urban genannten offiziellen Aufbruchstermin). Wenig später hatte Peter eine Unterredung mit dem Kaiser, der ihm eine beträchtliche Summe Goldmünzen übergab; beide kamen überein, dass Peter sein Aufgebot über das Marmarameer führen und in Helenopolis sein Lager aufschlagen sollte. Dort schlossen sich ihm Walter Sans-Avoir und seine Ritter an.

Die vereinigten Heere wollten nun auf die anderen Kreuzfahrerverbände warten und dann zusammen ins Heilige Land weiterziehen. Peters Leute hatten reichlich

Vorräte, und in Helenopolis waren sie sicher, solange sie sich nicht auf türkisches Gebiet vorwagten. Aber nur 40 Kilometer entfernt lag Nicäa, die seldschukische Hauptstadt in Kleinasien. Wahrscheinlich hatte man zu viel erwartet, wenn man glaubte, diese wenig disziplinierten Haufen würde sich ruhig verhalten, bis die Truppen des Fürstenkreuzzugs eintrafen; nach zwei Monaten Langeweile unternahmen sie Raubzüge in Richtung Nicäa. Anfangs hatten sie Glück, und so brach unter ihnen das »Kriegsfieber« aus: Während Peter nach Konstantinopel zurückgeritten war, um den Nachschub zu organisieren, zogen alle kampffähigen Männer los und griffen die Türken an; die Angreifer wurden alle niedergemacht. Wie Albert von Aachen in seiner Chronik berichtet, wurde Walter Sans-Avoir von sieben Pfeilen getötet. Eine byzantinische Entlastungstruppe konnte einige Überlebende retten, die sich in eine verlassene Burg an der Küste gerettet hatten. Es waren offenbar Ritter. Alle anderen, die nicht zur kämpfenden Truppe gehörten, auch Frauen und Kinder, kamen ums Leben oder wurden versklavt.

Viele Historiker schreiben dem Kaiser die Verantwortung für diese Katastrophe zu, weil er Helenopolis als Lager des Volkskreuzzugs vorgesehen hatte. Aber die Europäer wären in Helenopolis sicher gewesen, wenn sie in diesem Lager geblieben wären. Peters Leute waren einfach viel zu früh in Kleinasien angekommen und hatten dann noch den Feind unterschätzt. Der eigentliche Grund des Desasters aber war, dass es keine richtige Führung gab.

DER DEUTSCHE KREUZZUG (1096) UND DIE MASSAKER AN JUDEN

Historiker haben vielfach behauptet, die Angriffe auf die Juden auf dem Weg nach Konstantinopel seien von Peters Aufgebot ausgegangen.[22] Diese Behauptung ist leichtfertig.

Wie Frederic Duncalf (1882–1963) nachgewiesen hat, »gibt es keine Anhaltspunkte dafür«, dass Peters Aufgebot »für die Judenverfolgungen verantwortlich war, die sich nach seiner Abreise am Rhein ereigneten«.[23] Einige dieser Massaker wurden von zwei Gruppen begangen, die Peters Expedition folgten, die meisten aber gingen auf das Konto deutscher Ritter, die mit Peter offenbar nichts zu tun hatten.

Emicho der Kreuzfahrer, ein kleiner Graf aus dem Nahegau, nahm den Kreuzzugsappell des Papstes zum Anlass, eine Gruppe deutscher Ritter zu versammeln. Am 3. Mai 1096, zwei Wochen nachdem Peters Heerhaufen zum Heiligen Land aufgebrochen war, überfiel er mit seinen Kumpanen die Juden von Speyer.[24] Einige Historiker sind der Ansicht, Emichos Angriffe auf die Juden hätten mit dem Glauben nichts zu tun, in erster Linie sei es den Marodeuren um deren Reichtümer gegangen; andere wiederum meinen, Emicho und seine Leute seien wirklich überzeugt gewesen, dass alle »Feinde Christi« bekehrt werden müssten oder den Tod verdienten. Der Bischof von Speyer immerhin stellte die Juden der Stadt unter seinen Schutz, als er erfuhr, mit welchen Absichten Emicho anrückte, so dass dieser mit seiner Truppe nur ein Dutzend Juden zu fassen bekam, die aus irgendwelchen Gründen die Warnung des Bischofs missachtet hatten. Darauf zog Emicho weiter nach Worms, wo der Bischof den Juden in seinem Palast ebenfalls Zuflucht gewährte. Dieses Mal gab Emicho nicht nach, verschaffte sich mit seinen Kumpanen gewaltsam Eingang in den Bischofssitz und tötete 500 Juden. Eine Woche später wiederholte sich Gleiches in Mainz. Auch hier versuchte der Bischof, die Juden zu schützen, aber auch er wurde angegriffen und musste sich in Sicherheit bringen. Ähnlich ging es in Köln und Metz zu. Es müsse jedoch betont werden, so Léon Poliakov (1910–1997), der bekannte Historiker des Antisemitismus, »dass fast überall Grafen und Bischöfe ... manchmal unter Einsatz ihres Lebens, sich bemühten, Juden zu schützen«.[25] Danach marodierte ein Teil von Emichos Leuten auf eigene Faust durchs Moseltal, um es von Juden zu säubern. Sie achteten darauf, nur Städte zu überfallen, die *keinen* Bischof hatten, und brachten einige tausend Juden um.

Inzwischen unternahmen auch zwei von Peters Gefolgsleuten, die geblieben waren, um Nachzügler zu organisieren, Überfälle auf Juden. Volkmar brachte gegen den Widerstand des Bischofs Juden in Prag um, Gottschalk führte einen mörderischen Angriff auf die Juden von Regensburg. Der Papst verurteilte diese Überfälle »scharf«, »aber mehr konnte er nicht tun«.[26] Als Volkmar und sein Trupp nach Ungarn kamen und zu plündern begannen, wurden sie von ungarischen Rittern getötet; Gottschalk ereilte das gleiche Schicksal. Auch Emicho erreichte mit seiner Streitmacht schließlich die ungarische Grenze, auch ihm wurde die Durchreise verwehrt, und als sie sich gewaltsam durchzuschlagen versuchten, wurden auch sie von ungarischen Rittern aufgerieben.

Nach Auffassung von Sir Steven Runciman (1903–2000), einem weithin anerkannten Historiker der Kreuzzüge, erschienen den »meisten guten Christen« diese Niederlagen als »eine Strafe, welche der Allerhöchste den Mördern der Juden zuteil werden ließ«.[27] So sind auch die Bemühungen der Bischöfe zu verstehen, die Juden zu schützen, ebenso die Tatsache, dass die anderen Kreuzzugsheere die Juden schonten – mit der möglichen Ausnahme von mehreren Hundert Juden, die bei dem Massaker in Jerusalem umkamen, als Kreuzritter die Stadt erobert hatten.

DER FÜRSTENKREUZZUG

Dieses Ritterheer bestand aus fünf großen Gruppen – man nannte sie den Fürstenkreuzzug, nicht nur weil die Ritter unter der Führung von Fürsten standen, sondern weil auch viele Angehörige des Hochadels teilnahmen. Sie brachen zu verschiedenen Zeitpunkten auf und nahmen verschiedene Routen, alle aber erreichten Konstantinopel.

Hugo von Vermandois

König Philipp I. von Frankreich konnte sich am Kreuzzug nicht beteiligen, denn der Papst hatte ihn exkommuniziert, weil er die Frau eines anderen Mannes geheiratet hatte, wobei weder er noch sie zuvor geschieden worden waren; trotz der Intervention des Papstes wollte der König seine Heiratspläne nicht aufgeben. Dennoch unterstützte er das Kreuzzugsunternehmen, indem er

Tabelle 6.1 Daten des Ersten Kreuzzugs 1096

KREUZZUG	ANFÜHRER	AUFBRUCH	ANKUNFT IN KONSTANTINOPEL
Volkskreuzzug	Walter der Habenichts	3. April 1096	20. Juli 1096
	Peter der Einsiedler	19. April 1096	1. August 1096
Deutscher Kreuzzug	Volkmar	April 1096	nicht angekommen, von Ungarn getötet
	Gottschalk	Mai 1996	nicht angekommen, von Ungarn getötet
	Emicho der Kreuzfahrer (Graf)	3. Juni 1096	nicht angekommen, Rückkehr nach Niederlage in Ungarn
Fürstenkreuzzug	Hugo von Vermandois	August 1096	Dezember 1096
	Gottfried von Bouillon	August 1096	23. Dezember 1096
	Bohemund von Tarent	Oktober 1096	9. April 1097
	Raimund von Toulouse	Oktober 1096	21. April 1097
	Robert Kurzhose	Oktober 1096	Mai 1097

mehrere große Grafschaften von Adligen kaufte, die Geld für ihre Teilnahme brauchten; außerdem forderte er seinen Bruder Hugo auf, sich dem Kreuzzug anzuschließen.

Hugo, Graf von Vermandois (1057–1101), war der Sohn des französischen Königs Heinrich I. und Annas von Kiew, einer skandinavischen Prinzessin. Als er sich auf den Weg ins Heilige Land machte, war er etwa vierzig Jahre und, wie wir sehen werden, selbst für damalige Verhältnisse ziemlich hochmütig. Lange Zeit blieb er als Hugo der Große (»Hugo Magnus«) in Erinnerung, wie ihn der Chronist Wilhelm von Tyrus (1130–1186) genannt hat. Aber vielleicht geht sein Beiname auf das Versehen eines Kopisten zurück, der aus *Minus* (der Jüngere) *Magnus* machte.[28] Aber dieser Fehler entsprach durchaus seiner Erscheinung. Der arrogante Hugo war zwar ein schlechter Befehlshaber, doch konnte er als Angehöriger des Königshauses eine erlesene Gruppe adliger Rittern aus der Umgebung von Paris versammeln; zudem stießen kurz vor seiner Abreise Ritter zu ihm, die Emichos Niederlage in Ungarn überlebt hatten. Hugos Aufgebot setzt sich im August in Marsch, so wie es Papst Urban geplant hatte.

Hugo entschloss sich, einen Teil der Reise zur See zu bewältigen, und zwar von Bari aus, der Hafenstadt im normannischen Königreich Süditalien. Sein Zug die italienische Halbinsel hinunter verlief ohne Zwischenfälle, im Oktober erreichte er Bari, wo der normannische Prinz Bohemund gerade eine Abteilung von Kreuzrittern sammelte. Hugo jedoch wollte nicht auf die Normannen warten, obwohl er wusste, dass der Herbst für Seereisen nicht günstig war.

Bevor er Segel setzen ließ, schickte er, Anna Komnena zufolge, eine Nachricht an Kaiser Alexios: »Wisse, Basileus, dass ich der Basileus aller Basileis bin und der größte von allen unter dem Himmel. Und es ist angebracht, wenn du mir gleich bei meiner Ankunft entgegenkommst und mich in aller Pracht und meinem Adel entsprechend empfängst.«[29]

Die Botschaft machte keinen guten Eindruck. Und auf Neptun anscheinend auch nicht. Denn die erwarteten Stürme zogen auf, und die meisten Schiffe Hugos gingen vor dem byzantinischen Hafen Dyrrhachium (Durrës) unter. Viele von Hugos Männern ertranken, er selbst schaffte es mit Mühe und Not zur Küste und wurde dort, »abgerissen und verwirrten Gemüts«, von byzantinischen Beamten aufgefunden.[30] Die Byzantiner verschafften seinen überlebenden Rittern Waffen und Ausrüstung, schmeichelten Hugo, hielten ihn aber unter Hausarrest. Nur unter Geleit durfte er nach Konstantinopel weiter reiten, wurde dort von Alexios Komnenos begrüßt, durfte sich aber erst wieder frei bewegen, nachdem er einen Treueid auf den Kaiser geschworen hatte.

Nach der Eroberung Antiochias durch die Kreuzfahrer im Jahr 1098 kehrte Hugo nach Frankreich zurück. Dort allerdings wurde er schmählich behandelt, hatte er doch das Gelübde, nach Jerusalem zu gehen, nicht eingehalten – der neue Papst Paschalis II. drohte ihm sogar mit der Exkommunikation. Also zog er 1101 noch einmal nach Palästina, wo er in einer Schlacht schwer verwundet wurde und starb.

Gottfried von Bouillon

Gottfried von Bouillon (um 1060–1100), Herzog von Niederlothringen, das zum Heiligen Römischen Reich gehörte, und (über seine Mutter) ein direkter Abkomme Karls des Großen, war von großer, kräftiger Gestalt, blond und wegen seiner angenehmen Manieren allseits bewundert. Stark beeinflusst von den Mönchen von Cluny, war er von der Kreuzzugsidee so begeistert, dass er große finanzielle Opfer auf sich nahm, um den Kreuzzug mitmachen zu können: Er verkaufte zwei große Güter und belieh sein Schloss gegen ein Darlehen des Bischofs von Lüttich. Mit diesem Geld konnte er ein großes Heer ausstatten und versorgen. Seine zwei Brüder, Eustach III. und Balduin von Boulogne, schlossen sich ihm an.

Zunächst zeigte sich Eustach nicht besonders begeistert, sobald er jedoch im Heiligen Land angekommen war, machte er seine Sache gut. Balduin war für eine geistliche Laufbahn bestimmt, fand aber keinen Gefallen an Kontemplation und Keuschheit. Er war noch größer als Gottfried und so dunkelhaarig wie Gottfried blond. Auf den Kreuzzug nahm er seine normannische Frau Godehilde de Tosny und ihre kleinen Kinder mit: Anscheinend hatte er nicht vor, nach Europa zurückzukehren. Auch er erwarb sich Ruhm in den Kreuzfahrerstaaten und wurde schließlich zum König von Jerusalem ausgerufen, als Nachfolger seines Bruders Gottfried (der die Königskrone abgelehnt hatte).

Gottfried nahm die Nordroute zum Heiligen Land, verließ Ende August Lothringen, zog den Rhein hinauf und dann an Main und Donau entlang nach Ungarn.

Dessen König Koloman, noch immer verärgert wegen seiner Erfahrungen mit dem Volkskreuzzug, richtete es so ein, dass er direkt mit Gottfried zusammentraf, als es darum ging, über eine Durchreisegenehmigung zu verhandeln. Diese Begegnung überzeugte den König, und er gestattete dem Ritterheer, durch Ungarn zu ziehen – für einen hohen Preis und nur, wenn Balduin mit seiner Familie als Geiseln an seinem Hof blieben, als Garantie dafür, dass sich das Heer nichts zu schulden kommen ließ. Balduin war nicht begeistert, seine Familie diesem Risiko auszusetzen, gab aber schließlich nach, woraufhin Gottfried durch Herolde verkünden ließ, jeder Übergriff auf Ungarn oder ihr Eigentum werde mit dem Tode bestraft. Die Abmachung wurde wohl eingehalten, denn als Gottfrieds Truppen Bulgarien erreichten, konnten Balduin und seine Familie nachkommen.

In Bulgarien kam Gottfrieds Heer an Belgrad vorbei, das Peters Heer fünf Monate vorher geplündert hatte und das noch immer verlassen und in Trümmern lag, und zog weiter nach Niš. Auf halbem Wege wurden sie von Abgesandten des Kaisers Alexios empfangen, die den Nachschub für die Kreuzfahrer organisierten. Darauf führte Gottfried seine Streitmacht ohne weitere Zwischenfälle nach Selymbria am Marmarameer. Dort allerdings entglitt ihm aus unbekannten Gründen die Kontrolle über seine Truppen, die acht Tage lang plündernd durch das Umland zogen. Grund war offenbar die Erregung, mit der die Kreuzritter die Nachricht aufgenommen hatten, dass Hugo von Vermandois gefangen gehalten wurde – jedenfalls berief sich Gottfried darauf, als er Abgesandte des Kaisers, die ihn zur Rede stellten, um Entschuldigung bat.[31] Die Ordnung wurde wiederhergestellt, und Gottfried erreichte am 23. Dezember 1096 Konstantinopel.

Die Ankunft dieser großen, gut bewaffneten und schwer zu bändigenden Streitmacht von ausgebildeten Soldaten machte Kaiser Alexios ernste Sorgen.

Deshalb sah er zu, dass er sich Gottfrieds Loyalität versichern und erreichen konnte, dass dieser und seine Truppen sich so schnell wie möglich von der Hauptstadt entfernten. Zunächst forderte er Gottfried auf, ihm einen Huldigungseid zu schwören, wobei er Hugo von Vermandois als Mittelsmann benutzte. Gottfried lehnte ab. Daraufhin verlegte sich Alexios auf Drohungen und erschien mit einem großen Heer kampferprobter Soldaten vor Gottfrieds Lager. Angesichts der Übermacht lenkte Gottfried ein, schwor den Eid und setzte mit seinem Heer über den Bosporus; sein Lager errichtete er bei Pelekanon.

Gottfried und sein Heer mussten noch auf verschiedene kleine Ritterhaufen warten, vermutlich Vasallen von Gottfried, die die Route über Italien und den Seeweg genommen hatten;[32] wilde Gesellen, die sich ebenfalls weigerten, dem Kaiser von Byzanz einen Eid zu schwören. Erst nach Gottfrieds Intervention gaben sie nach, und auch sie wurden rasch über den Bosporus geschafft. Der Kaiser argwöhnte nämlich, dass die Kreuzritter sich eigentlich seines Reichs bemächtigen und gar nicht gegen Jerusalem ziehen wollten. Der Truppe, die als Nächste kam, waren solche Absichten noch mehr zuzutrauen, denn es waren Normannen, die schon mehrfach griechische, von Alexios angeführte Armeen geschlagen hatten und über ehemals byzantinische Gebiete in Süditalien herrschten.

Bohemund von Tarent

Am 9. April 1097 traf Bohemund von Tarent (um 1058–1111) in Konstantinopel mit seinem großen Heer kampferprobter normannischer Ritter ein. Seine Ankunft war ein bemerkenswertes Ereignis, denn er war der Sohn Robert Guiscards, unter dessen Führung die Normannen Sizilien und Süditalien erobert und mehrmals die besten Armeen geschlagen hatten, die Byzanz zur Verteidigung seiner Besitzungen schicken konnte. Zudem hatten Vater und Sohn zusammen und zumeist erfolgreich gegen byzantinische Truppen gekämpft, die der Kaiser selbst geführt hatte.

Alexios' Besorgnis war also durchaus verständlich, als er entdeckte, dass eine große Abteilung der Kreuzritter Normannen aus Italien waren und von Bohemund angeführt wurden. Seine Tochter Anna Komnena, damals vierzehn Jahre alt, gab viele Jahre später in ihrer *Alexias* eine eindrucksvolle Beschreibung Bohemunds: »Sein Anblick rief bewunderndes Staunen, die Nennung seines Namens Schrecken hervor. ... Er war von so hoher Statur, dass er die größten Männer fast um eine Elle überragte.« Tatsächlich hieß er eigentlich Marcus, sein Vater hatte ihm aber den Spitznamen Bohemund (nach einem mythischen Riesen) gegeben, weil er von Geburt an so riesig war. Anna fährt fort: »Um die Hüften war er schlank ... vollendet proportioniert. ... Seine Haut war am Körper sehr weiß, im Gesicht war sie weiß und rot gemischt. Sein Haar war mittelblond, aber es hing ihm nicht bis auf die Schulterblätter herab wie bei den übrigen Barbaren. ... Dieser Mann hatte auch etwas Gewinnendes an sich, es wurde jedoch durch das Furchteinflößende, das ihm in jeder Beziehung anhaftete, fast ganz wieder zunichte gemacht. Denn dieser Mensch wirkte in seiner ganzen Erscheinung durchaus grausam und wild. Das rührte von seiner Größe und von seinem Blick her, und auch sein Lachen klang, glaube ich, wie ein ärgerliches Schnauben. ... In seinem Denken war er überaus wendig, voller Schläue und um eine Ausflucht nie verlegen.«[33]

Der Kaiser war sich völlig im Klaren darüber, dass Bohemund der unbestreitbar erfahrenste, begabteste und politisch klügste Befehlshaber der Kreuzritter war. Schließlich war er durch eine harte Schule gegangen. Nachdem Robert Guiscard und sein Sohn das neue normannische Königreich in Italien und Sizilien fest in ihrer Hand hatten, segelten sie mit ihren normannischen Truppen über die Adria, eroberten Korfu und Dyrrhachium, Küstenstädte im engeren Umkreis des byzantinischen Herrschaftsgebiets. Kaiser Alexios Komnenos zog nordwärts, um die Normannen zu vertreiben, musste in der Schlacht von Dyrrhachium aber eine empfindliche Niederlage einstecken. Als Nächstes eroberten die Normannen fast das gesamte nördliche Griechenland. Verzweifelt suchte Alexios die Normannen daran zu hindern, sich seines ganzen Reichs zu bemächtigen, und zahlte eine enorme Summe (angeblich 360 000 Goldstücke) an den deutschen Kaiser Heinrich IV., damit dieser den Papst angriff, den Verbündeten der Normannen in Italien. Robert Guiscard eilte zurück nach Italien, um dieser Drohung zu begegnen, und überließ seinem Sohn das Kommando in Griechenland. Bohemund, ein noch junger Mann Anfang zwanzig, erwies sich gleichwohl als glänzender militärischer Führer, der eine besondere

Gabe besaß, feindliche Taktiken zu durchschauen und zu kontern. Er schlug Alexios in zwei Schlachten und gewann die Herrschaft über Mazedonien und fast ganz Thessalien. Nun aber gelang es Alexios, die Seldschuken zu überzeugen, dass die Normannen eine Bedrohung auch für sie darstellten, und so schaffte es Alexios mit einem neuen Heer, verstärkt um einige tausende Türken, den Normannen bei Larissa unter allerhand Mühen eine Niederlage beizubringen. Daraufhin kehrte der größte Teil des normannischen Heeres nach Italien zurück, vor allem auch deswegen, weil Bohemund seinen Truppen ihren aufgelaufenen Sold nicht zahlen konnte. Korfu aber und ein beträchtliches Gebiet an der Adria blieben weiter in normannischer Hand. Um diese Gebiete zurückzugewinnen, heuerte Alexios die Venezianer an, die vom Meer aus erfolgreiche Angriffe führten und die byzantinische Herrschaft in der Region wiederherstellten.

Nun, fünfzehn Jahre später, hatte Bohemund genügend Geld zusammen, um ein großes Heer für den Kreuzzug zu finanzieren. In Begleitung des anonymen Verfassers der *Gesta Francorum*, des wichtigsten Augenzeugenberichts vom Ersten Kreuzzug, schiffte er sich mit seinen Truppen in Bari ein, segelte zur bulgarischen Küste und marschierte von dort nach Konstantinopel. Seine Begegnung mit Kaiser Alexios verlief nicht ohne Spannungen. Bohemund war nicht weniger misstrauisch als Alexios. Er kannte die Neigung der Byzantiner zur Giftmischerei und weigerte sich, am Hof etwas zu sich zu nehmen. Seine politische Klugheit aber ließ ihn nicht im Stich, und bereitwillig legte er den Treueid auf Alexios ab, anschließend konnte er seine Streitmacht über den Bosporus führen und vereinigte diese mit Gottfrieds Aufgebot in Pelekanon.

Raimund IV. von Toulouse

Die vierte Abteilung der Kreuzritter wurde von Raimund IV. von Toulouse (um 1041–1105) angeführt, auch als Graf Raimund von Saint-Gilles bekannt. Er war ein sehr frommer Mann, wurde dennoch zweimal exkommuniziert, weil er Frauen geheiratet hatte, die nach den Vorschriften der Kirche zu nahe verwandt mit ihm waren. Im Einklang mit unserer These, dass die Kreuzfahrer zum Teil aus eng miteinander verflochtenen Familien kamen, ergab es sich, dass die zweite von Raimunds drei Frauen eine Nichte Bohemunds war.

Raimund wollte im Heiligen Land begraben werden, und als der Papst seine Kreuzzugsidee der Welt verkündete, war er unter den Ersten, die begeistert darauf eingingen. Schon gleich nach Urbans Rede in Clermont verkündeten seine Vertreter, ihr Herr habe das Kreuz bereits genommen. Mit 55 Jahren war er wohl der älteste unter den führenden Kreuzrittern, wahrscheinlich auch der Reichste. Im Oktober 1096 brach er an der Spitze eines großen Ritterheers auf, in Begleitung seiner dritten Frau (der Tochter von König Alfons VI. von Kastilien) und ihres kleinen Sohnes, der unterwegs starb.

Raimunds Truppen überquerte die Alpen, aber wegen der ungünstigen Jahreszeit entschloss er sich, nicht den Seeweg über die Adria zu nehmen, sondern deren Ostküste entlang nach Süden zu ziehen – eine unkluge Entscheidung, wie sich herausstellen sollte. Die Heerstraßen waren kaum passierbar, es war Winter und das Wetter sehr schlecht. Die einheimische Bevölkerung, unzivilisierte Slawen, wollten ihnen keine Lebensmittel verkaufen, bedrängten sie, bestahlen die Nachhut und töteten Nachzügler. Von Hunger geplagt und in elender Verfassung, erreichte das Heer Anfang Februar Dyrrhachium. Dort wurden sie von byzantinischen Beamten in Empfang genommen und unter Begleitschutz gestellt, was Raimunds ohnehin schon schlecht gelaunte Ritter in Wut brachte. Sie lieferten sich mit den Schutztruppen kleine Scharmützel, aber es kam zu keinem ernsthaften Streit, bis sie nach Roussa in Thrakien kamen. Da Raimund nach Konstantinopel vorausgezogen war, deshalb nicht für Ordnung sorgen konnte und man seinen Leuten in Roussa wiederum keine Vorräte verkaufte (zwei Wochen zuvor hatte Bohemund alles aufgekauft), stiegen die Kreuzritter über die Mauern in die Stadt und raubten die Einwohner aus. Da ihre Plünderungen kein Ende fanden, wurden sie schließlich von einer größeren byzantinischen Armee gestellt und vernichtend geschlagen.

Inzwischen verhandelte Raimund mit Alexios. Der Kaiser war bemüht, Raimund misstrauisch zu machen, ihn gegen Bohemund aufzuwiegeln, der angeblich die Führung des Kreuzzugs an sich reißen wolle, und versicherte ihm, er werde diesem nicht den kaiserlichen Oberbefehl übertragen. Raimund legte keinen Treueid auf Alexios ab, sondern gab nur sein feierliches Versprechen, den Kaiser zu unterstützen, wenn dieser persönlich die Führung des Kreuzzugs übernehme. Daraufhin wurde er, nachdem er sich mit den Truppen, die die Kämpfe mit den Byzantinern überlebt hatten, wieder vereinigt hatte, über den Bosporus gebracht.

Robert, Herzog der Normandie

Robert II. (um 1051–1134), dem Herzog der Normandie und ältesten Sohn von Wilhelm dem Eroberer, wurde der englische Thron verweigert, weil er sich mit dem König von Frankreich verbündet und gegen seinen Vater konspiriert hatte. Das Herzogtum Normandie konnte er behalten, musste es allerdings an seinen Bruder, den König Wilhelm II. von England, verpfänden, um das Geld zusammenzubringen, das er für die Ausrüstung seines Kreuzzugsheers brauchte. Zu seinem Aufgebot zählten normannische Ritter aus England, Schottland und der Normandie, es begleiteten ihn Mitglieder des Hochadels wie sein Vetter Robert II., Graf von Flandern, sein Schwager Stephan, Graf von Blois, und der Kleriker Fulcher von Chartres, der über das ganze Unternehmen eine ausführliche Chronik verfasste.

Roberts Truppen überquerten die Alpen und zogen durch Italien ins normannische Königreich. Die kalte Jahreszeit kündigte sich an, und so blieben Robert und seine Truppen im Winterlager in Kalabrien. Besonders eilig hatte er es offenbar nicht, erst im April zog er weiter nach Brindisi, um von dort den Seeweg anzutreten. Das erste Schiff war kaum ausgefahren, als es mitten entzweibrach und 400 Mann ertranken. Einige der Kreuzritter bekamen es mit der Angst zu tun und desertierten, der größte Teil des Heeres jedoch erreichte sicher den Hafen von Dyrrhachium. Von dort zogen die Kreuzfahrer auf dem Landweg bis Konstantinopel, wo sie Anfang Mai eintrafen. Nach einem herzlichen Empfang durch Kaiser Alexios legte Robert den verlangten

Treueid ab, wurde dann samt seinen Truppen über den Bosporus gebracht. Schließlich war das ganze Kreuzfahrerheer versammelt.

VON BYZANZ IM STICH GELASSEN

Wie sich zeigte, hatte Alexios nicht im Mindesten damit gerechnet, dass Tausende namhafter Adliger und Ritter aus Europa auf seinen Hilferuf gegen die Türken reagieren würden. Er war davon ausgegangen, dass Söldnertruppen geschickt würden, denn in Byzanz war es nicht üblich, dass sich die Oberschicht militärisch engagierte; die byzantinischen Armeen bestanden traditionell aus Söldnern und sogar Sklaven – die häufig unter dem Kommando von Eunuchen standen.[34] Nun sah sich Alexios Tausenden von Männern gegenüber, die aus eigenem Entschluss gekommen, Feuer und Flamme für ihre Sache waren und schon deutlich gezeigt hatten, dass sie sich nur schwer in Zaum halten ließen. Der Kaiser und sein Hof hielten sie schlicht für gefährliche Barbaren. Und die Kreuzfahrer ihrerseits hielten Alexios und seinen Hof für eine Bande dekadenter und hinterhältiger Verschwörer. In den *Gesta Francorum* finden sich häufig wenig freundliche Bezeichnungen für Alexios, an einer Stelle ist vom »elenden Kaiser« die Rede.[35]

Beide Seiten kann man verstehen. Die gefährlichen Barbaren gewannen eine Schlacht nach der anderen, manchmal wie durch ein Wunder – und obwohl sie von den hinterhältigen Verschwörern im Sich gelassen wurden. Als es Zeit war, den Türken entgegenzutreten, übernahm Alexios weder das Kommando noch vereinigte er seine Armee mit den Kreuzrittern. Stattdessen schickte er ein kleines Truppenaufgebot, das diese nach Kleinasien begleiten sollte, aber nur so weit und so lange, wie kürzlich verlorenes byzantinisches Gebiet zurückzuerobern war. Die führenden Kreuzritter hatten ihm einen Eid geschworen, und er war der Meinung, dass ihm damit das volle und ausschließliche Recht auf die wiedereroberten Städte und Gebiete zustand. Und sobald dieses Ziel erreicht war, machte Alexios nicht die geringsten Anstalten, die Kreuzfahrer weiter zu unterstützen, nicht einmal durch ein symbolisches Truppenaufgebot. Er betrachtete es als Sache allein der Kreuzfahrer, wenn sie zum Heiligen Land weiterziehen wollten, für ihn war »Jerusalem strategisch unbedeutend«.[36] Sollten die »Barbaren« doch allein weiterziehen, auch wenn ihnen die schwersten Kämpfe noch bevorstanden. Die Kreuzfahrer fühlten sich vom Kaiser verraten und – weil dieser nicht Wort gehalten hatte – auch nicht mehr an ihren Eid gebunden. Damit begannen die Feindseligkeiten zwischen Ost und West, die schließlich 1204 während des Vierten Kreuzzugs zur Plünderung Konstantinopels führten.

SCHLUSS

Unbefriedigend an der Literatur über die Kreuzzüge ist der Mangel an zuverlässigen Zahlen. Es ist nicht nur ausgesprochen schwierig zu ermitteln, wie viele Menschen sich tatsächlich am Ersten Kreuzzug beteiligten, es gibt auch nur wenige plausible Ansätze, um eine ungefähre Vorstellung von den Verlusten zu geben, die

die Kreuzfahrer unterwegs erlitten. Wir wissen, dass viele Teilnehmer des Volkskreuzzugs bei ihren Zusammenstößen mit den Bulgaren getötet wurden; weitaus mehr Menschen werden durch natürliche Ursachen ums Leben gekommen sein, in diesen Zeiten konnte das gar nicht anders sein. Selbst noch im Amerikanischen Bürgerkrieg kamen bei den Unionstruppen auf einen Gefallenen drei Opfer, die an Krankheiten gestorben waren.[37] So ist beispielsweise kaum zu ermitteln, wie viele aus Peters Aufgebot überlebten, die dann im Kampf gegen die Türken fielen. Vielleicht sind alle von Hugo von Vermandois' Leuten vor Dyrrhachium ertrunken, aber wir wissen nicht, wie viele sich in Bari überhaupt eingeschifft hatten geschweige denn wie viele unterwegs ihr Leben ließen.

Nach diesen Vorbemerkungen möchte ich jetzt selbst eine Schätzung riskieren. Ich gehe davon aus, dass von 130 000 Menschen, die 1096 zum Ersten Kreuzzug aufbrachen, 90 000 nicht an der Belagerung von Nicäa im Juni 1097 teilnahmen. Das ist eine Verlustrate von ungefähr 35 Mann pro Meile, die starben oder umkehrten. Und als Jerusalem schließlich eingenommen wurde, waren 115 000 (oder 88 Prozent) der ursprünglich aufgebrochenen Kreuzfahrer nicht mehr dabei. Wem diese Zahlen zu hoch erscheinen, sollte bedenken, dass von Bohemunds Normannen, die bedeutend genug waren, um in den *Gesta Francorum* erwähnt zu werden, bereits 1099 ein Drittel gestorben waren und ein weiteres Viertel vermisst wurde.[38] Außerdem sind bei diesen Verlustschätzungen die in die Tausende gehenden Ritter nicht berücksichtigt, die während des ganzen Unternehmens auf dem Seeweg noch dazukamen. Ausgehen können wir also von einer Gesamtverlustzahl von 120 000, Gefallene einschließlich die Teilnehmer, die verschwanden oder den Kreuzzug abbrachen, von denen die meisten sicher auch ums Leben gekommen sind.

Erst wieder, als die Söhne der europäischen Oberschichten in den Schützengräben des Ersten Weltkriegs umkamen, erlebte Europa einen vergleichbaren Verlust einer ganzen Generation von Führern. Wer nach Osten zog, gehörte zu den Besten und Gescheitesten seiner Zeit. Mit ihrem Tod fiel die Verantwortung für die Leitung der großen Güter und die Besorgung vieler anderer wichtiger Dinge an Witwen und minderjährige Söhne, auch an die, die nicht in den Krieg gezogen waren, so wie es in den 1920er Jahren in England, Frankreich und Deutschland der Fall war. Trotz allem ebbten Begeisterung und Engagement für den Kreuzzug noch viele Jahre nicht ab, die im Ersten Kreuzzug vom Verlust betroffenen Familien schickten auch nachfolgende Generationen zur Verteidigung des Heiligen Landes. Und als Europa der Kreuzzüge überdrüssig wurde, dann betraf auch das wohl nicht die Familien, die am meisten gegeben hatten, sondern diejenigen, die nie einen Kreuzfahrer ausgerüstet hatten, sich nun aber weigerten, weitere Steuern für die Erhaltung der Kreuzfahrerstaaten zu zahlen.

Kapitel sieben

BLUTIGE SIEGE

Trotz ihrer verschwindend geringen Chancen brachen die Kreuzfahrer nach der Einnahme Jerusalems in aller Eile nach Süden auf und brachten einer großen ägyptischen Armee bei Askalon eine vernichtende Niederlage bei. Hier ist Gottfried von Bouillon zu sehen, wie er an der Spitze seiner siegreichen Truppen das ägyptische Lager plündert.

Die militärische Phase des Ersten Kreuzzugs begann, als die vereinigten Truppen des Fürstenkreuzzugs »in Begleitung einer kleinen Abteilung von byzantinischen Ingenieuren mit Belagerungsmaschinen«[1] ihr Lager am Ufer des Bosporus verließen und zum 40 Kilometer südlich gelegenen Nicäa aufbrachen, der ersten muslimischen Hochburg auf dem Weg ins Heilige Land. Sie ahnten nicht, dass sie über ein Jahr später, nach erbitterten Kämpfen und schweren Verlusten, erst bis Antiochia gekommen sein würden. Und noch ein weiteres Jahr sollte es dauern, bis sie Jerusalem erreichten. Da schrieb man den 7. Juni 1099 (vgl. Karte S. 203).

NICÄA

Nicäa war die Hauptstadt des seldschukischen Sultanats Rum, die Residenz von Kilitsch Arslan. Rum war das türkische Wort für »Rom«. Das Sultanat Rum umfasste einen großen Teil Anatoliens, das die Türken von den Byzantinern erobert hatten, die ihr Reich immer noch als Römisches Reich verstanden. Der Zeitpunkt war günstig für einen Angriff auf Nicäa, weil der Sultan nach seinem leichten Sieg über die Heerscharen Peters des Einsiedlers die Kreuzfahrer so verachtete, dass er die sich in seiner Nähe sammelnden Truppen der »Franj«

(Franken) ignorierte und mit seiner Armee nach Osten zog, um die Macht in seinem Reich gegen einen Rivalen zu verteidigen. Der Sultan war so sorglos, dass er Frau, Kinder und Schätze in Nicäa ließ.

Die Belagerung der Stadt begann am 14. Mai 1097. Als Sultan Kilitsch Arslan erfuhr, dass die Kreuzfahrer Nicäa eingeschlossen und einen Ausfall seiner Truppen aus der Stadt ohne Schwierigkeiten abgewehrt hatten, eilte er mit seiner Streitmacht zurück. Kaum vor der Stadt eingetroffen, griff er die Truppen Raimunds von Toulouse an, die den Weg zum südlichen Stadttor verlegt hatten. Robert von Flandern kam Raimund mit einem Teil seiner Streitmacht zu Hilfe. Die Schlacht gegen die Armee des Sultans dauerte einen vollen Tag.

Erstaunt musste Kilitsch Arslan schließlich zur Kenntnis nehmen, dass »seine Türken den gut bewaffneten Kriegern aus dem Westen auf freiem Feld vor der Stadt nicht gewachsen« waren.[2] In den Gesta Francorum heißt es, die Türken »kamen ausgelassen an und begannen ein Stück des Weges vom Gipfel des Berges herabzusteigen, aber so viele ihrer heruntersteigen, so vielen wurden von unseren Männern die Köpfe abgeschlagen, welche die Häupter der Erschlagenen mittels einer Schlinge in die Stadt schleuderten, um noch mehr Schrecken unter der türkischen Garnison zu verbreiten«.[3] Nach Einbruch der Dunkelheit zog der Sultan seine Truppen zurück und überließ die Stadt ihrem Schicksal.

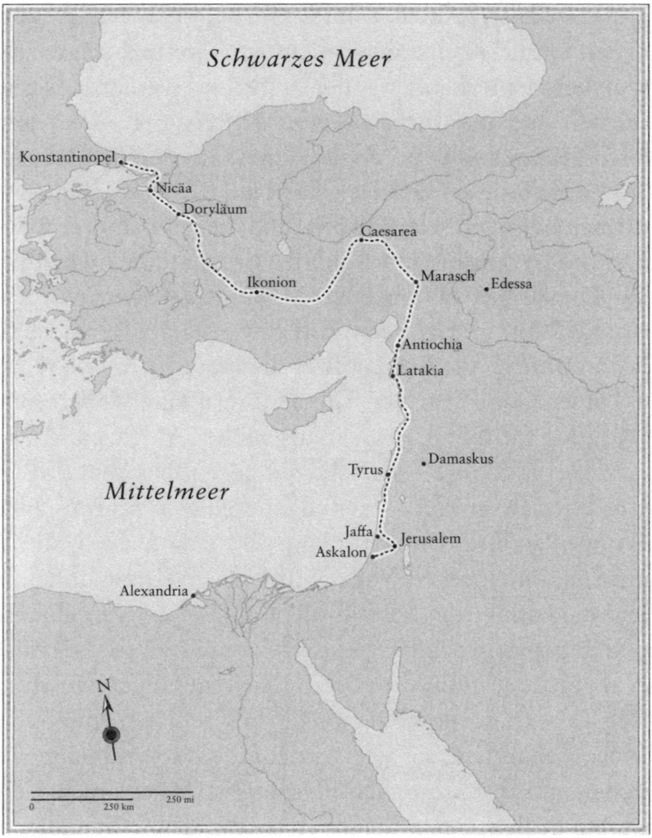

Die Route des Ersten Kreuzzugs

Doch auch die Sieger hatten schwer zu leiden. »Viele der Unseren«, heißt es in den *Gesta* weiter, »erlitten dort den Märtyrertod und gaben Gott ihre glückliche Seele hin, mit Freuden und Fröhlichkeit.«[4] Und trotz dieser Verluste war Nicäa noch immer in der Hand der Türken. Die Kreuzfahrer planten einen Generalangriff.

Aber Kaiser Alexios hatte ganz andere Pläne, von denen er die Kreuzfahrer nicht in Kenntnis setzte. Er schickte Unterhändler, die geheime Verhandlungen führten und die Türken davon überzeugten, die Stadt aufzugeben. Bei Anbruch des Tages, auf den der Angriff auf Nicäa festgesetzt war, wehten auf den Verteidigungstürmen byzantinische Fahnen, und die Kreuzfahrer wurden von byzantinischen Soldaten begrüßt, die im Schutz der Dunkelheit heimlich in die Stadt gelassen worden waren. Nur in Gruppen von jeweils höchstens sechs Mann durften die Kreuzfahrer die Stadt betreten.

Dieser Coup war den Kreuzfahrern eine weitere Bestätigung für ihr Misstrauen gegenüber Alexios und seinem Hof, und ihre Feindseligkeit gegenüber dem Kaiser wurde noch größer – zumal er keine byzantinischen Truppen zu ihrer Unterstützung geschickt hatte. Und sie mussten mit ansehen, wie die türkischen Kommandeure und die Familie des Sultans nicht als Geiseln genommen und gegen Lösegeld freigelassen, sondern nach Alexandria gebracht und dort vom Kaiser empfangen wurden. Der Kaiser, »der sowohl ein Narr als auch ein Spitzbube war«, behandelte sie wie vornehme Gäste, schickte sie sicher und in Ehren nach Hause und stellte ihnen frei, wie es in den *Gesta* heißt, »die Franken zu schädigen und ihren Kreuzzug zu vereiteln«.[5] Bohemund erinnerte seine Kampfgefährten natürlich daran, dass Alexios schon einmal türkische Truppen gegen ihn eingesetzt hatte.

Vielleicht um die Ritter zu beruhigen, verstärkte Alexios das kleine byzantinische Aufgebot, das die Kreuzfahrer begleitete. Das allerdings konnte im Lager der Kreuzfahrer niemanden mehr beeindrucken. Mochten die byzantinischen Truppen in und um Konstantinopel den Kreuzfahrern zahlenmäßig weit überlegen gewesen sein, jetzt hatte der Kaiser nur eine überraschend kleine Abteilung von etwa 2000 Mann entsandt,[6] die von einem General namens Tatikios angeführt wurde, dem Sohn eines versklavten Türken.

DORYLÄUM

Eine Woche nach der Kapitulation von Nicäa setzten sich die Kreuzfahrer wieder in Bewegung. Seit langem halten es Historiker für wahrscheinlich, dass sie zu der zerstörten Stadt Doryläum unterwegs waren – nach der ihre nächste große Schlacht benannt ist. Man nimmt heute an, dass sie einer weiter westlich verlaufenden Route gefolgt sind und die Schlacht 60 Kilometer westlich von Doryläum stattfand.[7] Die Türken unter Kilitsch Arslan hatten sich unterdessen wieder gesammelt und waren von weiteren türkischen Fürsten, die persische und albanische Söldner schickten, beträchtlich verstärkt worden. Nachdem die Kreuzfahrer drei Tage marschiert waren, warnten ihre Kundschafter vor einer großen türkischen Armee, die sich nähere und die Schlacht suche. Und tatsächlich, am Morgen des 1. Juli griff die türkische Armee die Vorhut der Kreuzfahrer an – gestellt von den Truppen Bohemunds – und fügte ihnen, noch während sie sich verschanzten, starke Verluste zu. Bohemund versammelte die nicht kampffähigen Mitglieder seiner Abteilung in der Mitte des Lagers, wo es Quellen gab, und trug ihnen auf, den Soldaten Wasser zu bringen. Die Frauen der Kreuzfahrer erledigten diese

Aufgabe oft tapfer und mit viel Geschick. Seine Ritter ließ Bohemund absitzen und zusammen mit seinen Fußsoldaten einen festen Verteidigungshalbkreis bilden. Die türkische Armee führte berittene Kavallerie, nur mit Bögen und Schwertern bewaffnet, ins Feld.[8] Sie konnten den Kreuzfahrern mit ihren Bogenschützen einige Verluste beibringen, die Front der Fußsoldaten aber nicht durchbrechen. Offenbar hielten die Türken Bohemunds Streitmacht für das ganze Kreuzfahrerheer, sodass es dem Hauptteil des Ritterheers gelang, sie einzuschließen und von den Flanken und von hinten anzugreifen.

Beide Seiten erlitten große Verluste, doch waren die der Türken weitaus größer als die der Kreuzfahrer. In den *Gesta* heißt es: »Sowie unsere Ritter angriffen, gaben die Türken, Araber, Sarazenen, Agulanen und der ganze Rest der Barbaren Fersengeld und flohen durch die Gebirgspässe ... nur Gott weiß, wie viele ihrer waren. ... Sie flohen äußerst geschwind zu ihrem Lager, durften sich hier jedoch nicht lange aufhalten. So flohen sie erneut, und wir verfolgten sie und brachten sie um, den ganzen Tag lang, und wir machten reiche Beute: ... Wäre Gott in dieser Schlacht nicht mit uns gewesen und hätte uns das andere Heer nicht schnell geschickt, wäre keiner von uns entkommen.«[9] Die Niederlage kam so rasch und vollständig, dass Kilitsch Arslan zum zweiten Mal seine Kriegskasse verlor; er hatte sie, nachdem sein Schatz in Nicäa verloren war, gerade erst eingetrieben.[10] Er zog sich mit dem Rest seiner Reiter in die Berge zurück und ließ seine Truppen längs des Weges das Land verwüsten, »um es den Kreuzfahrern unmöglich zu machen, sich auf ihrem weiteren Vormarsch zu verpflegen«.[11]

Die Kreuzfahrer legten nach der Schlacht eine zweitägige Ruhepause ein, setzten dann ihren Weg durch Anatolien fort, Richtung Antiochia. Es war ein schrecklicher Marsch, die Sommerhitze schier unerträglich, das Wasser knapp, weil die Türken Brunnen und Regenwasserzisternen zerstört hatten. Sie kamen, wie in den *Gesta* berichtet wird, »durch ein Land, welches menschenleer, wasserlos und unbewohnbar war und aus dem wir gerade noch heraus- oder mit dem nackten Leben davonkamen, denn wir litten großen Hunger und Durst und fanden überhaupt nichts Eßbares außer stacheligen Pflanzen ... Durch solche Kost überlebten wir, elendig genug, aber wir verloren die meisten unserer Pferde.«[12]

Die Kreuzfahrer schleppten sich nach Ikonion (Konya), das in einem fruchtbaren Tal mit vielen Wasserläufen und Obstgärten lag. Sie besetzten die Stadt, erholten sich einige Tage lang und zogen dann nach Herakleia weiter, das ebenfalls in einem fruchtbaren Tal lag. Dort stießen sie auf eine große türkische Armee, die unter der Führung von zwei Emiren stand, die offenbar gedacht hatten, ihre bloße Anwesenheit genüge, um die Kreuzfahrer auf eine andere Route zu drängen. Doch die griffen sofort an, und bald mussten sich die Türken in aller Eile zurückziehen – und nur der Mangel an Pferden hinderte die Kreuzfahrer an einer Verfolgung, was den Fliehenden das Leben rettete.

In Herakleia mussten sie sich zwischen zwei Routen nach Antiochia entscheiden. Eine war direkter, führte aber durch die Berge. Die andere verlief durch Caesarea Mazaca (Kayseri), war länger, aber nicht so leicht zu verteidigen. Bohemund entschloss sich, über die Berge zu ziehen. Die anderen marschierten durch Caesarea, das die Türken aufgegeben hatten. In Koksen (Göksun) stießen die beiden Abteilungen wieder zusammen, wurden von der überwiegend christlichen Bevölkerung willkommen geheißen und konnten reichlich Vorräte anlegen. Nach drei Tagen Ruhe zogen sie weiter, doch der Vormarsch von Koksen nach Antiochia erwies sich als »die schwierigste Wegstrecke, die den Kreuzfahrern bevorstand«.[13] »Wir brachen auf und machten uns daran, ein verfluchtes Gebirge zu überqueren, welches so hoch und steil war, daß keiner der Unseren sich getraute, den anderen auf dem Bergpfad zu überholen. Pferde stürzten in den Abgrund, und ein Lasttier zog das andere hinab«, heißt es in den *Gesta*. Viele Packtiere waren verloren gegangen, und manche Ritter warfen Waffen und Rüstungen weg, denn diese waren zu schwer zu tragen.[14]

Nachdem die Kreuzfahrer den Gebirgszug hinter sich gebracht hatten, stellten sie in Marasch ihre Marschordnung wieder her; dort verließen Balduin von Boulogne und hundert Ritter zu Pferde sowie der Chronist Fulcher von Chartres das Kreuzfahrerheer, zogen weiter nach Osten, an den Hof von Edessa, wo Balduin vom kinderlosen armenischen Herrscher Thoros adoptiert wurde. (Das war natürlich durch Geheimverhandlungen vorbereitet worden.) Kurze Zeit später wurde Thoros von aufgebrachten Bürgern der Stadt Edessa ermordet. So wurde Balduin der erste Graf von Edessa und die Grafschaft Edessa zum ersten Kreuzfahrerstaat.

Inzwischen näherten sich die Kreuzfahrer Antiochia, der Hauptstadt Syriens.

ANTIOCHIA

Antiochia liegt etwa 20 Kilometer von der Mittelmeerküste entfernt, dort, wo der Fluss Orontes aus dem Bergland herauskommt. Zu Beginn der christlichen Ära war Antiochia die drittgrößte Stadt des Römischen Reichs, nur Rom und Alexandria waren größer.[15] Unter muslimischer Herrschaft gingen Bevölkerungszahl und Handel stark zurück. Im 10. Jahrhundert konnte Byzanz die Stadt für kurze Zeit zurückerobern, dann fiel sie an die Türken, und ihr Niedergang setzte sich fort. Doch auch 1098 war es noch immer eine recht große Stadt mit beeindruckenden Festungsanlagen.

Sie zog sich den Abhang des Gebirges hinauf, die mächtigen Stadtmauern kletterten steile Hänge hoch, setzten sich über den Fluss hinweg fort, umschlossen auch die 300 Meter über dem Hauptteil der Stadt gelegene Zitadelle. Die Wälle waren mit 400 Wachttürmen besetzt, »und zwar in solchen Abständen, daß jeglicher Fußbreit der Mauern in Reichweite der Bogenschützen lag«.[16] Wegen ihrer starken Befestigung war die Stadt bislang nur durch Verrat erobert worden. Auf Verrat sann auch Bohemund. Doch behielt er seinen Plan für sich, auch während der Lageberatungen mit den anderen Heerführern. In der Stadt selbst stand nicht alles zum Besten. Zunächst war die Besatzung nicht groß genug, um die Mauern lückenlos zu bewachen. Zum anderen hatte sich der Emir die Christen, immerhin die Mehrheit der Stadtbevölkerung, die er übel behandelt und deren Kirche er als Pferdestall nutzte, zu potenziellen Verrätern gemacht.[17]

Während die Kreuzfahrer noch über ihr weiteres Vorgehen berieten, schickte der Emir in alle Himmelsrichtungen Unterhändler aus, um Verbündete zu gewinnen – und nicht ohne Erfolg, aber dennoch war mit einem schnellen Eintreffen von Entlastungstruppen nicht zu rechnen. Im Oktober 1097 entschlossen sich die Kreuzfahrer zur Belagerung. Doch auch sie waren, wie die muslimischen Verteidiger, nicht zahlreich genug, um die Stadt lückenlos einzuschließen. Antiochia konnte also weiterhin mit Nachschub versorgt werden. Im November erhielten die Kreuzfahrer Verstärkung: Dreizehn genuesische Galeeren legten an der Küste an und brachten zahlreiche Kreuzfahrer und Proviant. Trotzdem hatten die Belagerer bald alle ihre Vorräte aufgebraucht, auch an Tierfutter fehlte es.

Mit dem Wintereinbruch trafen Hunger und Krankheiten die Belagerer empfindlicher als die Belagerten, die noch immer von außen versorgt wurden. Viele Kreuzfahrer verhungerten, Krieger ebenso wie die armen nichtkämpfenden Teilnehmer. Natürlich hätte Alexios Nachschub auf dem Seeweg schicken können. Aber das tat er nicht, stattdessen befahl er im Februar seinem General Tatikios, seine Männer abzuziehen. Um sie abzuholen, kamen Schiffe, aber auch diese brachten den Belagerern keinen Proviant. Tatikios behauptete zwar, nicht zu desertieren, sondern zurückzufahren, um reichlichen Nachschub zu organisieren. Aber die Kreuzfahrer durchschauten das falsche Spiel. »Er ist ein Lügner«, heißt es in den *Gesta*, »und er wird immer einer bleiben. Wir wurden daher in der schlimmsten Not zurückgelassen.«[18] Die Lage der Kreuzfahrer wurde so ernst, dass Peter der Einsiedler und Wilhelm von Melun (der bei Emichos Pogromen gegen die Juden mitgemacht hatte) den Kreuzzug verließen und nach Konstantinopel zurückzogen. Bohemunds Neffe Tankred verfolgte sie und brachte sie in Schande zurück. Bohemund ließ sie öffentlich demütigen, aber am Leben. Kurz darauf floh Wilhelm der Zimmermann erneut und fand wahrscheinlich bei Alexios Zuflucht.[19]

Schließlich trafen die muslimischen Entlastungstruppen ein. Zur Schlacht kam es am 9. Februar 1098, an einem Fastnachtsdienstag. Die Kreuzfahrer waren zahlenmäßig hoffnungslos unterlegen, erfochten dennoch einen glänzenden Sieg. Weil sie nur noch wenige Pferde hatten, reihten sich die Ritter in die schwer bewaffneten Fußtruppen ein, gegen die die muslimische Reiterei mit großen Verlusten anrannte. Im richtigen Moment erschien Bohemund mit der verbliebenen schweren Reiterei von etwa 300 Rittern an der Flanke der Muslime, gleichzeitig gingen die Fußsoldaten der Kreuzfahrer zum Angriff über. Die muslimischen Truppen wurden völlig aufgerieben. Damit hatten die Kreuzfahrer nicht nur einen erstaunlichen Sieg errungen, sie erbeuteten auch die dringend benötigten Vorräte aus dem feindlichen Lager. Die *Gesta* fassen zusammen: »Somit wurden unsere Feinde an jenem Tag durch Gottes Willen bezwungen. Die Unseren fingen viele Pferde und nahmen anderes, dessen sie dringend bedurften, in Besitz, und sie brachten einhundert Köpfe von toten Türken zum Stadttor.«[20] Einen Monat später erreichte eine normannische Flotte aus England die Küste, mit Vorräten und weiteren Kreuzfahrern.

Dennoch waren die Chancen für die Erstürmung der Stadt weiterhin ungünstig. Immer mehr Kreuzfahrer setzten sich deshalb ab; die Zahl der Deserteure nahm noch einmal sprunghaft zu, als Stephan von Blois und eine große Gruppe von Franken ohne Vorwarnung das Heer verließen – einen Tag zu früh, wie wir gleich sehen werden. Die Folgen dieser organisierten Fahnenflucht waren verheerender als eine einfache Abnahme der Kreuzfahrerzahl. Denn unterdessen war Alexios, der den Eindruck hatte, die Kreuzfahrer würden Antiochia trotz allem einnehmen, an der Spitze einer großen byzantinischen Armee eilends nach Süden aufgebrochen, um beim Sieg dabei zu sein und die Stadt für sich zu reklamieren. Auf dessen Heerzug trafen Stephan von Blois und andere adlige Deserteure in Alexandretta, etwa 60 Kilometer nördlich von Antiochia. Sie erklärten ihm, die Belagerung Antiochias sei hoffnungslos. Also rückte Alexios nicht weiter vor, um die Kreuzfahrer zu unterstützen, sondern wartete zu, wie sich die Dinge entwickelten.

Inzwischen suchte Bohemund einen Verräter, den er bestechen konnte, ein Tor unverschlossen zu lassen; eine blutige und riskante Erstürmung der Stadtmauern sollte vermieden werden. Bohemunds subversive Bemühungen waren nicht aussichtslos, denn Antiochia war voller Christen, die den türkischen Statthalter hassten. Es gab ein weites konspiratives Netzwerk innerhalb der Stadt. Der Verräter, den er schließlich fand, war allerdings kein Christ, sondern ein muslimischer Konvertit, der einen Turm, ein Ausfalltor und einen südöstlich gelegenen Mauerabschnitt befehligte. In der Nacht vom 2. auf den 3. Juni, einen Tag, nachdem Stephan von Blois desertiert war, führte Bohemund einen kleinen Trupp seiner Normannen durch das unverschlossene Tor und brachte zehn Türme und einen längeren Abschnitt der

Stadtmauer unter seine Kontrolle. Von dieser griffen nun die christlichen Einwohner die muslimischen Truppen innerhalb der Stadt an, während die Kreuzfahrer von außen hineinströmten. Die muslimischen Truppen waren schnell ausgeschaltet – die meisten, die aus der Stadt flohen, wurden getötet, auch der Befehlshaber.

Antiochia war wieder eine christliche Stadt, aber es war nur diese Schlacht und nicht der Krieg gewonnen. Die Muslime hatten mit den Truppen zahlreicher Sultane und Emire eine beeindruckend große Armee auf die Beine gestellt, geführt wurde sie vom türkischen Sultan Kerboga. Aus Furcht vor dieser Entwicklung kam es zu weiteren Desertionen, selbst Bohemunds Schwager Wilhelm von Grandmesnil ergriff die Flucht. Die Deserteure erreichten das byzantinische Lager in Alexandretta, gerade als Alexios, der von der Eroberung Antiochias gehört hatte, seinen Marsch nach Süden wieder aufnehmen wollte, um seinem Anspruch Nachdruck zu verleihen. Auch Stephan von Blois bereitete sich auf seine Rückkehr nach Antiochia vor. In dieser Situation platzte die alles entscheidende Nachricht, dass sich Kerbogas große Streitmacht im Anmarsch befinde. Nun waren sich alle einig, dass der Kreuzzug nicht mehr zu gewinnen sei. Sie kehrten um und zogen sich nach Norden zurück. In seiner Heimat galt Stephan von Blois nach seiner Rückkehr als Feigling, sogar bei seiner Frau, die ihre Verachtung so unerbittlich zum Ausdruck brachte, dass Stephan im Jahr 1101 ein neues Heer sammelte und abermals ins Heilige Land zog. Er wurde bei einem schlecht geplanten Angriff auf die Ägypter in der Schlacht von Ramla getötet. Man muss wohl kaum erwähnen, dass Alexios mit seinem Rückzug jede Glaubwürdigkeit bei den Kreuzfahrern verspielt hatte. Als sie seinen Beistand wirklich gebraucht hätten, überließ er sie ihrem Schicksal.

Am 9. Juni 1098 traf Kerbogas große, gut ausgebildete Armee vor den Toren Antiochias ein. Die Lage schien hoffnungslos: Zu diesem Zeitpunkt dürften die Kreuzfahrer keine 200 Streitrösser mehr gehabt haben.[21] Kerboga nahm an, sie würden sich auf die Verteidigung konzentrieren und die Mauern besetzen; er richtete sich also auf eine Belagerung ein. Auch die Kreuzfahrer glaubten, dass ihnen nur die Wahl zwischen Verteidigung oder Kapitulation bliebe.

Einige Tage wogten die Kämpfe zwischen Kerbogas Angreifern und den Kreuzfahrern, die die Mauern verteidigten, hin und her, beide Seiten hatten große Verluste. Dann tat die Religion ihre Wirkung. Am 11. Juni erzählte ein Priester, ihm sei in der Nacht Christus erschienen und habe den Kreuzfahrern in fünf Tagen göttliche Hilfe versprochen. Daraufhin gelobten die Anführer des Kreuzzugs, ihre Mission nicht aufzugeben. Am 14. Juni berichtete der am Kreuzzug teilnehmende Mönch Peter Bartholomäus, ihm sei in einer Vision der Apostel Andreas erschienen und habe ihm die Stelle gezeigt, wo sich die Heilige Lanze befand – die Lanze, mit welcher der römische Soldat Jesus bei der Kreuzigung die Seite durchbohrte. Viele Kleriker äußerten sich skeptisch, aber mehrere Adlige akzeptierten die Geschichte und halfen Bartholomäus beim Graben an bezeichneter Stelle in einer Kirche. Tatsächlich fanden sie ein Stück Eisen, das sie zu einer Speerspitze erklärten, und als der Fund bekannt wurde, geriet das ganze Kreuzfahrerheer in Aufregung. Von der Lanze geführt, glaubten sie, unbesiegbar sein. Und – unglaublich, aber wahr – sie sollten die Belagerer besiegen.

Am 20. Juni 1098 wurde Bohemund in Anbetracht seiner großen Erfahrung zum obersten Führer des Kreuzfahrerheers ausgerufen. Er bereitete sofort einen Ausfall, einen Angriff auf die Türken vor – nicht nur wegen der göttlichen Verheißungen. Er sah auch, dass Angriff »ein gefährliches Spiel«,[22] militärisch aber die beste Option war. An der Spitze mit dem Chronisten Raimund von Aguilers, der die Heilige Lanze trug, marschierten die verbliebenen Kreuzfahrertruppen am 28. Juni durch das Brückentor von Antiochia, um Kerbogas viel größerer Streitmacht entgegenzutreten. Die Türken griffen sofort an, mussten aber zurückweichen – schon nach dem ersten Zusammentreffen mit den gut gerüsteten und disziplinierten Formationen der schwer bewaffneten Fußtruppen, die nicht wichen, sondern darauf vertrauten, Gottes Bataillone zu sein. In mancher Hinsicht war dies eine Wiederholung der Schlacht von Tours. Die muslimischen Truppen griffen an und starben. Die Reihen der Kreuzfahrer schienen undurchdringlich. Es dauerte nicht lange, da zogen sich die Türken zurück und flohen. Die Kreuzfahrer marschierten in geschlossener Formation hinterher, überrannten Kerbogas Lager und töteten alle, die in ihrer Reichweite waren. Nur weil die Kreuzfahrer keine Pferde mehr hatten, um sie zu verfolgen, konnten einige Türken entkommen. Dass sie einen derart vollständigen Triumph über einen so mächtigen Feind errungen hatten, war für viele Kreuzfahrer schier unbegreiflich. Und bald hieß es denn auch überall, ein Aufgebot berittener Heiliger sei aus dem Himmel herabgestiegen und habe sich an dem Angriff beteiligt.[23]

Wieder war eine große türkische Streitmacht vernichtet, der Weg nach Jerusalem frei. Bohemund jedoch hatte nicht die Absicht, dorthin zu ziehen. Stattdessen nahm er Verhandlungen auf, denn er wollte Herrscher eines neuen Königreichs mit Sitz in Antiochia werden. In der ersten Vereinbarung mit Kaiser Alexios, dem sich die Führer der Kreuzfahrer durch Eid verpflichtet hatten, wurde dessen Anspruch auf alle Gebiete anerkannt, die noch vor kurzem zu Byzanz gehört hatten. Das hätte auch für Antiochia gelten müssen. Bohemund aber argumentierte, Alexios habe sie im Stich gelassen und damit seien alle Eide und Verpflichtungen nicht länger bindend. Seinen Anspruch auf die Herrschaft über die Stadt begründete er auch damit, dass er dafür gesorgt habe, dass ein Tor offen blieb; er habe die Truppen in die Stadt geführt, sei zudem bei den christlichen Einwohnern der Stadt sehr beliebt. Die meisten Führer stimmten Bohemund zu, Alexios habe seine Ansprüche tatsächlich verwirkt; sie waren nicht bereit, ihm Antiochia zu überlassen. Das Jahr verging mit Streitigkeiten und vielem Hin und Her über Bohemunds Ansprüche. Das verzögerte den Vormarsch, bedeutete aber nicht, dass die Kreuzfahrer von ihrem Ziel, Jerusalem zu erobern, gelassen hätten. Man beschloss vielmehr, mit dem Weitermarsch nach Süden bis zum Frühjahr zu warten. In der Zwischenzeit schrieben sie an Papst Urban: Er möge doch kommen und den Befehl über die Streitkräfte der Kreuzfahrer übernehmen. Einige Historiker nehmen an, der Brief sei in der Erwartung geschrieben worden, dass der Papst nicht kommen würde. Doch mit diesem Schreiben und dem Warten auf Antwort sei Zeit geblieben, der Appell der Kreuzritter »gestattete es ihnen, die Entscheidung über das Schicksal Antiochias nochmals aufzuschieben«.[24]

Inzwischen hatte das Kreuzfahrerheer schwer zu leiden. Eine Seuche (vielleicht Typhus) brach aus,[25] es gab viele Tote. Die Vorräte gingen zu Ende, und die Kreuzfahrer schlachteten die Pferde, die ihnen noch verblieben waren, aßen »Blätter, Disteln und Leder«.[26] Wieder, wie in Nicäa, waren es vor allem die Armen, die verhungerten. Im Dezember bewaffnete sich, unter der Führung einiger verarmter Ritter, eine Gruppe von Armen mit den im Überfluss erbeuteten Waffen der Muslime. Sie bildete eine Kampfbrigade, die sogenannten »Tafurs«, religiöse Fanatiker, die zu allem fähig waren. Weil ihnen das Geld fehlte, um die knapp gewordenen Lebensmittel zu bezahlen, überfielen die Tafurs die muslimische Stadt Maarat an-Numan. Ein Massaker folgte, und einigen Berichten zufolge soll es zu Fällen von Kannibalismus gekommen sein.[27]

Endlich, im Februar, nahmen die Kreuzfahrer ihren Marsch nach Jerusalem wieder auf. Bohemund begleitete sie etwa 80 Kilometer weit bis nach Latakia, kehrte dann in gegenseitigem Einvernehmen zurück, um die Herrschaft über Antiochia anzutreten. Latakia war ein Hafen, und während die Kreuzfahrer weiter die Küste entlang zogen, erhielten sie mehrfach Nachschub von Flotten aus Genua, Pisa und sogar aus England. Die Schiffe kamen, weil ihre Eigentümer den Kreuzzug unterstützen wollten, ganz sicher aber auch, weil die Führer der Kreuzfahrer Geld hatten und gut bezahlten. Außerdem reisten mit jedem dieser Schiffe auch verspätete Kreuzfahrer mit; auch sie zahlten für die Überfahrt. Dafür, dass diese Schiffe Latakia überhaupt anlaufen konnten, sorgte die byzantinische Seemacht im östlichen Mittelmeer, außerdem gestattete Kaiser Alexios den europäischen Schiffen, byzantinische Häfen auf Zypern zu benutzen. Eine freundliche Geste, die aber konterkariert wurde durch einen Brief an den fatimidischen Hof in Kairo, mit dem sich Alexios von den Kreuzfahrern und ihrem Vormarsch auf Jerusalem distanzierte.[28] Als ihnen später Abschriften dieses Briefwechsels in die Hände fielen, waren die Kreuzfahrer außer sich über einen derartigen Verrat.

Schließlich, am 7. Juni 1099, standen die Kreuzfahrer vor den Toren Jerusalems.

JERUSALEM

Die Stadt Jerusalem war, wie Steven Runciman schreibt, »eine der großen Festungen der mittelalterlichen Welt ... Die Mauern waren in gutem Zustand« und wurden bewacht von »einer starken Besatzung aus arabischen und sudanesischen Truppen«.[29] Es waren also keine türkischen Truppen, denn ein Jahr bevor die Kreuzfahrer die Stadt erreichten, hatten die ägyptischen Fatimiden unter der Führung ihres Großwesirs Malik al-Afdal die Stadt den Türken wieder entrissen, indem er deren Schwäche nach ihrer Niederlage in Antiochia ausnutzte. Nachdem sich die Fatimiden die Herrschaft über die Stadt gesichert hatten, zog der Wesir zurück nach Kairo; als Statthalter setzte er Iftikhar ad Daula ein.

Als er erfuhr, dass die Kreuzfahrer auf die Stadt vorrückten, ließ Iftikhar alle Brunnen rund um Jerusalem verunreinigen oder zuschütten, das Vieh wegtreiben sowie Schleudern und andere Vorrichtungen zur Verteidigung der Stadt bauen. Außerdem vertrieb er die christliche Bevölkerung; eine kluge Entscheidung, denn die Christen befanden sich gegenüber den Muslimen in der Überzahl und waren, wie es Bohemund in Antiochia demonstriert hatte, dem Regime kaum treu ergeben. Außerdem sparte Iftikhar auf diese Weise Nahrungsmittel. Trotz aller Vorsichtsmaßnahmen glaubte er nicht, die Stadt lange verteidigen zu müssen, denn er erwartete die Ankunft einer großen Entlastungsarmee.

Das Kreuzfahrerheer, das zum Angriff auf Jerusalem aufmarschierte, zählte nur 1300 Ritter und etwa 10 000 Fußsoldaten,[30] das war ein Drittel der Kämpfer, die zwei Jahre zuvor Nicäa belagert hatten. Und wie zuvor auch lagen viele nichtkämpfende Kreuzfahrer vor der Stadt. Aber die Kreuzfahrer waren verhältnismäßig gut in Form, auf dem Marsch die Küste entlang waren sie gut versorgt, sie konnten sich Zeit lassen, legten am Tag nur rund 50 Kilometer zurück und nahmen sich ganze Tage zum Ausruhen.[31] Städte, in denen sie keine freundliche Aufnahme fanden, umgingen sie. Jetzt aber zählte die Zeit wieder, es wurde heiß, die Lebensmittel- und Wasservorräte gingen zur Neige.

Am 13. Juni gingen die Kreuzfahrer zum Angriff über. Zunächst, als sie die äußeren Verteidigungsanlagen durchbrachen, verlief alles nach Plan. Dann aber stellte sich heraus, dass sie nicht genügend Leitern hatten, um die Mauern zu überwinden, und sie wurden zurückgeschlagen. Diese Niederlage war ernst, denn es gab in der Gegend nichts, woraus sie hätten Leitern zimmern können, geschweige denn Belagerungsmaschinen wie beispielsweise transportable Türme. In diesem kritischen

Augenblick trafen sechs christliche Schiffe – zwei aus Genua und vier aus England – in Jaffa ein, etwa 40 Kilometer entfernt. Alle sechs hatten Nahrungsmittel an Bord, die Schiffe aus Genua sogar Seile, Nägel und Bolzen, das Material zum Bau von Belagerungsmaschinen.

Währenddessen machten sich Tankred und Robert von Flandern mit ihren Männern auf die Suche nach Holz, schafften Baumstämme und Planken herbei, die sie muslimische Gefangene schleppen ließen. Während der Arbeit an den Sturmleitern und zwei fahrbaren, mit Schleudern ausgerüsteten Holztürmen litten die Kreuzfahrer enorm unter Hitze und Durst: Sie mussten kleine Trupps zum Jordan schicken, um Wasser heranzuschaffen. Noch immer setzten sich Kreuzfahrer ab, denn manchen schien die Sache trotz der Leitern und des Belagerungsgeräts nicht zum Besten zu stehen, vor allem seitdem sie wussten, dass aus Ägypten ein großes Heer im Anmarsch war. Wieder suchte man die Lösung im Glauben.

Ein Priester hatte eine Vision: Die Kreuzfahrer würden siegen, sofern sie aufhörten zu streiten, fasteten und barfuss um Jerusalems Mauern herumgingen. Man glaubte dem Priester und seiner Prophezeiung, ein dreitägiges Fasten wurde angesetzt. Am 8. Juli 1099 fand die Prozession statt: Bischöfe, Kleriker, Fürsten, Ritter, Fußsoldaten und Nichtkämpfer – alle marschierten barfuß um die Stadt. Die muslimischen Bewohner Jerusalems drängten sich auf den Mauern und verhöhnten die Kreuzfahrer, diese aber »frohlockten über solchen Spott«.[32] Die Prozession endete auf dem Ölberg, wo Peter der Einsiedler (inzwischen wieder in Gnaden aufgenommen) eine leidenschaftliche Predigt hielt.

Die nächsten beiden Tage vergingen in hektischer Betriebsamkeit, die Belagerungstürme wurden fertiggestellt, alle notwendigen Vorbereitungen getroffen. In der Nacht vom 13. auf den 14. Juli wurden die Gräben um die Mauern an mehreren, weit auseinanderliegenden Stellen verfüllt, damit die Türme an die Mauern herangerollt werden konnten. Am Abend des 14. Juli gelang es Raimund von Aguilers' Männern, ihren Turm an der Südmauer zu platzieren. Trotz erbitterter Kämpfe konnten die Kreuzfahrer jedoch kein Stück der Mauerkrone erobern. Am nächsten Morgen konnten Gottfried von Bouillons Männer ihren Turm an die nördliche Mauer rollen. Gottfried soll auf der Spitze des Turms gestanden und mit seiner Armbrust geschossen haben.[33] Auch viele andere in seiner Schwadron werden Armbrüste eingesetzt haben (siehe Kap. 3), und es war wohl ihrem tödlichen Feuer zu verdanken, dass sie gegen Mittag ein Stück der Mauer in ihre Gewalt bekamen. Nun konnten Sturmleitern aufgerichtet werden, und eine starke Kreuzfahrertruppe erklomm die Mauer und kämpfte kurz darauf auf den Straßen. Die muslimischen Truppen wurden überwältigt, ein Massaker begann. Am Morgen des 16. Juli lagen die Straßen voller Leichen.

Das ist die Schreckensgeschichte, die immer wieder herangezogen wird, um die Kreuzfahrer zu verunglimpfen. Deswegen sollten wir kurz innehalten und die Sache unter verschiedenen Gesichtspunkten betrachten. Zunächst ist es nicht nur absurd, sondern oft auch etwas unredlich, ausgerechnet mit diesem Ereignis »beweisen« zu wollen, dass die Kreuzfahrer blutrünstige Barbaren waren: im Gegensatz zu den zivilisierten und toleranten Muslimen. Wir haben in den vorherigen Kapiteln gesehen, wie die Muslime Dutzende von Städten zerstörten und die Bevölkerung massakrierten, und den Kreuzfahrern war das bekannt. Zweitens war es nach dem damals für Belagerungskriege geltenden »Kriegsrecht« üblich, dass die Bevölkerung einer belagerten Stadt, wenn sie sich nicht ergab und die Angreifer zwang, die Stadt zu stürmen (was diese unweigerlich hohe Verluste kostete), mit einem Blutbad rechnen musste; nicht zuletzt sollte das als abschreckendes Beispiel für künftige Belagerungen dienen. Will sagen, hätten die Muslime Jerusalem am 13. Juni übergeben, als die Türme bereit waren und an die Mauern gerollt werden konnten, wäre es mit ziemlicher Sicherheit zu Verhandlungen gekommen, und das Massaker hätte verhindert werden können.

Ferner galt in der mittelalterlichen Kriegführung die Regel: »Dem Sieger die Beute.« Plündern und Beutemachen waren starke Motive in allen Armeen, besonders bei den einfachen Soldaten. Darum wurden in Kapitulationsvereinbarungen mit Städten immer beträchtliche Abgaben und Zahlungen erzwungen, die anschließend verteilt wurden. Wenn aber Städte erstürmt wurden, dann verschaffte sich jeder seine Beute durch Plünderungen auf eigene Faust. »Paläste und andere Gebäude«, so Guibert von Nogent über die Plünderung Jerusalems, »lagen offen, und Silber, Gold und seidene Gewänder wurden erbeutet ... und in den Häusern fanden sie Nahrung im Überfluss. Das war recht und billig für Gottes Armee, dass die feinsten Dinge, die sich jedem Mann anboten, gleichgültig wie arm er war, sein Eigentum wurden, ohne Zweifel und Anfechtung und ohne Rücksicht auf die gesellschaftliche Stellung desjenigen, der zuerst seine Hand auf sie legte.«[34] Hatten die Soldaten aber einmal mit dem Plündern begonnen, waren sie oft nicht mehr zu halten. Sie gerieten, wie Guibert berichtet, »außer sich«, und ein wahlloses Töten begann. Bald lag die Stadt »so voller Leichen, dass die Franken sich nicht bewegen konnten, ohne auf Tote zu treten«. Gefangene mussten die Toten aus der Stadt herausschaffen, sie zu hohen Haufen schichten und verbrennen. So »zahlte Gott es ihnen zurück … und übte Vergeltung an ihnen für ihre hinterhältigen Verbrechen«.[35]

Natürlich war es ein grausames und blutiges Zeitalter, aber man gewinnt nichts, weder moralisch noch historisch, wenn man in anachronistischer Manier die Genfer Konvention auf diese Zeiten anwendet. Außerdem haben die Quellen sicher übertrieben: Dort ist immer wieder von Heeren mit fast einer Million Soldaten die Rede, von Schlachten mit Hunderttausenden von Toten. Kein vernünftiger Mensch wird Raimund von Aguilers' Bericht, dass »die Männer bis zu ihren Knien und Zügeln in einem Meer von Blut ritten«, wörtlich nehmen.[36] Wahrscheinlich gingen auch in dieser Situation, wie John France meint, die Sieger »nicht weit über die Praxis hinaus, die gewöhnlich erfolgte, wenn eine Stadt Widerstand geleistet hatte«.[37]

Vor allem ist Vorsicht angebracht, wenn behauptet wird, dass die Jerusalemer Juden, die sich in ihre größte Synagoge flüchteten, umkamen, als wütende Kreuzfahrer das Gebäude niederbrannten. Das ist ein bei Leuten, die die Kreuzzüge verurteilen, beliebtes Beispiel; ich bin schon in einer früheren Arbeit über antisemitische Gewaltausbrüche darauf eingegangen.[38] Auf den ersten Blick mag die Geschichte plausibel erscheinen. Doch verbündeten sich Juden im Heiligen Land, wie schon erwähnt, häufig mit den Muslimen gegen die Christen. In diesem Fall kämpften Juden sowohl in Iftikhars regulären Streitkräften als auch in der städtischen Miliz.[39] Darum kann man kaum erwarten, dass Juden anders behandelt wurden als Muslime. Wer sich in eine Synagoge flüchtete, war ebenso in Gefahr wie Flüchtlinge in Moscheen. Andererseits ist natürlich nicht zu bestreiten, dass der Antisemitismus unter Kreuzfahrern verbreitet war.

Dennoch gibt es glaubwürdige Hinweise, dass die meisten Juden verschont wurden; die Geschichte, alle Juden seien bei lebendigem Leibe verbrannt worden, kann durchaus falsch sein. In einigen christlichen Chroniken ist davon die Rede, dass Juden gefangen genommen wurden und die Leichen aus der Stadt schaffen mussten, der israelische Historiker Moshe Gil beispielsweise ist dieser Auffassung.[40] In einem der berühmten hebräisch geschriebenen Briefe, die 1952 in einer Kairoer Genisa gefunden wurden, haben führende Mitglieder der jüdischen Gemeinde zur Unterstützung für Juden aufgerufen, die während der Eroberung Jerusalems in Gefangenschaft gerieten und für die Lösegeld verlangt wurde.[41] Es könnte also durchaus sein, dass einige Juden umkamen, als ihre Synagoge niedergebrannt wurde, aber nicht alle Juden in der Synagoge Schutz suchten und darum gefangen genommen wurden.

Obwohl es mehrere Jahre dauerte und etlichen Tausend Menschen das Leben kostete, bis Jerusalem eingenommen war, fängt die Geschichte in mancher Hinsicht erst mit der Eroberung an. Das nächste Kapitel begann bereits drei Wochen später, als nämlich die neue Armee der Fatimiden aus Kairo eintraf.

ASKALON

Als al-Afdal, der Großwesir des fatimidischen Kalifen von Ägypten, hörte, dass die Kreuzfahrer nach Antiochia vorrückten, hielt er diese für byzantinische Söldner, die ihm möglicherweise als Verbündete gegen die Seldschuken dienen könnten. Kaiser Alexios widersprach diesem Eindruck nicht und suchte die Kreuzfahrer sogar zu überreden, mit den Fatimiden zu verhandeln. Schließlich musste al-Afdal erkennen, dass die Kreuzfahrer eigene Absichten hatten, und unternahm gewaltige Anstrengungen, um eine große Streitmacht aufzustellen. Es war zu spät, um Jerusalem zu retten, aber nicht, um es für die Fatimiden zurückzuerobern.

Ein Teil von al-Afdals Armee marschierte durch die Wüste des Sinai nach Palästina, ein anderer segelte mit al-Afdal nach Askalon, etwa 80 Kilometer südwestlich von Jerusalem. Dort schloss sich ihm die restliche Armee an, ebenso etliche Aufgebote verschiedener Beduinenstämme. Die Kreuzfahrer waren durch Spione und Kundschafter über diese Entwicklung unterrichtet; in jedem Fall haben sie von dieser Bedrohung erfahren, als al-Afdal ihnen eine Botschaft sandte und Verhandlungen anbot. Die Kreuzfahrer gingen nicht darauf ein, ließen ihre Nichtkämpfer unter dem Schutz einer kleinen Besatzung in Jerusalem zurück und marschierten nach Askalon. Peter der Einsiedler durfte sich dem Heerzug mit dem Auftrag anschließen, immer wieder Gottesdienste abzuhalten und für den Sieg zu beten. Zu diesem Zeitpunkt kann das Kreuzfahrerheer nicht mehr als 10 000 Mann stark gewesen sein, al-Afdal dagegen verfügte wahrscheinlich über etwa 20 000 Soldaten.[42]

Am 11. August standen die Kreuzfahrer im Norden von Askalon und entdeckten riesige Herden, die offenbar für das muslimische Heer bestimmt waren. Sie nahmen die Tiere und ruhten sich in der Nacht aus. Am frühen Morgen stellten sie ihre Reihen auf und rückten zu al-Afdals Lager vor. Und was nun folgte, hat niemand für möglich gehalten: Der Feind war völlig unvorbereitet, und die Kreuzfahrer konnten das Lager in einem Überraschungsangriff nehmen. Wieder hatte es ein hochmütiger muslimischer Befehlshaber nicht für nötig befunden, Wachposten aufzustellen, geschweige denn Kundschafter auszuschicken. Die Muslime leisteten kaum nennenswerten Widerstand und liefen um ihr Leben, doch nur wenige kamen davon. Der Wesir konnte mit einigen Offizieren über das Mittelmeer nach Ägypten fliehen.

Die Beute, die den Kreuzfahrern in die Hände fiel, erscheint unvorstellbar, nicht nur wegen ihres Umfangs, sondern man fragt sich auch, warum solche Schätze auf einen Feldzug mitgenommen wurden: »Goldbarren und Edelsteine wurden in gewaltigen Mengen im Gepäck der Ägypter gefunden.«[43]

SCHLUSS

Was auf jenem Acker bei Clermont mit Papst Urbans Aufruf in Gang gesetzt wurde, war nun geschehen. Gottes Bataillone hatten gesiegt, die Ungläubigen waren aus Jerusalem vertrieben. Gleich danach machten sich viele Kreuzfahrer auf den Heimweg, sie waren viel länger unterwegs gewesen als erwartet. Innerhalb weniger

Monate ist die Zahl der im Heiligen Land verbliebenen Kreuzfahrer auf vielleicht nicht mehr als 300 Ritter und eine unbekannte, aber keineswegs große Truppe von Fußsoldaten zusammengeschrumpft. Das war eine gefährliche Entwicklung, denn es war davon auszugehen, dass die Muslime zurückkehren würden. Das Heilige Land blieb umzingelt von der großen muslimischen Welt. Niemand hatte sich zuvor Gedanken darüber gemacht, was mit einem befreiten Jerusalem geschehen sollte; die Christen Europas hatten angenommen, dass die Byzantiner die Führung übernehmen würden. Daran glaubte inzwischen niemand mehr. So stellte sich nun die Frage, die die führenden Kreuzritter die letzten Jahre beschäftigt hatte, in aller Dringlichkeit: Wie kann unser wundersamer Erfolg gesichert werden?

Kapitel acht

DIE KREUZFAHRER-STAATEN

Zur Verteidigung der Kreuzfahrerstaaten mit den wenigen verbliebenen Rittern bauten die Orden der Tempelritter und der Johanniter mächtige Festungen wie das hier abgebildete Krak des Chevaliers. © DeA Picture Library / Art Resource, NY.

Als die Kreuzritter nach Osten aufbrachen, machten sie sich keine Gedanken, was mit dem Heiligen Land geschehen sollte, wenn es wieder in christlicher Hand sein würde. Sie nahmen an, es werde wieder Teil des Byzantinischen Reichs; man dachte ja auch, Alexios Komnenos werde die Führung des heiligen Kriegs übernehmen. Aber der Kaiser dachte nicht daran. Die Kreuzfahrer betrachteten ihn als Schwindler und Betrüger, der sie wiederholt verraten hatte. Ganz offensichtlich hatte Alexios kein Interesse an der Verteidigung des Heiligen Landes und hätte es den Muslimen gern überlassen, sofern sich ein günstiger Vertrag aushandeln ließ. Sollten die Siege der Kreuzfahrer dauerhaft gesichert werden, musste also eine Anzahl von ihnen im Orient bleiben, auch wenn sich ihre Reihen sehr gelichtet hatten, weil viele ihrer Kampfgefährten in die Heimat zurückkehrten. Die Lösung war, einen dauerhaften Staat zu gründen, der von Christen regiert und verteidigt wurde. Das geschah 1099 mit der Gründung des Königreichs Jerusalem, auch »Outremer« genannt, nach dem französischen Wort für »jenseits des Meeres«.

Das Königreich umfasste im Wesentlichen das Gebiet des alten Palästina (siehe Karte S. 233). Geschaffen und regiert wurde es von Gottfried von Bouillon, unter dessen Führung die Kreuzfahrer Jerusalem erobert und die zu seiner Rückeroberung entsandte ägyptische Armee geschlagen hatten. Gottfried aber wollte sich nicht zum

König krönen lassen: Er könne keine »goldene Königskrone« tragen, dort, wo Christus eine Dornenkrone getragen habe.[1] Stattdessen gab er sich den Titel »Verteidiger des Heiligen Grabes«.

Neben dem Königreich Jerusalem gab es drei weitere kleinere Staaten: die Grafschaft Edessa, die nach ihrer größten Stadt benannt wurde (und der einzige Kreuzfahrerstaat ohne Zugang zum Meer), das Fürstentum Antiochia, ein Gebiet um die Stadt in der heutigen Südtürkei, und südlich davon schließlich die Grafschaft Tripolis, genannt nach der libanesischen Küstenstadt. Um sich ein Bild zu machen, muss man bedenken, dass diese »Städte« sehr klein waren. Antiochia mit 40 000 Einwohnern war die bei weitem größte in diesem Gebiet; Edessa hatte ungefähr 24 000, Tripoli 8000, Jerusalem nur etwa 10 000 Einwohner.[2]

Die Gründung von Edessa und Antiochia wurden im letzten Kapitel dargestellt. Balduin von Boulogne kam 1098 in Edessa an die Macht, nachdem er mit einer kleinen Streitmacht dorthin gezogen war, während der Hauptteil des Kreuzfahrerheers gegen Antiochia zog. Als sein Bruder Gottfried im Jahr 1100 starb, wurde er König von Jerusalem, und Edessa wurde ein Vasallenstaat des Königreichs Jerusalem. Edessa war der erste Kreuzfahrerstaat und auch der erste, der von den Muslimen zurückerobert wurde: im Jahr 1144.

In dem Jahr, in dem Balduin seine Regentschaft in Edessa antrat, wurde Bohemund von Tarent Fürst von Antiochia; er hatte den Verrat arrangiert, der es den Kreuzfahrern ermöglicht, durch ein unverschlossen gebliebenes Tor in die Stadt einzudringen und sie zu erobern; anschließend hatte er deren erfolgreiche Verteidi-

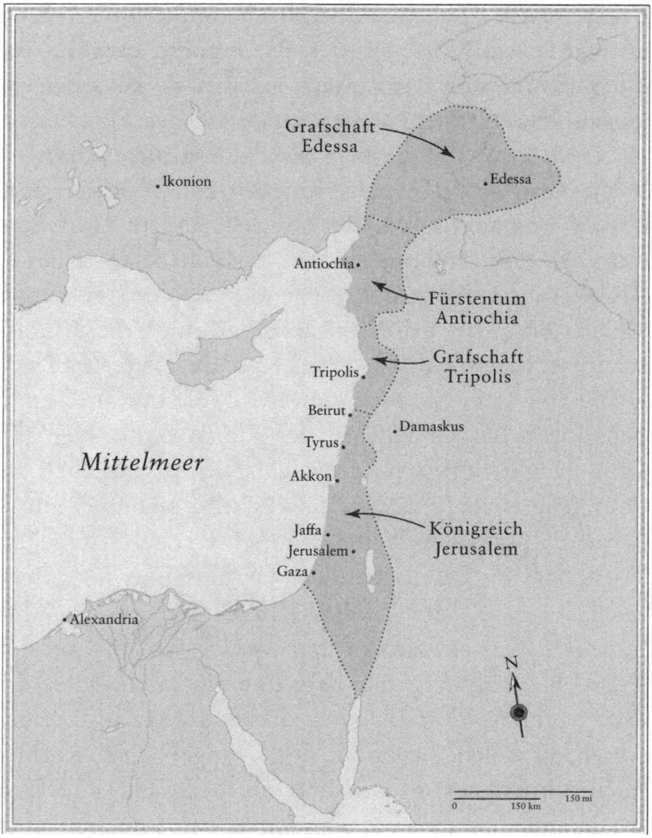

Die Kreuzfahrerstaaten

gung gegen einen übermächtigen Feind organisiert. Die anderen führenden Kreuzritter akzeptierten schließlich Bohemunds Entscheidung, in Antiochia zu bleiben, denn »jemand musste die Nachschublinien zurück nach Kleinasien und zu christlichem Gebiet verteidigen«,[3] eine Aufgabe, die man auf keinen Fall Kaiser Alexios und den byzantinischen Soldaten überlassen konnte. Von Anfang an wurde Antiochia von den Byzantinern bedroht, die die Stadt für sich beanspruchten, aber sie bekamen sie nie zurück. Antiochia blieb unabhängiges Fürstentum bis 1119, als es Teil des Königreichs Jerusalem wurde.

Die Grafschaft Tripolis war der zuletzt gegründete Kreuzfahrerstaat – im Jahr 1102, nachdem Graf Raimund IV. von Toulouse die Hafenstadt belagert hatte. Als Raimund 1105 überraschend starb, ließ er seinen kleinen Sohn als Erben zurück, und auch diese Grafschaft wurde Vasallenstaat des Königreichs Jerusalem.

Die drei kleineren Staaten werden hier nur am Rande behandelt; die Geschichte der Christen im Heiligen Land nach dem Ersten Kreuzzug ist im Wesentlichen die des Königreichs Jerusalem. Sie erstreckt sich über annähernd 200 Jahre. In diesem Kapitel werden Geschichte, Wirtschaft und gesellschaftliche Organisation des Königreichs in den ersten beiden Jahrzehnten des 12. Jahrhunderts kurz skizziert. Dann werden wir uns mit der These beschäftigen, die Kreuzfahrerstaaten seien die erste Manifestation des europäischen Kolonialismus gewesen, als welche sie die Muslime – angeblich zu Recht – noch immer in Harnisch brächte. Unbestritten waren die Kreuzfahrerstaaten, was immer sie sonst gewesen sein mögen, zunächst und während ihrer Dauer umkämpfte Enklaven in einer großen, militanten und mächtigen muslimischen Welt. Auch im Königreich Jerusalem gab es stets befestigte muslimische Städte, die feindliche Außenposten blieben, Basis für Überfälle auf kleine Siedlungen und Reisende – besonders auf christliche Pilger. Daher war die Verteidigung die größte Sorge der Herrscher des Königreichs. Der letzte Teil des Kapitels wird sich mit der Gründung zweier Ritterorden beschäftigen, deren Ordenszweck die Verteidigung des Heiligen Landes war.

DAS KÖNIGREICH JERUSALEM

Geografisch war es ein Landstreifen entlang der Mittelmeerküste, dessen östliche Grenze selten über 80 Kilometer vom Meer entfernt war. Seine wichtigsten Städte, mit Ausnahme von Jerusalem, waren Hafenstädte. Die Küstenebene war über weite Strecken Wüste, Landwirtschaft gab es dort nur wenig, doch sie diente über Jahrhunderte als bedeutende Karawanenroute. Hinter der Ebene erheben sich Gebirgsketten, und zwischen diesen, im Jordantal, lag das meiste gute Ackerland. Da das Königreich Jerusalem so schmal war und weil im Osten und Süden bevölkerungsreiche muslimische Länder angrenzten, mussten sich alle vier Kreuzfahrerstaaten als »Garnisonsstaaten« organisieren.[4]

Die Gründung des Königreichs Jerusalem war ein Gebot der Stunde, denn die verbliebenen Kreuzfahrer fühlten sich unsicher, als die Kreuzritter samt Gefolgschaften massenweise die Heimreise antraten. Fulcher von Chartres berichtet: »Denn wir hatten zu jener Zeit [nach der Eroberung Jerusalems] kaum mehr als dreihundert Ritter und ebensowenig Fußvolk, um Jerusalem ... zu verteidigen. Wir trauten uns fast nicht, unsere Ritter zusammenzurufen, wenn wir eine Heldentat gegen unsere Feinde im Schilde führen wollten. Wir fürchteten förmlich, daß sie in der Zwischenzeit unseren verlassenen Befestigungen Schaden zufügen könnten.«[5] In diesen

Zahlen sind die in den anderen drei Kreuzfahrerstaaten verfügbaren Truppen nicht enthalten, aber sehr viel mehr werden es auch dort nicht gewesen sein. Das Erstaunlichste aber ist, dass in dieser ganzen Zeit die Kreuzfahrerstaaten nicht sofort von muslimischen Armeen zurückerobert wurden.

Die Massen der Abreisenden wurden zu einem gravierenden Problem für die Verteidigung des Heiligen Landes. Die Historiker aber fragten sich: Wer blieb und warum?

Ebenso wie schon der Eintritt in die Reihen der Kreuzzüge, so war auch das Bleiben im Heiligen Land ein familiales Netzwerkphänomen, das heißt, es blieben nicht einzelne versprengte Kreuzfahrer zurück, sondern überwiegend Angehörige einer ganzen *domus*, einer Hausgenossenschaft von Adligen, Rittern und Dienstleuten, die zum Gefolge eines Kreuzzugsführers wie beispielsweise Gottfried von Bouillon gehörten. Als sich nämlich dieser zum Bleiben entschloss, blieb auch seine gesamte Hausgenossenschaft in Jerusalem, wie diese als Ganze mit ihm zum Kreuzzug aufgebrochen war. Viele, die die These vertreten, die Kreuzfahrerstaaten seien Kolonien gewesen, unterstellen, es hätten sich die armen Landlosen, die im heimatlichen Europa wenig zu erwarten hatten, zum Bleiben im Heiligen Land entschlossen. Aber aufgrund von Jonathan Riley-Smiths sorgfältiger »Volkszählung« wissen wir, das solche wichtigen Entscheidungen wie das Bleiben vor Ort vom jeweiligen Oberhaupt der Hausgenossenschaften getroffen wurden, eben von »reichen Männern, die es sich leisten konnten, im Osten zu bleiben«.[6] Was die Gründe ihres Bleibens betraf, so kommt Riley-Smith zu dem Ergebnis, dass die meisten es aus »Idealismus« taten oder im Fall der Gefolgschaft wegen ihrer Abhängigkeit aufgrund »des engen emotionalen Bandes zwischen Herrn und Vasall, zwischen Patron und Klient«.[7]

Das erklärt auch, warum die Regierung des Königreichs auf dem europäischen Feudalsystem beruhte, das alle kannten und akzeptierten. Gottfried hat seine Schutzbefohlenen sofort belehnt, was diese verpflichtete, eine bestimmte Anzahl von Rittern und Fußsoldaten zur Verteidigung des Königreichs zu stellen – das war die Grundlage des Feudalismus, doch gab es einen wesentlichen Unterschied. Die Basis des europäischen Feudalismus war das landwirtschaftlich nutzbare Land, und mit den Erträgen des Ackerbaus wurden die Rechnungen bezahlt. Im Königreich Jerusalem gab es jedoch sehr wenig Ackerland, und der Adel konnte sich nicht wie in Europa auf seinen »Gütern« etablieren, auch Herrenhäuser »gab es nicht im Königreich«.[8] Stattdessen waren die »meisten Ritter lediglich bezahlte Krieger«[9] und schlecht bezahlte noch dazu. Der durchschnittliche Sold eines Ritters reichte kaum aus, um die Kosten für Pferde und die notwendigen Dienstleute zu decken. Weil sie ihr Einkommen nicht aus Landgütern bezogen, lebten die Ritter und Adligen lieber in den Städten, so wie es auch alle anderen taten. Für die damalige Zeit war das Königreich bemerkenswert urban: Jerusalem, Antiochia und Edessa waren fast so groß wie Paris oder Venedig, größer als London oder Rom.[10] Auch Akko, Jaffa, Sidon, Gaza und Tyrus waren verhältnismäßig große Städte.

Gottfried lebte gerade lange genug, um eine Feudalordnung in seinem Königreich aufzubauen. Er starb am

18. Juli 1100, ein Jahr und drei Tage nach seinem Sieg in Jerusalem. Balduin wurde aus Edessa herbeigerufen, um die Stellung seines Bruders zu übernehmen; seine Krönung zum König von Jerusalem fand Weihnachten 1100 in Bethlehem statt. Graf von Edessa wurde sein Vetter Balduin von Bourcq, die Grafschaft wurde danach zu einem Lehen des Königreichs Jerusalem erklärt. Balduin war der eigentliche Gründer des Königreichs, und er hat es beträchtlich vergrößert. Mit Hilfe eines gerade eingetroffenen Aufgebots norwegischer Kreuzritter unter Führung von Magnus Barfuß eroberte er bedeutende Hafenstädte wie Akko, Beirut und Sidon, so dass das Königreich Jerusalem Handelsbeziehungen mit Genua, Pisa und Venedig aufnehmen konnte.

Die wichtigste Einnahmequelle blieben die Pilger, die zeitweise auch bei der Verteidigung der Stadt halfen.[11] Weitere Einnahmen verschaffte man sich mit Steuern, die von den großen muslimischen Karawanen auf der Küstenroute von Arabien und Ägypten nach Damaskus erhoben wurden. Zu diesem Zweck errichtete man entlang der Karawanenstraße mehrere große Burgen, darunter die berühmte Kreuzfahrerburg Montreal. Da das Königreich während seiner ganzen Geschichte ständig Kriege führte, waren Beutezüge zu einem wichtigen Wirtschaftsfaktor geworden.[12] Ende des 12. Jahrhunderts wurde auch der Gewürzhandel, der über die Häfen des Königreichs nach Italien führte, zu einer ergiebigen Einnahmequelle. In der Anfangszeit aber lebten die Herrscher des Königreichs und ihre Dienstleute hauptsächlich von ihren europäischen Besitzungen. Und als Balduins Mittel zur Neige gingen, heiratete er eine reiche Witwe aus Sizilien, die »einen großen Schatz an Geld,

Waffen und Vorräten« in die Ehe brachte.[13] Insgesamt konnte das Königreich nur in christlichen Händen bleiben, wenn es durch Gelder aus Europa unterstützt wurde, zum Beispiel durch spezielle Kreuzzugssteuern (siehe Kapitel 10).

Als König Balduin I. im Jahr 1118 während eines Feldzugs gegen Ägypten starb, wandten sich die Barone wegen eines neuen Königs noch einmal nach Edessa, und Balduin von Bourcq wurde als Balduin II. gekrönt. Er regierte dreizehn Jahre und eroberte die Stadt Tyrus für das Königreich.

1144 schlugen die Muslime zurück; Imad ad-Din Zengi gelang es, die Stadt Edessa zu erobern, der westlich des Euphrat gelegene Teil der Grafschaft aber blieb in christlicher Hand. Zwei Jahre später, nachdem Zangi gestorben war, eroberten christliche Truppen die Stadt zurück, bis sie kurz darauf erneut an die Muslime fiel. Auch als Reaktion auf diesen Einfall von Muslimen war inzwischen der Zweite Kreuzzug ausgerufen worden, und ein großes Heer sammelte sich, das von den Königen Ludwig VII. von Frankreich und Konrad III. von Deutschland geführt wurde (mit dieser Geschichte werden wir uns in Kapitel 9 beschäftigen).

Dem Königreich Jerusalem standen nicht nur sehr wenige kampffähige Männer zur Verfügung, auch die christliche Bevölkerung war eine Minderheit: Rechnet man die nicht wehrfähigen Verwandten hinzu, kann die in den Kreuzfahrerstaaten lebende »fränkische Oberklasse ... nur zwischen zweitausend und dreitausend erwachsene Angehörige umfaßt haben«.[14] Manche kamen erst nach der Eroberung Jerusalems als Pilger, andere waren Kinder und Enkel der ersten Kreuzfahrer – sogenannte *pullani*.[15] Mit der Zeit verstanden sich diese Familien als »Orientalen«. Fulcher von Chartres, der Kaplan Balduins von Boulogne, schreibt um 1124:

> Denn wir, die wir Abendländer waren, sind nun Orientalen geworden. Einer, der Römer oder ein Franke war, wurde in diesem Land zu einem Galiläer oder Palästinenser. Einer, der aus Reims oder Chartres stammte, ist nun ein Bürger von Tyrus oder Antiochia geworden. Wir haben unseren Geburtsort bereits vergessen; schon kennen ihn viele von uns nicht mehr oder er wird nicht mehr erwähnt. ... Einige besitzen bereits ein Heim oder einen Hausstand aufgrund einer Erbschaft. Einige haben Frauen nicht nur aus ihrem eigenen Volk genommen, sondern Syrerinnen oder Armenierinnen oder gar Sarazeninnen, welche das Sakrament der Taufe empfangen haben.[16]

Alle sprächen sie jetzt Griechisch, berichtet Fulcher, manche auch Arabisch. So wurde viel versucht, Siedler aus Europa anzulocken, aber es kamen nur wenige. Diejenigen, die selbst noch aus Europa gekommen waren, bildeten unter den Einwohnern des Königreichs nur noch eine verschwindend kleine Minderheit. Sehr viel zahlreicher waren die orientalischen Christen, nicht nur die Griechisch-Orthodoxen, sondern auch Jakobiten, Maroniten, Nestorianer, Kopten und Armenier.[17] Andere Bewohner des Königreichs waren Juden, die große Mehrheit jedoch bildeten Muslime: Sunniten und Schiiten. Natürlich variierte die Zusammensetzung der Bevölkerung in den einzelnen Gebieten.[18]

Zwar gab es, wie schon erwähnt, muslimische Enklaven, die weiterhin Christen überfielen und ausraubten; die meisten Muslime jedoch waren Bauern, die den Berichten zufolge mit der christlichen Herrschaft ganz zufrieden waren. Die Christen wollten kein Land, ließen ihnen Äcker und Vieh. Außerdem mussten sie weniger Steuern zahlen als ihre Landsleute in den angrenzenden muslimischen Staaten. Und schließlich tolerierten die christlichen Herrscher ihre Religion und machten keine Anstalten, sie zu ihrem Glauben zu bekehren.[19] (So viel zu der Behauptung unserer Tage, die Kreuzfahrer seien auf der Suche nach Konvertiten und neuen religiösen »Märkten« gewesen.) Anerkannt wurde nicht zuletzt, dass die Christen in der Rechtsprechung »Gerechtigkeit walten ließen«.[20] Jedenfalls ein muslimischer Pilger, der auf seiner Rückreise von Mekka nach Spanien durch das Königreich kam, schrieb: Die Muslime dort lebten »sehr bequem unter den Franken, möge uns Allah vor einer solchen Versuchung bewahren. ... Sie sind Herren in ihren Häusern und verwalten sich selbst, so wie sie es wünschen. Das ist so im ganzen Gebiet, das von den Franken besetzt ist.«[21]

GAB ES KREUZFAHRERKOLONIEN?

Kolonialismus heißt, dass eine Gesellschaft von einer anderen ausgebeutet wird, dass die stärkere die schwächere Gesellschaft einem ungerechten wirtschaftlichen System unterwirft und sich so auf Kosten der schwächeren bereichert. Die stärkere Nation stellt diesen Zustand her, indem sie direkte politische Macht über ihre Kolonie ausübt, deshalb gibt es in der Kolonie eine herrschende Klasse, Angehörige der kolonisierenden Gesellschaft.[22] Das ist die Definition des Begriffs Kolonialismus, die viele moderne Autoren ihrer Behauptung zugrunde legen, die Kreuzfahrerstaaten seien die ersten westlichen Kolonien gewesen.

Viele Historiker, die die Kreuzfahrerstaaten systematisch als »Kolonien« und die Christen, die im Heiligen Land blieben, als »Kolonisten« bezeichnen, scheinen sich über die negativen politischen Implikationen dieser Begriffe nicht im Klaren zu sein. Diese Bezeichnungen scheinen für sie das Gleiche zu bedeuten wie *Siedlungen* und *Siedler*. Auch Joshua Prawer (1917–1990), der als einer der bedeutendsten Verfechter der Kolonialismusthese gilt, lässt nirgendwo erkennen, dass es sich um Kolonien im oben definierten Sinne handelte, wie er auch heute in den einschlägigen ökonomischen und politischen Diskursen verwendet wird.[23] Mit dem Begriff *Kolonialismus* wollte Prawer offenbar nur zum Ausdruck bringen, dass die Kreuzfahrerstaaten von Menschen regiert wurden, die eine andere Kultur hatten als die Herrscher vor ihnen und als die Mehrheit der Bewohner – dass also die Herrscher Abendländer waren, die Bevölkerung dagegen aus Orientalen bestand, seien das nun Christen oder mehrheitlich Muslime. Wenn allein diese Tatsache die Bezeichnung *Kolonie* rechtfertigt, dann wäre jedwede Eroberung eine »Kolonie«, und die Kreuzfahrer hätten folglich nichts anderes getan, als sich einer »Kolonie« der Türken (da auch diese eine herrschende Minderheit waren) zu bemächtigen.

Es ist absurd, die Kreuzfahrerstaaten als Kolonien im herkömmlichen Sinn zu bezeichnen, was Prawer wohl auch fern lag. Politisch waren diese Staaten völlig unabhängig von irgendeiner europäischen Regierung. Und was die wirtschaftliche Ausbeutung angeht, so könnte man eher in Europa eine Kolonie des Heiligen Landes sehen, weil Geld- und materielle Hilfsmittel von Westen nach Osten flossen und nicht umgekehrt!

DIE RITTERORDEN

Wegen der von den Kreuzfahrern nicht kontrollierten muslimischen Festungen im Königreich blieb es eine gefährliche Gegend, besonders entlang der Straßen, die die Pilger benutzen mussten, um nach Jerusalem zu kommen. Einer der aus Norwegen kam, schreibt, die Straße vom Hafen von Jaffa nach Jerusalem war »sehr gefährlich. Denn die Sarazenen, die den Christen immer Fallen stellen, verstecken sich in den Bergen, in Höhlen und zwischen Felsen und halten Tag und Nacht Ausschau, vor allem nach vereinzelten Leuten oder Nachzüglern, die sie leicht angreifen können. ... Auf dieser Straße sind nicht nur die Armen und Schwachen, sondern auch die Reichen und Starken in Gefahr.«[24] Und der Prior eines russischen Klosters bestätigt, dass auf dieser Straße »die Sarazenen die Pilger auf ihrem Weg bedrängen und töten«.[25]

Es war eben das chronische Problem: der akute Mangel an wehrfähigen Männern. Und es war diese Situation »endemischer Unsicherheit«,[26] die zum Entstehen neuartiger Mönchsorden führte: der geistlichen Ritterorden.

TEMPELRITTER

Ostern 1119 überfielen Muslime aus Tyrus eine größere Gruppe von Pilgern; 300 wurden ermordet, 60 in die Sklaverei verschleppt.[27] Möglicherweise als unmittelbare Reaktion auf dieses Massaker schlugen zwei Teilnehmer des Ersten Kreuzzugs, die fränkischen Ritter Hugo von Payns und sein Verwandter Gottfried von Saint-Omer, die Gründung eines Ordens zum Schutz der Pilger vor. So könnte die Geschichte der Tempelritter begonnen haben. Nach einem anderen Bericht jedoch zog »Hou[g] de Payn« zu Beginn der Regierung Balduins II. mit 30 Rittern nach Jerusalem; sie hatten geschworen, drei Jahre lang für das Königreich zu kämpfen und dann in ein Kloster zu gehen. Er und seine Ritter erwiesen sich als so großartige Kämpfer, dass ihnen Balduin nach dem Osterdesaster das Kloster ausredete und sie für den Schutz der Pilger gewann. Als Unterkunft überließ er ihnen einen Flügel seines Palastes, des sogenannten Hauses Salomon (das Gebäude lag dort, wo der Tempel Salomons gestanden haben soll) und die Steuereinnahmen einiger Dörfer zu ihrem Unterhalt.

Sicher ist, dass Hugo von Payns und seine Ritter (die Quellen nennen neun bis 30), als sie um 1119 in Balduins Dienste traten, noch kein Orden waren, weder ein militärischer noch sonst irgendeiner. Doch hat es offenbar nicht lange gedauert, bis sie sich als Orden zu betrachten und ihr Domizil als den »Tempel« zu bezeichnen begannen. Aber sie hatten sich keine Regeln gegeben, sie waren auch von der Kirche nicht offiziell anerkannt; aber sie hatten bereits einige Förderer: 1121 bekamen sie vom Grafen Fulko V. von Anjou »eine jährliche Zahlung von 30 Anjoulivres«.[28] Es gibt aus dieser Zeit noch weitere Hinweise auf beträchtliche Schenkungen und Beihilfen. Dann verließ Hugo von Payns Jerusalem und reiste zurück nach Europa, um neue Mitglieder zu werben und sich vor allem aber um die offizielle Anerkennung der Templer als Orden zu bemühen, der sich dem im Grunde widersprüchlichen Konzept des Mönchsritters verpflichtet hatte.

Zu seinem Glück konnte er die Unterstützung eines der mächtigsten Männer Europas gewinnen: nämlich die Gunst Bernhards von Clairvaux.[29] Er war das Oberhaupt des schnell wachsenden Zisterzienserordens und der bedeutendste Theologe seiner Zeit, dessen Ansehen so groß war, dass er öffentlich Erzbischöfe, Päpste und Könige tadeln konnte, ohne Repressalien befürchten zu müssen. So schrieb er eine lange Abhandlung über die Pflichten des Papstes.[30]

Bernhard entstammte einer adligen Familie und wurde entsprechend zum Ritter erzogen, er schlug aber mit 22 Jahren eine kirchliche Laufbahn ein. Seine ritterliche Herkunft zeigte sich deutlich in der militärischen Struktur, die er für die Zisterzienser schuf. Er war auch einer der ersten und kompromisslosen Befürworter des Rittertums; man vermutet, dass er das Modell für den legendären Sir Galahad war.[31] Vermutlich niemand in Europa wäre bereitwilliger auf den Vorschlag eingegangen, einen ritterlichen Mönchsorden zu gründen; Bernhard jedenfalls tat sofort, was notwendig war. Zunächst verfasste er die Ordenregel; mit 72 Artikeln ging sie, wie die meisten Ordensregeln, sehr ins Detail. Vorgeschrieben wurden darin neben den Zeiten für Gebete und Gottesdienste die Verpflichtung der Mitglieder nicht nur zur Keuschheit, sondern auch zur Enthaltung aller »Reminiszenzen an vergangene sexuelle Eroberungen«.[32] Ferner enthielt sie Bestimmungen für den Speisenplan (dreimal die Woche durfte Schweinefleisch gegessen werden), die Kleidung (die Ritter sollten weiße Umhänge tragen, das rote Kreuz kam später darauf) und maßvolles Verhalten (kein Gold- oder Silberschmuck auf den Rüstungen); jeder Ritter musste sich auf drei Pferde und einen Knappen beschränken. Bernhard von Clairvaux bereitete 1128 ein Konzil in Troyes vor, auf dem die Ordensregel angenommen und der Orden als *Arme Ritterschaft Christi und des salomonischen Tempels zu Jerusalem* von der Kirche offiziell anerkannt wurde, der bald Orden der Tempelritter oder Templer hieß.

Im Unterschied zu anderen religiösen Orden nahmen die Templer keine jungen Männer auf, nur lebenserfahrene Ritter konnten eintreten.[33] Der Ritterorden nahm aber auch nichtadlige oder nicht zum Ritter ausgebildete Männer auf, die dann in untergeordneten Funktionen dienten, etwa als Sergeanten, von denen manche in der leichten Kavallerie, die meisten aber in der Infanterie kämpften. Die Sergeanten durften nicht den weißen Umhang der Ritter tragen, mussten sich im Kampf auch nicht so tapfer zeigen wie diese.[34] Dazu kamen die Knappen, die persönlichen Diener der Ritter, die deren Pferde und Rüstungen zu versorgen und instand zu halten hatten. Auch als Fußsoldaten wurden die Knappen eingesetzt. Außer Sergeanten und Knappen gab es noch die dienenden Brüder, eine große Anzahl von Dienern und Handwerkern, vom Schmied bis zum Koch. Die Ritter stellten also nur einen kleinen Anteil einer Templergarnison. Mitte des 12. Jahrhunderts bestanden die größten

Templergarnisonen im Königreich »aus vielleicht 50 bis 60 Rittern und 400 bis 500 anderen Mitgliedern«.[35] Die Templergarnison in Chastellet hatte, als sie 1179 von Saladin zerstört wurde, 80 Ritter und 750 Sergeanten.[36] In einigen Burgen bestand die Besatzung nur aus Sergeanten und Bediensteten.

Die Truppen der Templer wurden oft mit Freiwilligen und Söldnern ergänzt. Unter europäischen Rittern muss der Dienst bei den Templern sehr beliebt gewesen sein, er brachte ihnen nach ihrer Rückkehr zudem Anerkennung. Daher gab es einen ständigen Zustrom von Männern, die sich um eine »vorübergehende Mitgliedschaft« bewarben.[37] Außerdem stellten die Templer Soldaten an, um ihre Reihen zu vergrößern. Viele ihrer Armbrustschützen waren Söldner, aber sie nahmen auch Ritter und Sergeanten gegen Bezahlung in ihren Dienst. Gleichwohl hatten sie nur wenige kampfbereite Männer im Heiligen Land, kaum mehr als 300 Ritter und einige Tausend Sergeanten, die auf viele kleine Stützpunkte verteilt waren.[38] Dass sie so wenige waren, lag daran, dass sie viele Ordensmitglieder in Europa brauchten, die in dem großen Ordensgefüge arbeiteten, das sich dort entwickelte.

Nach dem Konzil von Troyes »dehnte sich der Orden rasch in ganz Europa aus«.[39] Dazu hatte sicher auch Bernhard von Clairvaux mit seiner eloquenten *Lobrede auf das neue Rittertum* (1128) beigetragen: Allen, die in der »Ritterschaft Christi« dienten, stellte er die Erlösung in Aussicht: »Ob wir leben oder ob wir sterben, wir gehören dem Herrn. … Freue dich, starker Kämpfer, wenn du im Herrn lebst und siegst! Aber noch mehr frohlocke und rühme dich, wenn du stirbst und dich mit dem Herrn vereinst.«[40] Die Rede richtete sich an die Kämpfer, aber der »Glanz« des Ordens war so groß, dass er auch zahlreiche Laienbrüder anzog. Die genaue Zahl der Mitglieder auf dem Höhepunkt der Entwicklung des Ordens ist nicht bekannt. Nach einer glaubwürdigen Schätzung kamen in den zwei Jahrhunderten seiner Existenz ungefähr 20 000 Templer (Ritter und Sergeanten) bei militärischen Aktionen ums Leben.[41]

In dieser Zeit gab es eine Welle von Schenkungen, Spenden und finanziellen Zuwendungen an den Orden, teils in Form von Edelmetallen, zum größeren Teil aber in Form von Land, Wäldern und Gütern: Um 1150 gehörten den Templern über 40 Burgen und Präzepturen in Europa.[42] Allein in England und Frankreich soll der Orden 9000 Landgüter besessen haben.[43] Auf diese Weise wurden die Templer schnell unermesslich reich, sie brauchten aber viele Ordensleute in Europa, um das riesige Unternehmen zu führen. Und weil sie große Beträge aus ihren Einnahmen nach Jerusalem brachten, wurden sie zu Fachleuten für die Deponierung und Versendung von Geld und Wertgegenständen. Außerdem fanden sie heraus, dass sie ihre Einnahmen noch erhöhen konnten, wenn sie Geld verliehen, vorzüglich an Adlige und an andere Orden, mit Zinssätzen von 33 bis 50 Prozent pro Jahr, wobei sie allerlei Tricks erfanden, damit man die Kreditzinsen nicht als solche zu erkennen waren, wegen denen man sie der Wucherei hätte beschuldigen können. So wurde der Orden zwar nicht gerade zu dem bedeutendsten Finanzunternehmen in Europa, aber doch immerhin zu einem ernsthaften Konkurrenten der über die Ländergrenzen hinweg tätigen italienischen Banken.[44]

Hier nur einige wenige Beispiele für ihren Reichtum und Einfluss: 1185 wurde im Templerhaus in London, das auch als »mittelalterlicher Vorläufer der Bank von England«[45] bezeichnet wird, der königliche Schatz verwahrt und bewacht. Im Jahr 1204 deponierte König Johann Ohneland die englischen Kronjuwelen in den Gewölben der Londoner Templer. Viele vermögende Engländer taten es ihm gleich und lagerten ihre Edelmetalle und Juwelen bei den Templern im Vertrauen darauf, dass sie dort vor Räubern sicher waren – wenn auch nicht vor der königlichen Familie: Denn 1263 raubte Prinz Eduard Langbein (ab 1273 König Eduard I.) nach einer Revolte der Barone die enorme Summe von 10 000 Livres, die diese bei den Templern deponiert hatten.

Auch als Vermittler in staatlichen Angelegenheiten dienten die Templer: 1158 arrangierte der König von England eine Heirat zwischen seinem Sohn und der Tochter des Königs von Frankreich. Um sicherzustellen, dass die versprochene Mitgift wirklich gezahlt wurde und es nicht zu Betrügereien kam, überschrieb der König von Frankreich »einige Burgen an die Templer«,[46] die dafür dem König von England die Mitgift bezahlten, nachdem die Heirat erfolgt war.

Wegen ihres ungeheuren Reichtums gehörten die Templer bald »zu den größten Geldverleihern der Christenheit«.[47] Sie tätigten aber nicht nur Darlehensgeschäfte mit Königen und Adligen, sondern betrieben auch aktive Finanzpolitik, die sich rasant entwickelte, begannen Pachten und Steuern für den Adel einzutreiben und die Eingänge entweder in ihr Depot zu übernehmen oder sie als Abzahlung für gegebene Darlehen zu verbuchen. Für den französischen Thron wurden sie finanziell »unverzichtbar ..., der Pariser Tempel war buchstäblich das Zentrum der französischen Finanzverwaltung. Er übernahm alle Finanzdienstleistungen: Verwaltung der Finanzen, Steuererhebung, Geldtransfer, Schuldenkontrolle und Pensionszahlung.«[48]

»In der so gar nicht kriegerischen Atmosphäre eines Kontors«, fasst Eleanor Ferris zusammen, »ging über hundert Jahre lang ein Großteil des westeuropäischen Kapitals durch die Hände der Soldaten des Tempels, die zu erfahrenen Buchhaltern, klugen Verwaltern und Pionieren des Kreditwesens und seiner Instrumente wurden, die Handel und Finanzen revolutionieren sollten.«[49] Kein Wunder, dass die Templer bald auch großen Einfluss auf das politische Leben nahmen: Regelmäßig wurden bei staatlichen Entscheidungen die Großmeister als Berater herangezogen, sowohl in Europa (vor allem in England und Frankreich) als auch im Heiligen Land.

Betont werden muss, dass die Templer trotz ihrer vielen Verpflichtungen und finanzwirtschaftlichen Funktionen ihre grundlegende Aufgabe, die Verteidigung des Heiligen Landes mit finanziellen und kriegerischen Mitteln, nie aus den Augen verloren. Denken wir nur an die immensen Ausgaben für den Bau und die Instandhaltung der Burgen in Palästina. Allein die Kosten für den Wiederaufbau der Kreuzfahrerburg Safed in den 1240er Jahren beliefen sich nach Abzug der Einnahmen aus den Dörfern in der Umgebung auf 1,1 Millionen sarazenische Bezant. Ein Ritter (der seine eigenen Pferde und Knappen mitbringen musste) konnte für 120 Bezant im Jahr als Söldner angeworben werden, das heißt, die Anfangskosten für die Sanierung dieser Burg waren so hoch wie der Jahressold von rund 9100 Rittern. Die beste Schätzung ist die, dass der Unterhalt der Burg pro Jahr 40 000 Bezant verschlang, was dem Sold von 333 Rittern entspricht. Zu dieser Zeit besaßen die Templer sieben Burgen in Palästina und die Johanniter drei.[50] Die Burgen dienten als sichere Stützpunkte zur Kontrolle der umliegenden Gebiete. Weil sie immer knapp an kampffähigen Männern waren, brauchten die Ritterorden ungewöhnlich starke Burgen, die sich von kleinen Besatzungen verteidigen ließen.

Natürlich brauchten die Ritterorden, wenn sie ihre Aufgabe im Orient wahrnehmen wollten, große Geldzuflüsse aus Europa, und solange sie diese Aufgabe auch erfüllten, wurden weder ihr ungeheurer Reichtum noch ihre Macht in Europa in Frage gestellt. Als aber 1291 der letzte christliche Stützpunkt in Palästina fiel und es zu Massakern kam, hatten die Templer kein unangreifbares Mandat mehr; und nun zogen sie wegen ihres Reichtums und ihrer Macht neidvolle Blicke auf sich – und besonders neidisch war der französische König Philipp IV. Er ließ den letzten Großmeister Jacques de Molay und andere führende Tempelritter am 18. März 1314 als Häretiker auf dem Scheiterhaufen verbrennen, das Ordensvermögen einziehen.

DER ORDEN DER JOHANNITER (HOSPITALITER)

Schon um 1070 wurde in Jerusalem ein Hospital für verwundete oder kranke Pilger gegründet, und damit fängt die ganze Geschichte an. Zunächst waren die Mitarbeiter des Krankenhauses nicht Angehörige eines

Ordens, aber sie trugen eine besondere Kleidung und hatten »gewisse Gelübde« abgelegt.[51] Ihr Krankenhaus nannten sie bald »Spital des heiligen Johannes«, sonst ist aus der Anfangszeit wenig bekannt. Später, um die Spendentätigkeit anzuregen, wurden wohldurchdachte Mythen in die Welt gesetzt. Erst aus der Zeit nach der Eroberung Jerusalems durch die Kreuzfahrer sind belastbare Hinweise auf das Hospital erhalten. Es war eine größere Anlage, die jedem offen stand; 2000 Patienten konnten dort versorgt werden. Und nicht nur das – die Patienten, auch die ganz armen, waren in einem Luxus untergebracht, dessen sich so mancher Reiche nicht erfreuen konnten: Es gab ein eigenes Federbett für jeden und üppige Mahlzeiten.[52] Bald machte sich die Führung des Hospitals Gedanken nicht nur um die Verwundeten und Kranken, die in die Stadt gelangten, sondern auch darüber, wie der Weg der Pilger von der Küste bis Jerusalem gesichert werden könne: Ein weiterer geistlicher Ritterorden war entstanden.

Wie sich diese Veränderung abspielte, »bleibt ein Rätsel«.[53] Wir wissen nur, dass die Hospitaliter Burgen übernahmen und sie mit einer Besatzung versahen, dass sie schwarze Umhänge mit einem weißen Kreuz auf der Brust trugen und in den 1120er Jahren auch sonst als Rivalen der Templer auftraten. Sie haben, wie wir wissen, auch an den großen Kämpfen dieser Zeit teilgenommen, und man schätzt, dass sie bald ebenso viele Ritter im Heiligen Land hatten wie die Templer, will sagen, auch nur etwa 300 Mann.[54] Die Hospitaliter oder Johanniter, deren offizieller Name *Ritterlicher Orden Sankt Johannis vom Spital zu Jerusalem* war, konnten sich auch als kämpfende Truppe mit den Templern messen und zählten ebenso viele Gefallene wie diese. Als sie aus dem Heiligen Land vertrieben wurden, zogen sie sich nicht nach Europa zurück, sondern nach Rhodos, von wo aus sie weiter gegen die Muslime kämpften. Als sie Rhodos aufgeben mussten, nahmen sie Malta in Besitz und wehrten mehrfach muslimische Angriffe ab – obwohl sie nur 600 Mann zählten, während die Muslime mit 40 000 Soldaten anrückten.

Ebenfalls wie die Templer sammelten die Johanniter in Europa ein riesiges Vermögen an, auch sie engagierten sich in Finanz- und Kreditgeschäften, wenn auch in geringerem Umfang als die Templer. Dass sie weiterhin militärischen Widerstand gegen die Muslime leisteten, gab ihnen eine schützende Legitimität, die politische Verschwörungen jener Art verhinderte, der die Templer zum Opfer fielen. Die Johanniter gibt es heute noch, nun unter der Bezeichnung Malteser.[55]

SCHLUSS

Die Ritterorden entstanden zur Verteidigung des Königreichs Jerusalem und waren an dieser Aufgabe führend beteiligt. Dieser Teil ihrer Geschichte ist am besten zu erzählen, wenn man ihn als einen Aspekt der allgemeinen Bemühungen zum Schutz des Königreichs behandelt – Bemühungen, an denen auch die weltlichen Ritter des Königreichs und periodisch neu eintreffende Kreuzfahrerheere aus Europa beteiligt waren.

Kapitel neun

VERTEIDIGUNG DER KREUZFAHRER-STAATEN

Europa schickte zwar weiterhin Kreuzfahrerheere ins Heilige Land, die Hauptlast der Verteidigung jedoch hatten die Ritterorden zu tragen. Daran erinnert dieses Marmorgrab eines Tempelritters. Sein großer Schild zeigt, dass er Fußsoldat war. © Foto Marburg / Art Resource, NY

Frieden herrschte in den Kreuzfahrerstaaten nie, das konnte auch gar nicht sein. Dazu Jonathan Riley-Smith: »Ein Frieden mit der muslimischen Welt war aus ideologischen Gründen nicht zu erreichen.«[1] Verträge, die eine gewisse Zeit hielten, waren möglich, aber nach der Doktrin des Dschihad (des heiligen Krieges der Muslime) war ein Friedenszustand nur zu erzielen, wenn sich die Feinde der Muslime ergaben und unterwarfen.

Im Sinne des Dschihad wurden von verschiedenen Städten und Ortschaften innerhalb der Kreuzfahrerstaaten, in denen sich muslimische Stützpunkte befanden, ständig Überfälle unternommen. Auch muslimische Herrscher führten von den Außengrenzen der Kreuzfahrerstaaten immer wieder sporadische Angriffe gegen sie. Über 40 Jahre lang wurden diese Aggressionen von den Ritterorden und von Rittern abgewehrt, die als Pilger kamen und blieben, um mitzukämpfen – manchmal mehrere Jahre. Aber dieses instabile Gleichgewicht konnte auf Dauer nicht gehalten werden.

Im Herbst 1144 verbündete sich Graf Joscelin II. von Edessa mit den Ortoqidien und zog an der Spitze einer Armee nach Osten, um gegen die Seldschuken unter ihrem Führer Imad ad-Din Zengi zu kämpfen. Zengi manövrierte sie aus und griff die Stadt Edessa an, die in dieser Zeit nur schwach verteidigt war. Am Heiligen Abend konnten Zengis Truppen in die Stadt eindringen, und die Einwohner, die nicht den Tod fanden, wurden als Sklaven verkauft. Nach dieser Katastrophe floh Graf Joscelin nach Turbessel, von wo aus er den Teil seines Reichs zunächst halten konnte, der westlich des Euphrat lag. 1150 wurde er auf einer Reise nach Antiochia von seiner Begleitung getrennt und fiel in die Hände turkmenischer Muslime. Zengis Sohn und Nachfolger Nur ad-Din ließ Joscelin gefangen nehmen, blenden und in ein Verlies werfen, wo der Graf nach neun Jahren starb.

DER ZWEITE KREUZZUG

Die Nachricht vom Fall Edessas erreichte den Westen im Frühjahr 1145 durch heimgekehrte Pilger. Für die Christen in Europa war das »ein schrecklicher Schlag. Zum ersten Mal wurde ihnen bewusst, dass die Dinge im Osten nicht zum besten standen«.[2] Papst Eugen III. rief mit der Bulle *Quantum praedecessores* zu einem neuen Kreuzzug auf, was aber auf geringe Resonanz stieß. Aber der Papst fasste einen klugen Entschluss: Er versuchte Bernhard von Clairvaux für seine Sache zu gewinnen. Und als dieser überaus verehrte, überzeugende und mächtige Mann in Europa für den Kreuzzug zu predigen begann, kamen die Dinge in Bewegung.

Bernhard berief eine Versammlung des französischen Adels nach Vézelay in Burgund. »Auf die Kunde, daß der Heilige Bernhard predigen werde, strömten Besucher aus ganz Frankreich herbei. ... Bald waren seine Zuhörer völlig in seinen Bann geschlagen. Die Männer begannen, nach Kreuzen zu rufen: ›Kreuze! Gebt uns

Kreuze!‹ Es währte nicht lange, und alles Zeug, das zum Aufnähen von Kreuzen bereitlag, war verbraucht; der Heilige Bernhard warf seine eigenen Übergewänder ab, damit sie zu Kreuzen zerschnitten würden.«[3] Die Entscheidung, das Kreuz zu nehmen, fiel nicht spontan, die Männer »wussten, warum sie da waren«.[4]

Unter denen, die sich an diesem Tag für das Kreuz entschieden, war auch der französische König Ludwig VII. Er plante schon seit langem eine Wallfahrt nach Jerusalem und ließ sich nun von Bernhard überzeugen, an der Spitze eines Kreuzfahrerheeres ins Heilige Land zu ziehen. Zusammen mit seiner Gemahlin, Königin Eleanor von Aquitanien, und einer ausgewählten Gruppe von Fürsten und Adligen kniete er vor Bernhard nieder und nahm das Kreuz. Ludwig war 25 Jahre alt und gerade am Anfang seiner »kraftlosen Karriere«, wie Christopher Tyerman es treffend nannte.[5]

Anschließend reiste Bernhard nach Deutschland, um auch König Konrad III. und dessen Neffen Friedrich Barbarossa zu überzeugen, das Kreuz zu nehmen. Konrad war damals bereits fünfzig, ein militärisch erfahrener Mann. Er hatte schon zwei Mal an Feldzügen im Heiligen Land teilgenommen. Wie in Frankreich strömte nun auch der deutsche Adel herbei, um Bernhard zu hören, und wieder war die Annahme des Kreuzes ein öffentliches Schauspiel, das Männer zeigte, die dazu schon entschlossen waren, als sie anreisten.

Wie beim Ersten Kreuzzug kamen die Teilnehmer auch diesmal aus einem engen Netz von Familienbeziehungen – vor allem bei den Franzosen. Viele waren miteinander verwandt, und es gab auch starke Familienbande zu denen, die den Ersten Kreuzzug mitgemacht hatten: Die meisten adligen Teilnehmer an diesem Kreuzzug hatten »Kreuzrittervorfahren«.[6]

Die Begeisterung für einen neuen Kreuzzug, die sich in Deutschland verbreitete, war leider auch dieses Mal wieder Ursache für den aufflammenden Antisemitismus, der schon zu Beginn des Ersten Kreuzzugs zu einer Welle von Angriffen auf die Juden im Rheinland geführt hatte. Wie im 6. Kapitel dargestellt, waren für diese Taten einige wenige Anführer verantwortlich, aber ihr Vorgehen machte Schule: Sie lenkten die Aufmerksamkeit auf die Streitfrage, ob den Juden weiterhin erlaubt sein solle, Jesu Gottessohnschaft zu leugnen. Im Kontext einer wachsenden Bedeutung des religiösen Konformismus erlagen selbst Kirchenmänner dieser Versuchung. Der Abt Pierre der französischen Abtei Cluny wetterte: »Was nützt es, unter schweren Verlusten bis ans Ende der Welt zu ziehen, um die Sarazenen zu bekämpfen, wenn wir in unserer Mitte andere Ungläubige in Ruhe lassen, die Christus gegenüber tausendmal schuldiger sind als die Mohammedaner?«[7]

Die Massaker an den Juden geschahen jedenfalls nicht in Frankreich, sondern am Rhein – abermals in Köln, Mainz, Worms und Speyer.[8] Und dieses Mal war es ein Zisterziensermönch namens Radulf, der die Pogrome anheizte. Und es hätte noch mehr Opfer unter den Juden gegeben, hätte nicht Bernhard von Clairvaux eingegriffen. Als er von den Judenverfolgungen hörte, eilte er an den Rhein und befahl das sofortige Ende des Mordens – und sie ließen ab!

Über Bernhards Intervention berichtet der jüdische Chronist Ephraim von Bonn:

> Dann erhörte der Herr unser Flehen ... Er schickte nach dem bösen einen anständigen Priester, einen großen Mann ... Sein Name war Abt Bernhard aus der Stadt Clairvaux. ... der zu ihnen sagte: »Ihr sollt gegen die Muslime vorgehen. Wenn ihr jedoch Juden überfallt, um sie zu töten, handelt ihr so, als ob ihr Jesus selbst angreift. Mein Schüler Radulf, der euch den Rat gab, sie zu vernichten, hat euch nicht gut beraten. Denn in den Psalmen steht über die Juden geschrieben: ›Töte sie nicht, damit mein Volk nicht vergisst‹.« Alle hielten diesen Priester für einen ihrer Heiligen. ... Hätte unser Schöpfer nicht aus seiner Gnade und Barmherzigkeit diesen Abt geschickt, ... wäre von den Juden keiner übrig geblieben.[9]

Von den Historikern wird der Zweite Kreuzzug vielfach übergangen.[10] Jonathan Phillips' Buch von 2007 ist, seit Bernhard von Kuglers 1866 erschienener Monographie, die erste »vollständige Darstellung«[11] des Themas. Solche Vernachlässigung ist nicht neu. Der geachtete Geschichtsschreiber Otto von Freising, der ein größeres deutsches Aufgebot befehligte, das im Zweiten Kreuzzug vernichtet wurde, schrieb: Da »das Ergebnis des Kreuzzugs, weil wir Sünder sind, allgemein bekannt« sei, »lassen wir andere darüber berichten«.[12] Während sich die allgemeinen Darstellungen über die Geschichte der Kreuzzüge ausführlich mit der Schlacht von Doryläum im Jahr 1097 beschäftigen, fallen für die zweite Schlacht bei Doryläum im Jahr 1147 nur ein paar Zeilen ab, obwohl sie viel mehr Opfer forderte und eine ganz entscheidende Begegnung war.

Es ist falsch, den Zweiten Kreuzzug zu vernachlässigen, denn er hatte zwei wichtige Folgen: Zum einen versetzte er der Kreuzzugsbewegung im Westen einen schweren und lange nachwirkenden Schlag, der das Vertrauen und die Einsatzbereitschaft der Ritter schwächte. Zum anderen stärkte er das Selbstbewusstsein der Muslime. Nach jahrzehntelangen Niederlagen, meistens gegen viel kleinere christliche Verbände, glaubten diese nun, sich mit ihnen messen zu können.

Der folgende kurze Bericht lässt die verschiedenen »Nebenschauplätze« des Zweiten Kreuzzugs wie den Feldzug gegen die Slawen und die Eroberung Lissabons außer Acht.

Bernhard hatte erreicht, dass die beiden mächtigsten Monarchen Europas Ostern 1147 mit zwei großen Heeren ins Heilige Land aufbrechen wollten. Wie zu erwarten, verzögerte sich der Aufbruch; die Deutschen zogen erst im Mai los, die Franzosen im Juni. Überraschenderweise entschlossen sich beide Könige, dieselbe Route nach Konstantinopel zu nehmen, nämlich den Landweg durch Ungarn und Bulgarien. Die Deutschen, die zuerst losmarschiert waren, kamen erst am 10. September in der byzantinischen Hauptstadt an. Der Grund ihrer späten Ankunft war: Das Kreuzfahrerheer hatte mit dem Tross und den »großen Aufgeboten unbewaffneter Pilger, die die Gelegenheit nutzten, unter militärischem Schutz zu reisen«, so viel zu tun hatte, dass es pro Tag kaum 15 Kilometer vorankam – und damit viel langsamer war als die Armeen des Ersten Kreuzzugs.[13]

Als die Deutschen Konstantinopel erreichten, mussten sie erleben, wie wenig willkommen sie waren. Wäre es nach den Byzantinern gegangen, es hätte keinen

Zweiten Kreuzzug gegeben. Kurz bevor sich die Kreuzfahrer aus Europa in Bewegung setzten, hatte der byzantinische Kaiser Manuel I. Komnenos mit dem seldschukischen Sultan Masud I. von Rum, der zum Krieg gegen die Kreuzfahrer gerüstet war, einen Vertrag auf zwölf Jahre abgeschlossen. Als die Europäer davon erfuhren, wuchsen Misstrauen und Feindseligkeit gegen die »perfiden Griechen« (wie sie die Byzantiner nannten).[14] Insofern hatte Manuel Grund, wenn ihn die Anwesenheit einer so großen und leicht erregbaren Streitmacht so nahe bei seiner Hauptstadt beunruhigte. Wie schon Kaiser Alexios den Ersten Kreuzzug gedrängt hatte, nach Kleinasien überzusetzen, so drängte jetzt Kaiser Manuel die Deutschen, rasch den Bosporus zu überqueren – und gab damit dem Misstrauen und der Abneigung der Europäer gegenüber den Byzantinern abermals neue Nahrung. Nach der Überfahrt entschloss sich Konrad, nicht auf die Franzosen zu warten, sondern nach Edessa zu marschieren, um die Stadt zurückzuerobern.

Angesichts der Größe seiner Armee – es waren wahrscheinlich an die 30 000 kampffähige Männer[15] – war das keine unüberlegte Entscheidung. Vermutlich setzte Konrad auch darauf, dass er, sobald er in feindliches Gebiet kam und Gelegenheit zu Plünderungen hatte, die knappen Vorräte an Lebensmitteln und Futter auffüllen konnte. Kaiser Manuel hatte versprochen, Nachschub zu schicken, der aber kam nicht. So zog Konrad mit seinem Heer und einem großen Aufgebot von Nichtkämpfern nach Nicäa, teilte dort sein Heer auf und gab die meisten Nichtkämpfer in die Obhut Ottos, des Bischofs von Freising, der auf einer weiter westlich verlaufenden

Straße an Philadelphia vorbei zum Hafen von Antalya (Adalia) zog (von wo sie nach Tyrus segelten). Die Scharen der zumeist alten und armen Nichtkämpfer waren eine schwere Bürde für die Kreuzfahrer. Trotz hartnäckiger Bemühungen, diese Menschen von der Weiterreise abzuhalten, kamen immer mehr Haufen hinzu, die alle ernährt und beschützt werden mussten und die den Vormarsch verlangsamten.[16]

Inzwischen zog Konrads Heer auf der gleichen Route wie der Erste Kreuzzug hinunter nach Doryläum (siehe Karte S. 203). Der byzantinische Kaiser hatte keinen Nachschub geschickt, aber er hatte Konrad einige kundige Führer mitgegeben – möglicherweise mit dem Auftrag, die Kreuzfahrer in ihren Untergang zu führen. Manche heutige Historiker bezweifeln die Behauptung christlicher Chroniken, dass diese Führer die Kreuzfahrer verraten hätten, sie stellen sich aber nicht die Frage, warum die byzantinischen Führer in der Nacht, bevor die Muslime die Deutschen aus dem Hinterhalt angriffen, verschwanden.

Die deutschen Kreuzfahrer, die kaum noch Lebensmittel und Wasser hatten, erreichten den Fluss Bathys in der Nähe von Doryläum am 25. Oktober. Die erschöpften Truppen lösten ihre Reihen auf, um ihren Durst zu löschen, und die Ritter stiegen von den Pferden, damit auch die Tiere zum Fluss konnten. In diesem Augenblick »fiel das gesamte Seldschuken-Heer über sie her … Es war weit eher ein Massenmord denn eine Schlacht.«[17] Die meisten deutschen Kreuzfahrer wurden getötet, Konrad wurde schwer verletzt. Dennoch gelang es dem König, einen Rest von ungefähr 2000 Soldaten zu sammeln und sich nach Nicäa durchzuschlagen. Dort verlangten die Byzantiner von ihnen »völlig überhöhte Preise für Lebensmittel«.[18] Dann trafen die Franzosen ein. Konrad vereinigte seine dezimierte Streitmacht mit ihnen, wurde aber bald krank und musste zurück nach Konstantinopel gebracht werden.

Noch feindseliger als zuvor schon den Deutschen begegneten die Byzantiner nun den Franzosen – und zwar so unverhohlen, dass diese in Erwägung zogen, Konstantinopel anzugreifen. Um die gefährliche Route nach Süden, die zum Untergang der Deutschen geführt hatte, zu vermeiden, zog Ludwig VII. mit seinem Heer zum Hafen von Ephesos, weil er hoffte, die Einheimischen dort würden sich kooperativ zeigen, solange er sich auf byzantinischem Gebiet befand, und dass auf dem Seeweg Nachschub von Manuel eintreffen würde. Aber weder waren die Einheimischen hilfsbereit, noch schickte Kaiser Manuel Nachschub. Kein Wunder, dass das Heer unruhig wurde. Um die Disziplin wiederherzustellen, übertrug Ludwig je einem Tempelritter das Kommando über eine Einheit von 50 Mann. Diese Maßnahme zahlte sich aus, als die mit dem byzantinischen Kaiser verbündeten Seldschuken die Kreuzfahrer kurz hinter Ephesos angriffen, obwohl sich diese noch auf byzantinischem Gebiet befanden. Einige Historiker vermuten eine Konspiration des Kaisers mit den Türken.[19] Wie auch immer, die Franzosen konnten die Muslime vernichtend schlagen.

Nun zog Ludwig mit seinen Truppen ostwärts zum Hafen von Antalya, wo ihm eine byzantinische Flotte zugesagt worden war, die die Kreuzfahrer zur Küste vor Antiochia bringen sollte. Natürlich war die Flotte, die der Kaiser geschickt hatte, viel zu klein und konnte nur den geringsten Teil der Armee aufnehmen. Einige Historiker sehen in diesem Verhalten des Kaisers einen weiteren Beleg dafür, dass er »der Vernichtung der Kreuzfahrer Vorschub leistete«.[20]

Nachdem er alle notwendigen Vorkehrungen getroffen hatte, schickte Ludwig den Großteil seines Heeres auf dem Landweg nach Antiochia, während er selbst, sein Hof und so viele Truppen, wie auf die Schiffe passten, den Seeweg nahmen. Der Marsch über Land war hoffnungslos. Die Pferde verendeten zu Hunderten, und auch die Männer waren dem Hungertod nahe. Die Muslime verfolgten sie, töteten die Nachzügler und vernichteten den ganzen Tross. Nur eine Handvoll Kreuzfahrer erreichte Antiochia.

Nachdem Ludwig auf dem Seeweg sicher nach Antiochia gelangt war, zog er weiter nach Jerusalem, um sein Wallfahrtsgelübde zu erfüllen. Konrad war wieder genesen und befand sich schon in der Heiligen Stadt, ebenso die Befehlshaber einiger gerade aus dem Westen eingetroffener Truppen. Man hielt in Akko Kriegsrat; die Neuankömmlinge aus Europa und Balduin III., der König von Jerusalem, waren sich einig, Damaskus anzugreifen. (Aus Antiochia, Edessa und Tripolis waren keine Abgesandten gekommen.) Der Plan war strategisch klug, aber taktisch falsch. Nach einer vergeblichen Belagerung und mit beträchtlichen Verlusten gaben die christlichen Streitkräfte diesen Angriffsversuch auf.

Das war das Ende des Zweiten Kreuzzugs. Der französische König und sein Hof reisten auf Schiffen, die die Normannen aus Sizilien beschafft hatten, in die Heimat zurück – und entkamen nur knapp einem Angriff der byzantinischen Flotte. (Wegen Besitzungen in Süditalien führten die Normannen mit den Byzantinern noch immer Krieg.) Dieser Vorfall gab der westlichen Feindseligkeit gegen die Byzantiner weiteren Auftrieb.

ZWISCHENSPIEL

Nach dem Zweiten Kreuzzug wurden in den Kreuzfahrerstaaten viele Burgen errichtet, die meisten davon finanzierten und bauten die Ritterorden. Um 1166 gab es im Königreich Jerusalem mindestens 50 Hauptburgen und Zitadellen (Befestigungen innerhalb der Stadtmauern).[21] Außerdem haben Archäologen Hunderte kleinere Kreuzfahrerburgen und Verteidigungstürme kartographisch erfasst;[22] diese, im europäischen und nicht im byzantinischen Stil gebaut, waren sehr stark befestigt. Diese Burgen waren ausgesprochen perfekt angelegt, wenn man bedenkt, dass es damals noch keine Vermessungsinstrumente gab; selbst kleine Erhebungen im Gelände wurden in die Planung einbezogen. So lagen viele Burgen in Blickweite anderer Festungswerke, und lange Zeit wurde angenommen, dass die Ritterorden untereinander Signale austauschten. Aber dafür gibt es kaum Belege.[23] Die Burgen waren nicht wie eine »Verteidigungslinie« angelegt, sie bildeten mit den Wehrtürmen auch keine geschlossene Mauer.[24] Vielmehr wurden darin Truppen untergebracht, die Ausfälle gegen den Feind unternahmen oder, wenn sie zahlenmäßig unterlegen waren, sich hinter ihren Mauern verschanzten, bis das eigene Heer eintraf, um dann den Feind anzugreifen.

1150, kurz nach der Gefangennahme ihres Mannes Joscelin, verlor Gräfin Beatrice mit dem Scheitern des

Zweiten Kreuzzugs auch noch den restlichen Teil ihrer Grafschaft Edessa. Zwar konnte sich die Festung in Turbessel erfolgreich gegen einen muslimischen Angriff verteidigen, aber Beatrice wusste, dass sie einem neuerlichen Angriff, der mit Sicherheit kommen würde, nicht standhalten würde. Da erhielt sie eine Botschaft von Kaiser Manuel: Er wollte ihr natürlich nicht mit einer Armee zur Hilfe eilen, er wollte ihr lediglich das verbliebene Territorium ihrer Grafschaft abkaufen. Nach Beratungen mit den Herrschern der anderen Kreuzfahrerstaaten, denen es »zutiefst« widerstrebte, »einem verhaßten Griechen irgendwelches Gebiet einzuhändigen«,[25] erklärte Beatrice sich einverstanden. Manuel sandte der Gräfin viele Beutel voller Gold, und sie übergab ihre Festungen den byzantinischen Truppen, die ein Jahr später das ganze Territorium an die Muslime verloren.

Aber die Verluste im Norden bedeuteten nicht, dass das Königreich Jerusalem an militärischer Stärke verloren hätte. Im Januar 1153 zog König Balduin III. mit einem mächtigen Heer nach Süden, gegen den ägyptischen Stützpunkt Askalon. Schon lange diente die »Braut von Syrien«, wie die Stadt genannt wurde, muslimischen Räuberbanden als Unterschlupf, die es auf christliche Pilger und Dörfer abgesehen hatten. Auf dem Feldzug wurde Balduin von den Großmeistern der Templer und der Johanniter und deren besten Rittern und Sergeanten begleitet. Es kam zu einer langen Belagerung, bis es den Templern gelang, eine Bresche in die Stadtmauer zu brechen. Durch diesen Erfolg steigerte sich die Tapferkeit der kleine Truppe in Tollkühnheit; obwohl nur 40 Mann stark, warteten sie nicht lange auf

Verstärkung und drangen allein in die Stadt vor. Als die muslimischen Verteidiger merkten, wie winzig der Templertrupp tatsächlich war, umzingelten sie die Ritter und Sergeanten, töteten alle, schlossen die Bresche und ließen die Leichen von den Stadtmauern herabhängen.

Mitte August wurde den Muslimen klar, dass sie nicht länger durchhalten konnten. Eine Kapitulationsvereinbarung wurde getroffen, wonach alle Einwohner mit ihren beweglichen Gütern die Stadt sicher verlassen durften – was sie auch taten. Die Herrschaft übernahm Balduins Bruder Amalrich, der Graf von Jaffa. Die große Moschee wurde zur Kathedrale des Heiligen Paulus geweiht. Balduin III. starb 1162 im Alter von 33 Jahren. Manche sagen, er sei von einem syrischen Arzt vergiftet worden, aber das ist vermutlich falsch. Sein Nachfolger als König von Jerusalem wurde sein Bruder, Graf von Jaffa und Askalon.

Inzwischen war in Ägypten das dekadente Fatimidenkalifat zerfallen. Nasr, der Sohn des Wesirs Abbas, ermordete den Kalifen, dann dessen Brüder, und setzte einen fünfjährigen Jungen auf den Thron. Als sich die Armee gegen sie wandte, mussten Vater und Sohn nach Norden fliehen, stießen auf Templer, die ihren Begleitschutz vernichteten – dabei kam Abbas ums Leben, sein Sohn Nasr wurde gefangen genommen. Die Templer lieferten ihn für die enorme Summe von 60 000 Dinar an den Hof in Kairo aus, wo er »von den vier Witwen des verstorbenen Kalifen eigenhändig verstümmelt« wurde.[26] Schließlich hängte man ihn und ließ seine Leiche zwei Jahre über dem Haupttor der Stadt aufgehängt baumeln. 1160 starb der junge Kalif, sein Nachfolger wurde sein neunjähriger Vetter, und die ständigen Hofintrigen gingen weiter.

Für Amalrich war dieses Durcheinander eine willkommene Gelegenheit, seine südliche Flanke zu sichern; 1163 griff er Ägypten an. Er besetzte Kairo und Alexandria, wurde dann aber aufgeschreckt durch beunruhigende Nachrichten aus dem Norden: Vor allem Tripolis war bedroht. Er machte einen Vertrag mit den Ägyptern, wonach diese ihm jährlich 100 000 Goldstücke Tribut zahlen mussten. 1167 zog Amalrich mit seinem Heer erneut nach Ägypten und belagerte Alexandria. Wieder verhandelten die Ägypter und erklärten sich zu einer hohen Tributzahlung bereit, wieder kehrte Amalrich nach Jerusalem zurück. Im folgenden Jahr griff er zusammen mit den Johannitern erneut an. Die Templer hatten es abgelehnt mitzuziehen, denn Amalrichs Anliegen, so argumentierten sie, habe mit ihrer Mission nichts zu tun. Im Oktober nahm Amalrichs Heer die Stadt Bilbeis im Norden Kairos, ließ ihre Bewohner töten oder in die Sklaverei verschleppen. Dieses Mal bezahlten ihm die Ägypter zwei Millionen Goldstücke, damit er abzog. Im Jahr 1169 kam er wieder, mit Unterstützung einer byzantinischen Flotte, und belagerte die Stadt Damiette in der Nilmündung. Die Belagerung wurde gestört durch einen Konflikt zwischen Amalrich und den Byzantinern, woraufhin die christlichen Streitkräfte und der neue ägyptische Sultan Salah ad-Din, im Westen bekannt als Saladin, einen Waffenstillstand vereinbarten.

SALADIN UND DER FALL VON JERUSALEM

Saladin, ein Kurde, war der Neffe von Schirkuh, der für den fatimidischen Herrscher Syriens, Nur ad-Din, 1169 Ägypten erobert und auch Feldzüge gegen die Kreuzfahrerstaaten unternommen hatte. Zur Belohnung wurde Schirkuh zum Wesir von Ägypten ernannt. Kaum zwei Monate im Amt, starb er, und Saladin wurde sein Nachfolger. Weil dieser aber noch keine 30 Jahre alt war, erregte seine Beförderung die Missgunst altgedienter Kämpfer. Er konnte sie besänftigen und war bald unangefochten Herrscher Ägyptens, jedoch stets um den Eindruck bemüht, er führe Nur ad-Dins Regierung lediglich weiter, auch wenn er offensichtlich eigene Wege ging. So beendete er 1171 die Herrschaft der ägyptischen Fatimiden, indem er Ägypten mit dem abbasidischen Kalifat vereinigte. Außerdem hatte er sich geweigert, Nur ad-Din bei zwei Invasionen des Königreichs Jerusalem (1171 und 1173) zu unterstützen; beide scheiterten. Schließlich wurde Nur ad-Din klar, dass er in Ägypten einen Feind hatte, und er sammelte 1174 ein Heer gegen Saladin. Bevor er jedoch in den Kampf ziehen konnte, starb er, im Alter von knapp 57 Jahren. Eigentlich galt Nur ad-Dins Sohn als rechtmäßiger Thronerbe, doch Saladin heiratete flugs Nur ad-Dins 45-jährige Witwe und bemächtigte sich des Throns.[27] So kamen Syrien und Ägypten unter die Herrschaft eines einzigen Regenten.

Dass die Kreuzfahrertruppen immer wieder selbst über größere muslimische Armeen siegten, hatte seinen Grund auch in der Uneinigkeit unter den Muslimen.

Offenbar hatten die Christen nicht viele Möglichkeiten, ihre zahlenmäßige Unterlegenheit auszugleichen. Wären die Kreuzfahrerstaaten von einem einzigen vereinten Feind umgeben gewesen, hätten sie sich nicht nur größeren Invasionsarmeen gegenüber gesehen, sondern es hätte ein Angriff von allen drei Landseiten zugleich gedroht. Als Saladin den ägyptischen Sultansthron inne hatte, war genau das sein Plan.

Seine Aussichten auf Erfolg stiegen auch durch die Unfähigkeit des byzantinischen Kaisers Manuel, die zu einer Katastrophe für die byzantinische Armee führte, als er 1176 einen Feldzug gegen Sultan Kilitsch Arslans Hauptstadt Ikonion (Konya) führte. Während der Verfolgung der Türken in einen Bergpass bei Myriokephalon ließ der Kaiser seine Soldaten auf einem engen Pfad in loser Reihe hintereinander gehen. Die Türken hatten sich mit umfangreichen Kräften oberhalb des Pfades in einem Hinterhalt versteckt und griffen überraschend an. Manuel ließ allen Mut sinken und ergriff die Flucht, und auch seine Soldaten versuchten zu fliehen, lösten ihre Reihen vollends auf. Die ganze Armee wurde vernichtet. »Es würden Jahre nötig sein, um sie wieder aufzubauen. ... Es waren genug Truppen übrig, um die Grenzen zu verteidigen ... Aber der Kaiser würde nie wieder in der Lage sein, in Syrien einzumarschieren ... Auch von seinem großen Prestige ... war nichts mehr geblieben.«[28] So hatten die Muslime, die den Kreuzfahrern im Norden gegenüberstanden, keine Bedrohung mehr durch Konstantinopel in ihrem Rücken zu befürchten. Und, schlimmer noch, die Byzantiner begannen, mit Saladin gegen die Kreuzfahrerstaaten zu konspirieren, wie wir sehen werden.

Nachdem Amalrich 1174 im Alter von 38 Jahren gestorben war, wurde sein 13-jähriger Sohn als Balduin IV. zum König von Jerusalem gekrönt. Zwei Jahre später wurde er mündig und übernahm die Macht. Obwohl er seit seiner Kindheit an Lepra litt, nicht mehr ohne Hilfe ein Pferd besteigen konnte und schon seine Sehkraft verlor, führte Balduin 1177 bei Montgisard seine viel kleinere Armee zu einem glänzenden Sieg über eine große ägyptische Armee unter Saladins Führung, der hier zum ersten Mal die Christen angriff. Solange Balduin IV. lebte (er starb 1185), scheiterten Saladins Versuche, gegen das Königreich vorzugehen – zwei Mal, 1183 und 1184, unternahm er große Anstrengungen.[29]

Mehr Glück hatte Saladin zunächst gegen seine muslimischen Nachbarn. Nachdem er die Macht in Ägypten übernommen hatte, bemächtigte er sich auch des syrischen Throns: 1174 konnte er Damaskus erobern. Später brachte er die frühere Provinz Edessa in seine Gewalt, besetzte 1183 Aleppo und 1185 Mayyafaraqin. Somit waren die christlichen Staaten von drei Seiten umzingelt und standen mit dem Rücken zum Meer. Erzbischof Wilhelm von Tyrus hat diese Situation ausführlich in seiner *Chronica* dargestellt, die er verfasst hatte, bevor Saladin seinen Angriff auf die Kreuzfahrerstaaten eröffnete:

> In den alten Zeiten hatte beinahe jede Stadt ihren besonderen Herrn, und diese … verfolgten nur selten die gleichen, viel öfter ganz entgegengesetzte Zwecke. Gegen solche Feinde … war der Kampf nicht so schwierig, denn sie konnten und wollten sich nicht so leicht zur Abwehr gemeinsamen

> Schadens vereinigen, und da sie vor den Ihrigen nicht weniger Furcht hatten als vor den Unseren, so konnten sie sich nicht ohne Schwierigkeiten gegen uns wappnen. Aber jetzt sind alle die uns benachbarten Reiche durch Gottes Zulassung in die Gewalt eines einzigen gekommen …[30]

Ebenfalls im Jahr 1185 nahm der byzantinische Kaiser Verhandlungen mit Saladin auf, und nach mehreren Jahren, die mit Gesprächen und häufigem Austausch großer Geschenke vergingen, unterzeichneten beide Herrscher einen Vertrag: Sie wollten nun gemeinsam gegen die westlichen Christen im Heiligen Land und gegen jeden neuen Kreuzzug vorgehen.

Noch befanden sich die Christen nicht in zu arger Bedrängnis, immerhin verfügten sie über ein großes Feldheer mit gut ausgebildeten und bewaffneten Soldaten, darunter auch Templer und Johanniter – insgesamt wohl 1200 Ritter und 20000 Fußsoldaten. Bei den qualitativen Unterschieden, die in militärischer Hinsicht zwischen beiden Lagern bestanden, dürften sie sich nicht besonders bedroht gefühlt haben, als Saladin 1187 in Syrien ein Heer von etwa 30000 Mann sammelte, um loszuschlagen.

Um die Christen zu einem für sie nachteiligen Kampf zu zwingen, ließ er kleinere Truppenteile die Stadt Tiberias angreifen. Wie erwartet, zogen sich die Bewohner, die ohne militärischen Schutz waren, in die Zitadelle zurück und schickten Botschafter los: Jerusalem möge Entsatz schicken. Doch die christlichen Befehlshaber hielten Kriegsrat und entschieden sich dagegen. Nach der Versammlung jedoch traten einige an König Guido von Jerusalem heran und überredeten ihn, die Entscheidung rückgängig zu machen. Das christliche Heer marschierte am nächsten Morgen los, es war ständigen Überfällen gegen seine Flanken und die Nachhut ausgesetzt. Die Soldaten zogen durch eine wasserlose Gegend, sie litten Durst, vor allem die Pferde brauchten dringend Wasser. Am nächsten Tag wurde die Not so groß, dass die Armee zur nächsten Wasserstelle in Hattin aufbrach. Saladins Hauptarmee stand zwischen den Christen und dem See Genezareth, die Muslime hatten also Wasser im Überfluss.

Bei Sonnenaufgang und günstigem Wind im Rücken, setzten Saladins Leute große Haufen von Gestrüpp, das sie gesammelt hatten, in Brand. Der Rauch machte es den Christen schwer, den Überblick über ihre Truppen zu behalten. Die Reihen der Fußsoldaten lösten sich auf, sie eilten zum Wasser, und so war die Reiterei auf sich selbst gestellt. In diesem Augenblick griffen Saladins Truppen das desorganisierte christliche Heer an; es folgte eine erbitterte Schlacht. Mehrmals hätten die Angriffe der christlichen Ritter das Blatt noch wenden können, aber schließlich wurde die Verwirrung zu groß; ein Gemetzel begann. Tausende kamen bei den Kämpfen ums Leben, alle gefangenen Templer und Johanniter wurden enthauptet, die anderen Gefangenen versklavt.

Nach der Vernichtung des Kreuzfahrerheers waren die christlichen Staaten Saladin auf Gedeih und Verderb ausgeliefert, sie wurden bald überrannt. Die meisten Städte und Festungen ergaben sich kampflos, denn sie hatten kaum Verteidiger. Nur Jaffa hielt durch und musste im Sturm genommen werden, woraufhin die gesamte überlebende Einwohnerschaft in die Sklaverei verkauft wurde. Nach Ablauf von zwei Monaten blieben den Christen nur noch Tyrus, Antiochia, Tripolis und »einige wenige, vereinzelte Burgen und die Heilige Stadt Jerusalem«.[31]

In Jerusalem drängten sich Flüchtlinge aus den Städten, die bereits an die Muslime gefallen waren: »Auf jeden Mann kamen fünfzig Frauen und Kinder.«[32] Nur noch zwei Ritter befanden sich in der Stadt. Also wurden an jeden einigermaßen kräftigen Mann Waffen verteilt – obwohl die meisten kaum wussten, wie diese zu handhaben waren. Ende September schloss Saladins Armee den Belagerungsring um die Stadt. Nach einigen Vorbereitungstagen stürmten die Muslime die Stadtmauern, stießen aber auf den furiosen Widerstand der wenigen unausgebildeten Verteidiger. Trotz wiederholter Angriffe konnten die Muslime nichts ausrichten, erst nach fünf Tagen gelang es, eine Bresche in die Mauer zu brechen. Einige christliche Kämpfer wollen einen Ausfall durch die Bresche wagen und kämpfen bis zum Tod. Aber die kühleren Köpfe setzten sich durch, sie sahen in der Kapitulation die einzige Möglichkeit, um zu verhindern, dass alle Frauen und Kinder versklavt werden. Sie baten Saladin um seine Übergabebedingungen. Er forderte ein Lösegeld von zehn Goldstücken für jeden Mann, für jeweils zwei Frauen oder zehn Kinder, die verschont werden sollten. 7000 Arme sollten für 30 000 Bezant freikommen.[33] Das heißt, Tausende blieben ohne Hoffnung auf Errettung. Wenn es am Ende nicht doch zu einem Massaker kommen sollte, würde die Hälfte der lateinischen Christen in der Stadt auf den Sklavenmärkten feilgeboten.

Einen Aspekt des Falls von Jerusalem haben Historiker nur selten angesprochen. Die griechischen Bewohner der Stadt, die wussten, dass Bündnisverhandlungen zwischen dem byzantinischen Kaiser und Saladin im Gang waren, »zeigten sich bereit, die Stadt zu verraten«, indem sie die Tore öffneten. Zum Dank für ihre Hilfe ließ Saladin alle christlichen Kirchen im Heiligen Land vom lateinischen zum griechisch-orthodoxen Ritus umwandeln, in Übereinstimmung mit dem Vertrag, den er 1189 mit Kaiser Isaak II. schloss.[34]

DIE GLORIFIZIERUNG SALADINS

»In Großbritannien gibt es eine lange Tradition, die die Kreuzfahrer als barbarische und bigotte Kriegstreiber hinstellt und die Sarazenen als die Paladine der Ritterlichkeit feiert. In der Tat wird vielfach angenommen, dass Ritterlichkeit im muslimischen Osten entstanden sei, und ihr vornehmstes Beispiel ist natürlich der Ayyubidensultan Saladin aus dem 12. Jahrhundert.« Soweit Robert Irwin.[35]

Unter Historikern ist dieses Bild des ritterlichen Saladin gang und gäbe. In seiner viel gelobten Arbeit *The Kingdom of the Crusaders* schreibt Dana Carleton Munro: »Wenn wir das [die Eroberung Jerusalems durch die Kreuzfahrer] mit dem Verhalten Saladins vergleichen, als er 1187 Jerusalem den Christen entriss, gewinnen wir ein anschauliches Bild des Unterschieds zwischen den beiden Kulturen und verstehen, was die Christen von ihrem Kontakt mit den Sarazenen im Heiligen Land lernen können.«[36] Auch nach Samuel Hugh

Moffetts Ansicht war Saladin »für seine Zeit ungewöhnlich bereit, Gnade vor Recht ergehen zu lassen. Er gestattete den Kreuzfahrern, die mit einem Blutbad [nach Jerusalem] eindrangen, die Stadt in Frieden zu verlassen.«[37] In diesem Geist legte der deutsche Kaiser Wilhelm II. 1898 bei einem Besuch in Damaskus einen bronzenen Lorbeerkranz auf Saladins Grab nieder, auf dem stand: »Dem Helden Sultan Saladin … Von einem großen Kaiser dem anderen.«[38]

Die Bewunderung für Saladin ist nicht neu. Seit der Aufklärung wurde er »auf bizarre Weise« dargestellt »als eine rationale und kultivierte Figur im Gegensatz zu den leichtgläubigen barbarischen Kreuzfahrern«.[39] Selbst Edward Gibbon schreibt 1788: »Es ist der Lieblingsstoff einiger Schriftsteller, Saladins Menschlichkeit mit dem Morden des ersten Kreuzzugs zu vergleichen. … Wir dürfen aber nicht vergessen, dass die Christen die Übergabe Jerusalems angeboten, und die Mohammedaner das Äußerste eines Angriffs und Sturms abwarteten.«[40] Da haben wir sie, eine Grundregel der Kriegführung zu dieser Zeit: Die Städte wurden verschont, wenn sie ihre Gegner nicht zwangen, sie im Sturm zu nehmen. Andernfalls wurden ihre Bewohner vernichtet, um anderen ein Beispiel zu geben, was mit ihnen geschehen würde, wenn ihre Stadt im Sturm genommen werden musste, weil die Angreifer dabei gewöhnlich große Verluste erlitten. Diese Regel war nicht an die Bedingung gebunden, dass sich die Verteidiger schnell ergeben mussten: Lange Belagerungen waren annehmbar, aber nur so lange, bis die Angreifer alle Vorbereitungen getroffen hatten, um die Mauern zu stürmen. Natürlich gaben viele Städte gerade in diesem

Moment nicht auf, weil sie glaubten, sie könnten den Angriff abwehren.

Nicht nur diese Kriegsregel haben moderne Bewunderer Saladins ignoriert, sie haben auch die Tatsache geflissentlich außer Acht gelassen, dass Jerusalem eine Ausnahme war, wenn man bedenkt, welches Gemetzel Saladin andernorts veranstaltet hat. Er wollte die Christen in Jerusalem auslöschen, gewährte aber der Hälfte von ihnen sicheres Geleit, wenn sie die Stadt übergeben würden, ohne weiteren Widerstand zu leisten. In den meisten anderen Fällen verhielt sich Saladin keineswegs derart ritterlich. Nach der Schlacht von Hattin beispielsweise tat er persönlich mit, als einige gefangene Templer und Johanniter abgeschlachtet wurden, dann zog er sich zurück und beobachtete die Hinrichtung der anderen Christen.

»Er befahl«, so berichtet es sein Sekretär Imad ed-Din, »sie zu enthaupten, weil er sie lieber tot als in Gefangenschaft haben wollte. Mit ihm war eine ganze Gruppe von Gelehrten und Sufis und frommen Männern und Asketen, alle baten, einen von ihnen töten zu dürfen, sie zogen ihr Schwert und schoben ihre Ärmel auf. Saladin saß erfreut auf seinem Podium, und den Ungläubigen stand das blanke Entsetzen im Gesicht.«[41] Es passte, dass T. E. Lawrence während eines seiner erstaunlichen Abenteuer im Ersten Weltkrieg, bei dem er irreguläre arabische Streitkräfte gegen die Türken führte, den Bronzekranz des deutschen Kaisers von Saladins Grab »befreite« und dass dieser nun im Imperial War Museum in London ist.

EIN VERGEUDETER SIEG

Saladin machte den Fehler, die Kreuzfahrerstaaten nicht unverzüglich nach deren katastrophalen Verlusten bei Hattin zu besetzen. Anscheinend hatte er keine Eile. Immerhin waren die christlichen Städte fast ohne Verteidigung: Alle Kräfte wurden in den Wiederaufbau des geschlagenen Heeres investiert.

Aber die Städte waren schwer befestigt, und Saladins zumeist berittene Truppen »fanden keinen Geschmack an Angriffen auf Festungen«.[42] Außerdem hatten sich viele, mit Beute schwer beladen, aus dem Staub gemacht. Daher bewegte sich Saladin nicht nur langsam voran, sondern sah es auch in seinem Interesse, die Übergabe von Städten »zu kaufen« und »den Bewohnern freien Abzug zu gewähren«.[43]

Wohin aber sollten sie noch gehen? Die muslimischen Einwohner der Städte, die kapituliert hatten, konnten natürlich bleiben, ebenso die vielen griechischen Christen, denn Saladin wollte seinen Vertrag mit Kaiser Isaak nicht gefährden. Die europäischen Christen hatten dagegen keine andere Wahl, als in ihren letzten noch freien Städten Zuflucht zu suchen: in Antiochia, Tyrus und Tripolis.

Die vielen Flüchtlinge waren eine große Belastung für die Vorratswirtschaft dieser Enklaven, vor allem in Tyrus, wo die meisten adligen Flüchtlinge festsaßen, allerdings auch die Verteidigungskapazität erhöhten – Überlebende von Hattin, Angehörige der kleinen Stützpunkte in den Burgen und Städten, die sie aufgegeben hatten, als sie nach Hattin aufbrachen, und zahlreiche kräftige Männer, die bewaffnet werden konnten. Außerdem lagen die christlichen Enklaven um die Hafenstädte herum, sie konnten auf dem Seeweg mit Nachschub und Verstärkung versorgt werden. Und dies geschah auch.

Vielleicht war kein Ereignis für die Rettung der Kreuzfahrerstaaten von einer solchen Bedeutung wie die Ankunft eines Schiffes in Tyrus, das Konrad von Montferrat an Bord hatte. Konrad war in Konstantinopel, um seinen Vater Markgraf Wilhelm V. von Montferrat zu treffen, der 1183 ins Heilige Land gezogen war und das Kommando über die große Burg des Heiligen Elias, etwas nördlich vom Toten Meer, übernommen hatte. Als Konrad von Saladins letzter Invasion gehört hatte, nahm er sofort mit einer kleinen Zahl von Rittern ein Schiff nach Akko. Sein Schiff erreichte den Hafen, aber die Glocken, die normalerweise die Ankunft eines Schiffes ankündigten, läuteten nicht. Konrad wurde misstrauisch und ließ keine Anker werfen. Ein Hafenbeamter kam mit dem Boot, um zu sehen, wer angekommen war, und Konrad erfuhr, dass die Stadt an Saladin gefallen war. Daraufhin ließ er Kurs nach Norden nehmen und segelte weiter nach Tyrus.[44]

Dort wurde Konrad von der Nachricht überrascht, dass die Führer der Stadt die Kapitulation erwogen. Doch mit Konrads Eintreffen fassten sie wieder Mut, sie übertrugen ihm den Oberbefehl über die Vorbereitungen für eine entschlossene Verteidigung. Saladin rückte an, die Belagerung begann. Aber die Mauern waren stark, und die Verteidiger offenbar gut bewaffnet und entschlossen; zudem konnten die Muslime nicht verhindern, dass im Hafen von Tyrus Schiffe ankamen und abfuhren. Daraufhin zog Saladin mit seinem Heer zu anderen Schauplätzen, die zu erobern leichter erschienen. Im November hatte er schließlich durchschaut, welche Bedeutung dieser christliche Seehafen hatte, und kehrte mit zwei neuen Eroberungsplänen zurück. Zunächst brachte er Konrads Vater mit, der, obwohl er schon älter war, in Hattin mitgekämpft hatte und in Gefangenschaft geraten war. Er ließ den alten Mann vor die Mauern von Tyrus treten, so dass er gut zu sehen war, und Konrad durch einen Herold mitteilen, sein Vater werde getötet, wenn er die Stadt nicht übergebe. Konrad, nach arabischen Quellen »ein Teufel«,[45] rief zurück, sein Vater habe lange genug gelebt. Voller Stolz ob der Standfestigkeit seines Sohnes wurde Wilhelm zurückgebracht und schließlich freigelassen.[46]

Saladins zweiter Eroberungsplan war viel gefährlicher für die Stadt. In dem Jahrzehnt zuvor hatte er eine ägyptische Kriegsflotte aufgebaut;[47] diese hatte sich unterdessen in kleinen Seegefechten gegen Handelsschiffe, die zu den Kreuzfahrerstaaten unterwegs waren, bewährt. Jetzt schickte er zehn seiner Galeeren nach Tyrus, um den Hafeneingang zu versperren und eine wirksame Belagerung durchzuführen. Konrad wiederum begegnete dieser Gefahr, indem er frühmorgens Galeeren aus Tyrus auslaufen ließ zu einem Angriff auf Saladins Blockadeflotte. Die muslimischen Besatzungen schliefen noch, niemand war im Ausguck, die Angreifer hatten also leichtes Spiel: Sie eroberten fünf ägyptische Galeeren, die anderen fünf gingen unter, als die christlichen Galeeren sie verfolgten und die Mannschaften über Bord sprangen.[48] Während diese Katastrophe zur See ihren Lauf nahm, zog Saladin seine Truppen zusammen und griff die Stadt an, weil er dachte, das aktuelle Geschehen im Hafen werde Konrads ganze Aufmerksamkeit in Anspruch nehmen. Saladins Truppen rückten an, da ließ Konrad seine Ritter durch die Tore ausfallen, und diese vernichteten die ganze feindliche Armee. Saladin ließ Feuer an seine Belagerungsmaschinen legen, damit sie den Christen nicht in die Hand fielen, und zog ab.

Tyrus war damit sicher. Kurz darauf traf aus Sizilien eine große normannische Flotte mit Nachschub und reichlich Verstärkung für Tripolis und Antiochia ein. Es sollte noch ein Jahrhundert dauern, bis die Muslime die Kreuzritter erneut bis ans Meer treiben konnten.

Konrads erstaunliche Siege über Saladin machten ihn in ganz Europa berühmt und führten schließlich dazu, dass er zum König von Jerusalem gewählt wurde. In der Zwischenzeit schickte er Emissäre nach Europa, um auf einen neuen Kreuzzug zu drängen. Die Gesandtschaft stand unter der Führung von Joscius, dem neuen Erzbischof von Tyrus und dem Nachfolger des Geschichtsschreibers Wilhelm von Tyrus. Im Januar 1189 wurde der Erzbischof vom englischen König Heinrich II. und dem französischen König Philipp II. August empfangen. Die beiden hatten sich getroffen, um über ihre territorialen Streitigkeiten zu verhandeln. »Er trug seine Bitte um Hilfe für das Heilige Land so beredt und überzeugend vor, dass beide Könige, der Graf von Flandern und viele andere Herren das Kreuz nahmen und Vorbereitungen für einen neuen Kreuzzug zustimmten.«[49] Inzwischen gelang es dem neuen Papst Clemens III., den Kaiser des Heiligen Römischen Reichs Friedrich Barbarossa zu überreden, noch einmal das Kreuz zu nehmen. (Friedrich hatte seinen Onkel Konrad III. auf dem Zweiten Kreuzzug begleitet.)

DER DRITTE KREUZZUG

Der Beginn des neuen Kreuzzugs war völlig verfahren. Die Engländer und Franzosen mussten erst einmal ein paar schwerwiegende Differenzen ausräumen. Dann starb Heinrich II., und sein Sohn Richard (mit dem Beinamen Löwenherz) wurde zum König von England gekrönt. Auch Richard I. hatte das Kreuz genommen, die Engländer waren also weiterhin beim Kreuzzug dabei. Da die englische Krone aber noch umfangreiche Besitzungen in Frankreich hatte (ihr gehörte die ganze Atlantikküste), mussten er und Philipp II. August noch lange Verhandlungen führen, bevor sie nach Osten aufbrechen konnten. Inzwischen zog Friedrich Barbarossa ins Heilige Land.

FRIEDRICHS FELDZUG

Am 11. Mai 1189 – dreiundzwanzig Monate nach der Schlacht von Hattin – zog Kaiser Friedrich an der Spitze eines Heeres von Regensburg durch Ungarn und Serbien nach Konstantinopel. Wie schon zuvor ist es auch in diesem Fall nicht leicht festzustellen, über wie viele Soldaten er verfügte; es waren aber, darin stimmen alle Quellen überein, sehr viele. Manche Historiker schätzen 100 000 Mann,[50] aber diese Zahl ist wohl zu hoch. Wahrscheinlich hatte Friedrich 3000 Ritter um sich versammelt,[51] und gewöhnlich kamen auf einen Ritter fünf- oder sechsmal so viele Fußsoldaten, womit sich eine Zahl von rund 20 000 Mann ergibt. Natürlich wird noch der übliche Tross samt Marketendern und einfachen Leute dabei gewesen sein, so dass es insgesamt doch um die 100 000 Menschen gewesen sein können, die sich auf den Weg machten. Wie viele es auch waren, es waren genug, sodass sich Saladin große Sorgen machte, als er von dem heranrückenden Kreuzfahrerheer erfuhr; er bemühte sich, eine Armee für das Treffen auf die Beine zu stellen. Außerdem konnte Saladin noch auf die byzantinische Karte setzen.

Nach mehrjährigen Verhandlungen und dem Austausch stapelweiser kostbarer Geschenke beschlossen Kaiser Isaak und Saladin 1189 ein Verteidigungsbündnis, mit dem sich die Byzantiner verpflichteten, ihre Armeen gegen alle westlichen Truppen einzusetzen, die versuchten, das Heilige Land zu erreichen. Als Friedrich Barbarossa den Bischof von Münster und andere vornehme Deutsche zum byzantinischen Hof schickte, um Vereinbarungen für die Durchreise seines Heers zu treffen, ließ Isaak sie einsperren und übergab ihre Pferde und Ausrüstungen den Vertretern Saladins.[52] Dann hetzte er – ganz im Gegensatz zur Gewohnheit der Byzantiner, Vereinbarungen nicht einzuhalten, wenn sie teuer kamen – irreguläre Kriegerbanden auf Friedrich I. Sie sollten seinen Truppen das Leben schwer machen, sobald sie byzantinisches Gebiet betraten. Seine Hauptarmee schickte Isaak nach Philippopolis, um die Deutschen dort zu stellen. Doch Friedrichs Kreuzritter fegten die Byzantiner einfach beiseite und brachten ihnen große Verluste bei. Um die Freilassung des Bischofs und seines Gefolges zu erzwingen, ließ Friedrich, als er in Richtung Konstantinopel marschierte, bereits große Gebiete Thrakiens verwüsten.

Gleichwohl sandte Kaiser Isaak einen Brief an Saladin, in dem er mitteilte, er habe Friedrichs Truppen unschädlich gemacht: »Sie haben viele Soldaten verloren, und nur mit Mühe entkamen sie meinen tapferen Männern. Sie waren so erschöpft, dass sie Eure Gebiete nicht erreichen können, und wenn es ihnen doch gelingen sollte, werden sie ihren Landsleuten keine Hilfe sein und auch Eurer Exzellenz nicht schaden können.«[53] Gleichwohl möge Saladin ihm doch Truppen schicken. Das geschah nicht.

Inzwischen rückten Friedrichs mächtige Streitkräfte weiter voran, sie nahmen Adrianopel und »planten sogar eine Belagerung Konstantinopels«.[54] Daher lenkte Kaiser Isaak im Februar 1190 ein und unterschrieb den Vertrag von Adrianopel, mit dem Friedrich Barbarossa freie Durchreise und Nachschub gewährt sowie vornehme Geiseln übergeben wurden, damit sicher gestellt war, dass er den Vertrag auch einhalten würde.

Unterdessen hielten mehrere griechisch-orthodoxe Bischöfe, »die Saladin aus Hass gegen [die lateinischen Christen] begünstigten«,[55] diesen über das auf dem Laufenden, was wirklich vorging – über Friedrichs problemlose Durchreise durch Byzanz und seine erfolgreiche Erstürmung der muslimischen Festungsstadt Ikonion (Konya). Auf seinem von feindlichen Verbänden im Wesentlichen ungestörten Vormarsch nach Antiochia fiel Friedrich bei der Überquerung des Flusses Saleph vom Pferd und ertrank. Mit seinem Tod ging der deutsche Kreuzzug zu Ende. Alle seine Gefolgsleute verehrten Barbarossa und vertrauten ihm grenzenlos; zwar wurde er ersetzt durch seinen Sohn Friedrich, den Herzog von Schwaben, aber das ganze Kreuzfahrerheer war durch den Tod des Kaisers am Boden zerstört. In den nächsten Tagen kehrten viele in die Heimat zurück. Als der junge Friedrich V. zehn Tage später Antiochia erreichte, war seine Armee auf vielleicht 5000 kampffähige Männer zusammengeschrumpft, und als er in der Küstenregion des Königreichs Jerusalem ankam, waren nur noch 300 Ritter bei ihm.[56] »Der Islam hatte in großer Gefahr geschwebt, und Saladin erblickte mit Recht im Tod des Kaisers seine Rettung.«[57]

KREUZZUG ZUR SEE

Inzwischen sammelten die Könige von England und Frankreich ihre Truppen und die enormen Geldbeträge, die gebraucht wurden, um die Kosten für den Kreuzzug zu bestreiten; sie bereiteten sich für den Aufbruch vor. Sie wollten aber nicht über Land und durch das Byzantinische Reich ziehen, sondern das Heilige Land auf dem Seeweg erreichen und diesen Vorteil nutzen, da Saladin nicht alle christlichen Häfen eingenommen hatte.

Bevor Richard Löwenherz und Philipp II. August in See stachen, erhielt die christliche Sache unerwartete Verstärkung durch die Ankunft »einer Reihe von Kreuzfahrerflotten aus nordwesteuropäischen Häfen. Auf den Schiffen befanden sich Dänen, Friesen, Norddeutsche, Flamen, Engländer, Bretonen und Männer aus Nordfrankreich.«[58] Wir wissen nicht, wie viele neue Kreuzritter dazukamen, aber »es besteht kein Zweifel, dass zu Neujahr 1190 Hunderte von christlichen Schiffen aller Bauarten bei [Akko] an Land gezogen oder vor Anker gegangen waren«.[59] Die Neuankömmlinge halfen König Guido von Jerusalem, einen Belagerungsring um die

Stadt zu legen. Saladin begegnete dieser Drohung, indem er seine Armee die ganze Gegend weiträumig umstellen ließ, er belagerte gleichsam die christlichen Belagerer.

Damit trat eine Pattsituation ein, denn Saladin konnte seine Truppen nicht dazu bewegen, die Reihen der Kreuzritter anzugreifen. Auf dem schmalen Küstenstreifen, auf dem die Stadt Akko liegt, hatten die Muslime nicht Raum genug für ihre plötzlichen Attacken und schnellen Rückzüge, sobald sie von schwerer Kavallerie angegriffen wurden. Einen Angriff auf die fest geschlossenen Reihen der Fußsoldaten scheuten sie, weil »die Armbrüste der Kreuzritter weiter reichten als ihre Bögen und die solide Lanzenfront ein fast unüberwindliches Hindernis sei«.[60] Da die Christen Nachschub auf dem Seeweg bekamen, schien die Situation völlig verfahren. Zur Vervollständigung seiner Belagerung schickte Saladin eine Flotte von 50 Galeeren zum Hafen von Akko, um die Christen von ihren Nachschubwegen abzuschneiden. Das war offenbar misslungen, denn er schickte im Juni 1190 die Reste seiner neuen ägyptischen Kriegsmarine los; diese sollten sich nun den Weg in den Hafen von Akko freikämpfen.[61] Es ist nicht klar, ob die Christen zu ihrem eigenen Vorteil dagegen Widerstand leisteten. Zum einen konnten nun die christlichen Flotten die Küste ungehindert auf- und abfahren, und zum anderen kamen bald mächtige Kreuzfahrerflotten und riegelten den Hafen von Akko ab, so dass Saladins gesamte Flotte in der Falle saß.

Im März 1191 langten Philipp II. August und seine französische Flotte in Tyrus an und fuhren von da nach Süden, um sich in die Kämpfe um Akko einzuschalten. Währenddessen wurde Richard noch in Zypern festgehalten, wo sein Schatzschiff bei einem Sturm auf Grund gelaufen war. Die Insel kontrollierte derzeit der byzantinische Rebell Isaak Komnenos, der sich des englischen Schatzes bemächtigt hatte und die Mannschaft und die Soldaten an Bord behielt, während er die zivilen Passagiere freiließ, darunter auch Richards neue Braut, Berengaria von Navarra. Zunächst erklärte sich Isaak bereit, den Schatz und die Soldaten freizugeben, dann aber dachte er, er sei sicher in seiner großen Festung in Famagusta, brach sein Wort und befahl Richard, die Insel zu verlassen. Wutentbrannt überrannten Richard und seine englischen Truppen im Handumdrehen die Insel, sehr zur Freude der einheimischen Bevölkerung. Isaak muss ein Tyrann gewesen sein, der sich gern an Jungfrauen vergriff und reiche Bürger foltern ließ. Nun ergab er sich kampflos, nachdem Richard versprochen hatte, ihn nicht in Eisen zu legen, Richard hielt Wort – und legte ihn in Silberketten. Nach seiner Freilassung 1194 kehrte Isaak nach Konstantinopel zurück und wurde dort ein Jahr später vergiftet.

Die Eroberung Zyperns verschaffte den Kreuzfahrern einen wichtigen Flottenstützpunkt, von dem aus sie die christlichen Staaten so lange unterstützen und versorgen konnten, wie diese noch Hafenstädte besaßen. Von Zypern aus segelte Richard Löwenherz mit seinem Heer zur Verstärkung der Belagerung nach Akko. Er kam im Juni an; und kaum waren die Engländer gelandet, erhielten die Kreuzfahrer Verstärkung durch eine Flotte aus Genua. Diese neuen Streitkräfte fegten den äußeren Einkreisungsring der Muslime beiseite und rückten zu den Stadttoren vor. Der muslimische Stützpunkt ergab sich – ohne Saladins Erlaubnis. Auch dessen Flotte gab auf, viele Besatzungen sprangen einfach über Bord und schwammen an Land.

Da Akko nun sicher war, rückte der Zeitpunkt heran, mit der Wiedereroberung der Kreuzfahrerstaaten zu beginnen. Doch der König von Frankreich, Philipp II. August, erklärte just zu diesem Zeitpunkt, er werde die Heimreise antreten. Er war seit langem krank, der Hauptgrund für seine Abreise aber waren politische Auseinandersetzungen in Frankreich, die er dringend beilegen musste. Er ließ jedoch mehrere tausend Soldaten samt der Geldmittel zurück, um davon ihren Sold zu zahlen.

Damit wurde der Dritte Kreuzzug zu einem Kampf zwischen dem englischen König und Saladin.

RICHARD LÖWENHERZ UND SALADIN

Richard Löwenherz war ein komplexer Charakter: »Als Soldat war er fast wie wahnsinnig, unglaublich leichtsinnig und waghalsig, als Befehlshaber aber war er klug, vorsichtig und berechnend. Sein eigenes Leben setzte er völlig ungerührt aufs Spiel, doch nichts konnte ihn dazu bringen, seine Soldaten mehr als unbedingt nötig zu gefährden.«[62] Ein solcher Befehlshaber genießt bei seinen Soldaten natürlich höchste Verehrung.

Im August 1191 stellte Richard seine Kreuzfahrerarmee neu auf und zog südlich von Akko an der Küste entlang Richtung Jerusalem: mit 4000 Rittern, 14 000 Fußsoldaten und 2000 Turkopolen – eine leichte, meist vor Ort angeworbene Reiterei. Mit den Fußsoldaten zogen zahlreiche Armbrustschützen. Der Sommerhitze wegen marschierten die Kreuzfahrer nur in den frühen Morgenstunden, und Richard war sehr darauf bedacht, dass sie an Orten Rast machten, an denen es Wasser gab. Er wollte nicht wegen Trinkwassermangels zum Kampf gezwungen werden, wenn dies nur Nachteile brachte. Die Flotte folgte dem Heer die Küste hinunter und versorgte es mit Nachschub; man war also unabhängig von einheimischen Ressourcen. Die Schiffe nahmen auch die Verwundeten an Bord, die Opfer von Saladins berittenen Bogenschützen, die immer wieder aus dem Hinterhalt blitzschnelle Überfälle unternahmen.

Doch den Muslimen gelang nicht, worauf sie es eigentlich abgesehen hatten: Trotz dieser ständigen Schikanen gaben die Kreuzfahrer ihre solide Formation nicht auf – die schwere Reiterei auf der Meerseite war geschützt von einer undurchdringlichen Reihe von Fußsoldaten und Armbrustschützen. Daher entschloss sich Saladin widerwillig und auf Drängen seiner Emire, die noch immer im Glanz von Hattin schwelgten, eine offene Feldschlacht zu riskieren. Er wählte eine Stelle, an der die nördliche Flanke seiner Armee nach Süden durch den Wald von Arsuf (Arsur) geschützt war, der sich einen Berg hinaufzog. Am 7. September 1191 griffen die Muslime an, sie benutzten ihre Standardtaktik rascher Vorstöße und Rückzüge, um die Reihen der Kreuzfahrer durcheinanderzubringen, sie zudem zur Verfolgung zu reizen. Aber Richard ritt die Reihen auf und ab, die Kreuzfahrer standen fest,[63] ihre »Armbrustschützen forderten einen hohen Blutzoll«.[64] Nun starteten die Muslime einen entschlossheneren Angriff, und die schwere Reiterei der Kreuzfahrer bekam den Befehl, durch die Reihen der Fußsoldaten hindurch einen massiven Angriff auf Saladins Truppen vorzutragen. Sie fügten ihnen hohe Verluste zu, verzichteten aber darauf, zur Verfolgung des Feindes auszuschwärmen – wie es die schwere Kavallerie der Christen in der Vergangenheit so oft getan hatte. Im Gegenteil, Richard konnte die Ritter unter Kontrolle halten, sie zurückholen und neu formieren. Bei ihrem nächsten Angriff wurden die Muslime von einer weiteren Attacke der armierten Reiter niedergeworfen. Und noch eine dritte Angriffswelle endete mit hohen Verlusten – über dreißig Emire beispielsweise kamen ums Leben –, dann verließen Saladins Truppen fluchtartig das Schlachtfeld.

»Wichtiger ist aber …, dass Saladins Truppen die Überzeugung gewannen, auf offenem Gelände nicht siegen zu können, und jedes Interesse an offenen Schlachten verloren. Die Schlacht von Arsuf war der letzte Versuch [der Muslime], König Richards Heer zu vernichten.«[65] In Wirklichkeit war Saladins Kämpfern die Lust vergangen, den Kreuzfahrern unter gleich welchen Umständen zu begegnen. Ein Jahr nach ihrer Niederlage bei Arsuf stand eine große Armee, die von Saladin geschickt war, um Jaffa wiederzuerobern, einer kleinen Streitmacht von fünfzig Rittern (darunter nur sechs zu Pferd) und mehreren hundert Armbrustschützen gegenüber. Obwohl sie Richards Truppe zahlenmäßig deutlich überlegen waren, gewannen die Muslime nicht die Oberhand – unter anderem weil sie nicht bereit waren, ihrem Angriff Nachdruck zu verleihen.[66] Dennoch hatten sie ungeheure Verluste. Das war das letzte bedeutende Treffen des Dritten Kreuzzugs. Beide Seiten waren jetzt bereit zu verhandeln.

Man liest immer wieder, Saladin sei aus dem Kampf

mit Richard als Sieger hervorgegangen, weil es dieser nicht geschafft hatte, Jerusalem zurückzuerobern; der Dritte Kreuzzug sei also ein Misserfolg gewesen. In Wirklichkeit hatte Richard gar keinen Versuch unternommen, die Heilige Stadt wieder einzunehmen, und Saladin hielt sie nur, weil es sich so gehörte. Richard wusste, welch unermessliche symbolische Bedeutung Jerusalem in Europa hatte, er erkannte aber auch, dass es eine Frage militärisch verantwortlicher Entscheidungen war; wer Jerusalem vor muslimischen Angriffen schützen wollte, musste über eine große Garnison verfügen und einen sicheren Korridor zum Meer offenhalten können. Sobald seine Armee heimkehrte, würden dem Königreich Jerusalem die Mittel fehlen, um diese Bedingungen zu erfüllen. Besser, das Königreich hatte sichere Grenzen, denn das würde seinen Truppen höchstmögliche Wirksamkeit verschaffen. Dazu aber würde es nichts beitragen, wenn die Stadt Jerusalem kurzfristig wieder unter christliche Herrschaft käme. Stattdessen ließ Richard in den Vertrag von Ramla, den er 1192 mit Saladin schloss, eine Klausel aufnehmen, dass unbewaffneten christlichen Pilgern der Zugang zur Stadt gestattet sein sollte.

Saladin selbst wird dieses Abkommen in der Absicht unterzeichnet haben, es auch einzuhalten. Doch er starb ein Jahr später, im Alter von 55 Jahren. Nur sechs Jahre später starb auch Richard: an den Folgen einer Verwundung durch den Bolzen einer Armbrust, die er sich zuzog, als er in seinem französischen Gebiet gegen Aufständische vorging. Er wurde 41 Jahre alt.

Leider sahen nur wenige in Europa die Unvermeidlichkeit und die Klugheit, die Richard Löwenherz mit seinem Entschluss gezeigt hatte, auf die Rückeroberung Jerusalems zu verzichten. Bereits ein Jahr vor Richards Tod rief Papst Innozenz III. zu einem neuen Kreuzzug auf.

DER VIERTE KREUZZUG

Da der Vierte Kreuzzug in der Einnahme und Plünderung Konstantinopels kulminierte, diente er lange Zeit als einer der wichtigsten »Beweise« dafür, dass die Kreuzzüge eine schändliche Episode in der Geschichte des habgierigen Westens waren. Nur sechs Jahre nachdem die Welt von den Todeslagern der Nationalsozialisten und dem Umfang des Holocaust erfahren hatte, hat der angesehene Historiker Steven Runciman aus Cambridge tatsächlich schreiben können: »Es hat niemals ein größeres Verbrechen an der Menschheit gegeben als den Vierten Kreuzzug.«[67] Runciman wusste sicher, dass zur Kreuzzugszeit viele Städte geplündert und ihre Einwohner wahllos umgebracht wurden, während die Besetzung und Plünderung Konstantinopels, einer Stadt von 150 000 Einwohnern,[68] dagegen wahrscheinlich weniger als 2000 Tote forderte.[69] Warum also dieser maßlose Vergleich, warum die übermäßig scharfe Verurteilung? Man kann sich nur einen Grund vorstellen: Die geplünderten und entvölkerten Städtchen waren kleine und trostlose Orte, Konstantinopel dagegen »neun Jahrhunderte lang ... die Hauptstadt der christlichen Zivilisation ... angefüllt mit Kunstwerken, die aus dem antiken Griechenland überkommen waren, und mit Meisterwerken ihrer eigenen ausgezeichneten Kunsthandwerker«.[70] Tatsächlich ist die Bewunderung für die kultivierte und kunstsinnige Stadt ein Hauptgrund für die Empörung über den Vierten Kreuzzug. »Die lateinische Soldateska«, schreibt Speros Vryonis, »richtete unbeschreibliche Verwüstungen in der größten Stadt Europas an ... Konstantinopel war ein veritables Museum der antiken und byzantinischen Kunst.«[71] Oder, in den Worten von Will Durant: »So lange waren sie von ihrer verheißenen Beute ferngehalten worden, dass sie nun – in der Karwoche – die reiche Stadt einer so maßlosen Plünderung aussetzten, wie sie Rom weder von den Wandalen noch von den Goten hatte erdulden müssen.«[72] Es gibt sogar eine ganze Schule von Gelehrten, die nicht nur den Schaden beklagen, der in der Stadt angerichtet wurde, sondern zudem behaupten, der Vierte Kreuzzug sei von Anbeginn nichts anderes gewesen als eine teuflische Verschwörung der Venezianer gegen Byzanz, der Versuch, einen wirtschaftlichen Konkurrenten auszuschalten.[73]

Diese bitteren Vorwürfe gegen den Vierten Kreuzzug veranlassten Papst Johannes Paul II. im Jahr 2001, sich bei der griechisch-orthodoxen Kirche zu entschuldigen: »Es ist tragisch, dass die Angreifer, die ausgezogen waren, um freien Zugang für Christen zum Heiligen Land zu sichern, sich gegen ihre eigenen Glaubensbrüder wandten. Die Tatsache, dass es sich um lateinische Christen handelte, erfüllt Katholiken mit großem Bedauern.«[74]

Kein Wort über die bei politischen Umstürzen vorausgegangenen Verwüstungen der Stadt durch die Byzantiner selbst: 1081 gab Alexios Komnenos »seinen ausländischen Söldnern die Hauptstadt drei Tage zur Plünderung frei«.[75] Kein Wort über die jahrhundertelangen Gräueltaten gegen lateinische Christen: 1182 hetzte der Kaiser den Pöbel zum Angriff auf alle westlichen Bewohner Konstantinopels auf, »Tausende, auch Frauen, Kinder und Alte wurden massakriert«.[76] Dabei kamen viel mehr Menschen ums Leben als bei der Plünderung durch die Kreuzfahrer.[77] Kein Wort schließlich über den Verrat der Byzantiner während der ersten drei Kreuzzüge und die Zehntausende von Toten, die er die Kreuzfahrer kostete. Kein Wunder, dass dieser Verrat großen Hass auf die Byzantiner zur Folge hatte. Auch 1204 wurden die nach Osten ziehenden Teilnehmer des Vierten Kreuzzugs von einem byzantinischen Kaiser betrogen: Nachdem sie ihm wieder auf den Thron geholfen hatten, brach er seine glänzenden Versprechen und ließ Feuerschiffe gegen die Kreuzfahrerflotte los. Die lateinischen Bewohner Konstantinopels fürchteten um ihr Leben – ihnen war das Massaker von 1182 noch gegenwärtig – und suchten Zuflucht im Kreuzfahrerlager. Damit standen die Kreuzfahrer da, hatten weder Lebensmittel noch Geld,[78] waren gestrandet an einer feindlichen Küste. Aus dieser Lage heraus griffen sie an.

Nun zu den Einzelheiten.

Anfangs stieß Papst Innozenz mit seinem Aufruf zu einem neuen Kreuzzug auf wenig Resonanz. Die Deutschen hatten Streit mit Rom, die Franzosen und Engländer führten wieder Krieg. Aber ebenso wie die schleppende Reaktion auf den Zweiten Kreuzzug durch den Einsatz Bernhards von Clairvaux überwunden wurde, so war es auch dieses Mal ein Mönch, der Begeisterung weckte: Fulko von Neuilly, ein französischer Kleriker, der auf Wunsch des Papstes den neuen Kreuzzug predigte. Höhepunkt seiner Kampagne war ein von Graf Theobald III. von Champagne veranstaltetes Turnier. Mitten unter den üblichen Gefahren und Verwundungen, mit denen Turnierspiele verbunden sind, wurden Sorgen über die muslimische Besetzung Jerusalems laut, schließlich nahmen Graf Theobald und einige Freunde und Verwandte das Kreuz.[79] Von dort verbreitete sich die Begeisterung für einen neuen Kreuzzug, und die Vorbereitungen liefen an.

Wieder verständigte man sich darauf, auf dem Seeweg nach Osten zu ziehen, aber mit einem neuen Bestimmungsort. Warum nebensächliche Kämpfe im Heiligen Land führen, wenn Ägypten der Hauptfeind war? Daher war der ursprüngliche Plan, eine unschlagbare Armee zur Nilmündung zu bringen und den Feind unschädlich zu machen. Das war nicht unvernünftig.

Freilich hatten die Organisatoren des neuen Kreuzzugs selbst keine Schiffe. Sie schickten darum eine Abordnung nach Venedig, damals bereits Hauptmacht im Mittelmeer. Die Venezianer erklärten sich zum Transport von 4500 Rittern samt ihren Pferden, 9000 Dienstleuten und 20 000 Fußsoldaten sowie Nahrungsmitteln für neun Monate bereit, wollten auch einen Begleitschutz durch 50 Kriegsgaleeren stellen und verlangten dafür 91 000 Mark.[80] Um dieser enormen Verpflichtung gerecht zu werden, mussten sie ihren Auslandshandel fast vollständig aufgeben und ein Jahr lang Schiffe bauen.

Im Juni 1202 war die in Venedig bestellte Flotte fertig. Leider hatten die Kreuzfahrer nur ein Drittel der geplanten Truppen zusammenbekommen. Und da sie vorhatten, die mit den Venezianern vereinbarten Summen von dem Geld zu bezahlen, das sie jedem Kreuzfahrer für die Überfahrt berechnen wollten, fehlten nun, da weniger gekommen waren, 31 000 Mark; der Fehlbetrag ließ sich auch nicht mehr durch Darlehen decken.[81] Der Doge von Venedig wusste eine Lösung.

Enrico Dandolo war schon über neunzig, blind, aber ein glänzender, einfallsreicher und äußerst energischer Politiker.[82] Er bot an, dass sich Venezianer am Kreuzzug beteiligten, und die Zahlung der fehlenden Summe zu verschieben. Als Gegenleistung verlangte er, dass die Flotte auf ihrem Weg nach Ägypten in der dalmatinischen Küstenstadt Zara (Zadar) Halt machte und die dortige Rebellion gegen die venezianische Herrschaft niederschlug.

So lief die Kreuzfahrerflotte mit über 200 Schiffen, darunter 60 Kriegsgaleeren, am 1. Oktober 1202 aus Venedig aus, mit 15 000 Kämpfern und Tausenden von Pferden nahm sie Kurs auf Zara.[83] Ende November kapitulierte die Stadt widerstandslos, und die Kreuzfahrerflotte segelte bald darauf weiter nach Korfu, um dort zu überwintern.

Da machte Alexios, ein exilierter byzantinischer Prinz, Sohn des entmachteten Kaisers Isaak II. und selbst Thronanwärter, den Kreuzfahrern einen bemerkenswerten Vorschlag. Wenn sie ihm helfen würden, den Thron zu bekommen, würde er ihnen 200 000 Silbermark und Nachschub für ihre Expedition gegen Ägypten bezahlen, diese um 10 000 byzantinische Soldaten verstärken, die griechische Kirche Rom unterstellen und später in den Kreuzfahrerstaaten 500 Ritter permanent stationieren, um deren Streitkräfte zu verstärken.[84] Das Angebot war enorm und verlockend, die Unterstützung wurde dringend gebraucht, und vor allem: Es enthielt allem Anschein nach die langersehnte Lösung für die Frage, wie die Kreuzfahrerstaaten langfristig gesichert werden könnten. Solange ihre Sicherheit einzig von Europa abhing, würde die Lage im Heiligen Land stets prekär bleiben. Fiele jedoch die Hauptverantwortung Byzanz zu, dann wäre Unterstützung viel näher vor Ort und zuverlässiger – zumal die Bedrohung durch Ägypten aus dem Wege geräumt werden sollte. Also segelte die Flotte um Griechenland herum, mit Kurs auf Konstantinopel.

Am 5. Juli 1203 erreichten die Kreuzfahrer die Stadt Galata, gegenüber von Konstantinopel. Die Venezianer brachen die Kette, die die Einfahrt zum Goldenen Horn abriegelte, und liefen in den Hafen ein. Der regierende byzantinische Kaiser hatte Konstantinopels Verteidigungsanlagen so gründlich vernachlässigt, dass die wenigen Galeeren, die die Byzantiner gegen die Venezianer schickten, im Nu versenkt waren. Am 17. Juli erfolgte der Angriff auf die Stadt. Der blinde alte Doge in der Führungsgaleere schwang das Banner des Heiligen Markus und »schrie mit aller Kraft«,[85] als die venezianischen Soldaten an Land gingen. Als sie zu zögern schienen, ob sie die Mauern erstürmen sollten, ließ sich der Doge an Land bringen, daraufhin waren, »die Männer, wie Dandolo berechnet hatte, beschämt durch die Tapferkeit des alten Mannes, sie konnten ihren verehrten Führer nicht im Stich lassen und liefen eilends zu ihm«.[86] Die Mauern wurden erstürmt, die Tore aufgebrochen, und die Venezianer besetzten einen Teil der Stadt. Unterdessen war das Kreuzfahrerheer von der anderen Seite gegen die Stadt vorgerückt. Die Byzantiner kamen ihnen mit einer großen Armee entgegen, während die Kreuzfahrer sich in festen Reihen formierten und den Angriff abwarteten. Der aber kam nicht, vielmehr zogen sich die Byzantiner zurück. Noch an diesem Abend setzte sich der Kaiser ab. Daraufhin öffneten die Byzantiner die noch verschlossenen Tore, riefen Alexios IV. zum neuen Kaiser aus, während die Kreuzfahrer die Stadt verließen und jenseits des Goldenen Horns bei Pera ihr Lager aufschlugen.

Anfangs ging alles gut. Obwohl Alexios IV. nicht viel Geld in seiner Schatzkammer fand, begann er Abschlagszahlungen auf seine Schulden von 200 000 Mark vorzunehmen. Damit aber machte er sich bei seinen Untertanen ziemlich unbeliebt. Priester und Oberschicht hassten und verachteten die »Lateiner«. Die Spannungen wuchsen, und die »verbliebenen lateinischen Einwohner«, die ein offenbar bevorstehendes Massaker fürchteten, flohen »mit ihren Familien und ihrem Hab und Gut, so viel sie davon mitnehmen konnten, auf die andere Seite des Hafens zu den Kreuzfahrern«.[87] Kurz hing Kaiser Alexios seinen Mantel in den politischen Wind und stellte die Schuldentilgung ein. Nun standen die Zeichen auf Krieg.

Zwei Mal schickten die Byzantiner Feuerschiffe gegen die venezianische Flotte, aber die Formel für das Griechische Feuer war unterdessen wohl schon verloren gegangen. Die Angriffe scheiterten. Inzwischen kam es in der Stadt zu einer Palastrevolution, ein anderer Angehöriger der königlichen Familie – wegen seiner buschigen Augenbrauen Murtzuphlos genannt – nahm sich den Thron. Alexios IV. wurde mit einer Bogensehne erdrosselt, auch andere mögliche Thronanwärter wurden umgebracht. Sofort ließ der neue Kaiser die Verteidigung verstärken, schickte zudem Truppen, um den Kreuzfahrern den Nachschub abzuschneiden.

Damit befanden sich die Kreuzfahrer, wie der angesehene französische Historiker Jean Richard schreibt, »in einer unhaltbaren Situation. ... Sie hatten weder Lebensmittel noch Geld und waren weit weg von den Schauplätzen, die sie erreichen wollten. Die Venezianer waren nicht besser dran, auch sie hatten mit den Zahlungen, die Alexios IV. versprochen hatte, gerechnet.«[88]

Daher setzten sich die Führer des Kreuzzugs zusammen und beratschlagten, was zu tun sei. Der Umweg, zunächst einem dem Westen wohlgesonnenen neuen Kaiser auf den byzantinischen Thron zu verhelfen, schien ihnen zu viel Zeit, Geld und Menschenleben zu kosten. Wie immer es mit den kaiserlichen Finanzen aussehen mochte, Konstantinopel war eine unermesslich reiche Stadt. Sie entschlossen sich zur Plünderung und besprachen, wie die Beute gesammelt und aufgeteilt werden sollte. Leider beschlossen sie auch, durch die Einsetzung einer neuen Dynastie den byzantinischen Thron fest in westliche Hände zu geben.

Die Kreuzfahrer planten, für den Sturm auf die Stadt Laufbrücken einzusetzen, die von den Masten der größten Lastschiffe bis zu der Mauerkrone und den Türmen reichten, und zugleich Truppen und die Reiterei an Land zu bringen. Am 9. April begann der Angriff, der schließlich scheiterte – unter anderem deshalb, weil ein ungünstiger Wind die Flotte vom Ufer wegtrieb. Am 12. April konnten die Venezianer mit einem starken Wind im Rücken ihre Laufbrücken an einigen Türmen festhaken, die Kreuzfahrer vertrieben die Verteidiger von diesem Mauerabschnitt, stiegen hinunter und brachen die Tore von innen auf. Ritter zu Pferde zogen in die Stadt ein. Am Abend hatten die Kreuzfahrer einen von den Mauern mehrere hundert Meter in die Stadt hineinreichenden Teil Konstantinopels in ihrer Gewalt. Sie schliefen in Reih und Glied, weil sie für den Morgen mit erbittertem Widerstand rechneten. Aber Murtzuphlos war in der Nacht geflohen, der Widerstand zusammengebrochen, auch die meisten Angehörigen der Oberschicht hatten das Weite gesucht.[89]

Drei Tage lang plünderten die Kreuzfahrer die Stadt. In den meisten Berichten ist mehr von Vergewaltigungen und Morden die Rede als von Plünderungen. Natürlich kamen solche Gräueltaten vor, aber die geschätzten Zahlen der Todesopfer waren (wie bereits bemerkt) vergleichsweise niedrig, die Beute dagegen immens. Die Truppen hatten den Befehl, die ganze Beute abzuliefern, damit sie aufgeteilt werden konnte. Vieles wurde natürlich nicht abgegeben – vor allem kleinere Wertsachen wie Schmuck. Was dennoch einkam, hatte den Gegenwert von 400 000 Mark, auch zehntausend Rüstungen kamen zusammen.[90]

Nachdem sie sich der Stadt bemächtigt hatten, machten sich die Kreuzfahrer ihrem Plan gemäß daran, eine neue Dynastie einzusetzen. Zum neuen Kaiser von Byzanz wurde Balduin von Flandern ausgerufen. Nur musste, damit seine Regentschaft gesichert war, eine westliche Armee in der Stadt bleiben. Als sie Balduin auf den Thron setzten, verpflichteten sich die Kreuzfahrer, zu seiner Verteidigung bis 1205 zu bleiben. Den Plan, Ägypten anzugreifen, hatte man aufgegeben. Damit ging der Vierte Kreuzzug offiziell zu Ende, 7000 Kämpfer fuhren auf venezianischen Schiffen nach

Hause. Ohne ihre Unterstützung fielen große Teile des Byzantinischen Reichs von Konstantinopel ab, und um 1225 war das westliche Herrschaftsgebiet stark zusammengeschmolzen, obwohl sich noch bis 1261 ein westlicher Kaiser auf dem byzantinischen Thron hielt.

SCHLUSS

Die Eroberung Konstantinopels wurde im Westen schlecht aufgenommen, besonders verärgert war der Papst. Zum einen legte die anfängliche Wiedereroberung von Zara den Schluss nahe, das ganze Unternehmen sei zuletzt nichts weiter als venezianischer Opportunismus gewesen. Außerdem waren nur Christen angegriffen worden – wenn auch solche der östlichen Kirche. Am schwersten ins Gewicht fiel jedoch, dass nichts geschehen war, um Jerusalem zurückzugewinnen oder die Ägypter aus dem Heiligen Land zu vertreiben. Dieses Ergebnis war für Papst Innozenz III. unannehmbar. Ein Fünfter Kreuzzug musste sein.

Kapitel zehn

KREUZZÜGE GEGEN ÄGYPTEN

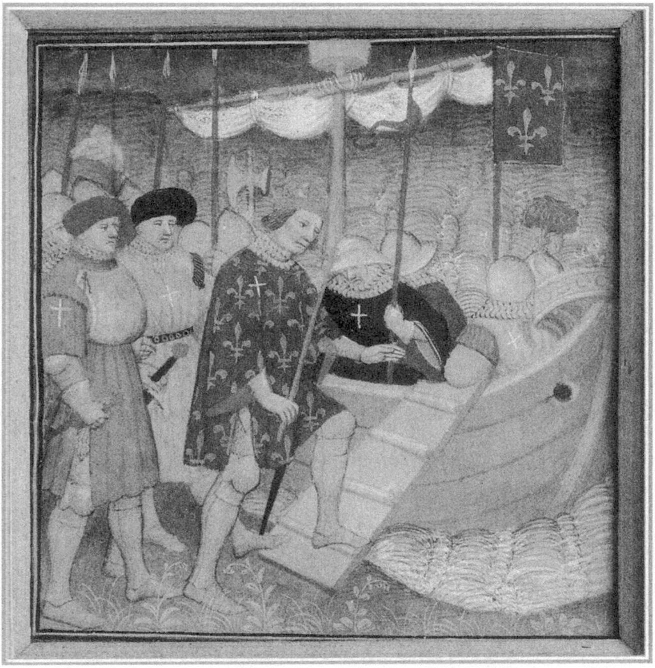

An der Spitze eines großen Heeres, auf dem Weg nach Ägypten, besteigt König Ludwig IX. von Frankreich in Zypern ein Schiff. Beide Kreuzzüge, die er anführte, scheiterten; er selbst starb während des zweiten. Er wurde sehr verehrt und bereits 27 Jahre nach seinem Tod heilig gesprochen. © Erich Lessing / Art Resource, NY

Nach dem Dritten Kreuzzug wurde den Christen im Westen unausweichlich klar, dass das Heilige Land niemals sicher sein würde, wenn seine Verteidigung weiterhin von Notfallexpeditionen aus Europa abhängig bliebe. Es schien sinnlos, Truppen zur Rettung von Tyrus, Antiochia und Akko zu schicken, wenn der Feind in Ägypten saß. Nur wenn westliche Streitkräfte Ägypten eroberten, würde der Druck der Muslime auf das Heilige Land wegfallen, und die Christen hätten zu seinem Schutz in nächster Nähe ausreichend Truppen zur Verfügung. Das wurde zur neuen Strategie.

Der Vierte Kreuzzug hatte genau zu dieser Lösung führen sollen, aber keinen Versuch unternommen, ihn zu realisieren. Noch herrschten Saladins Erben in Ägypten, noch immer war Jerusalem in muslimischer Hand, und die Sicherheit der Kreuzfahrerstaaten war bedroht wie eh und je. Zudem nahm in Europa der Widerstand gegen die immensen Kosten zu, die die Kreuzzüge verursachten. Papst Innozenz III. wusste, was auf dem Spiel stand, als er zum Fünften Kreuzzug aufrief.

DER FÜNFTE KREUZZUG

Es fing nicht gut an. Unerwartet, im Jahr 1216, starb Innozenz. Viele führende Adlige hatten bereits einen

Kreuzzug hinter sich und wollten keinen weiteren mitmachen. Auf Frankreichs Thron saß noch immer Philipp II. August. Teile des Adels waren in lokale Konflikte verwickelt, manche beteiligten sich auch am »Kreuzzug« gegen die Albigenser. Aber Papst Honorius III. gelang es, Herzog Leopold VI. von Österreich und König Andreas II. von Ungarn als Heerführer zu gewinnen. Sie vereinbarten, ihre Truppen nach Spalato (Split) an der dalmatinischen Küste zu bringen, über Land oder per Schiff, und dort im August 1217 an Bord venezianischer Schiffe zu gehen.

Diese Streitmacht war vielleicht die größte, die jemals für einen Kreuzzug aufgestellt worden war – um die 10 000 Ritter mit Pferden und eine entsprechende Zahl von Fußsoldaten.[1] Vergessen wir jedoch nicht, dass zeitgenössische Zahlenangaben alles andere als zuverlässig sind. Jedenfalls überstieg die Zahl der Truppen die Fassungskraft der gecharterten Schiffe bei weitem, und es waren mehrere Fahrten nötig, um sie alle nach Akko zu bringen. Eine Überfahrt dauerte drei Wochen. In Akko erhielten sie Verstärkung von Truppen aus Zypern, angeführt von König Hugo I., sowie aus den Kreuzfahrerstaaten und durch Aufgebote der Ritterorden.

Die Abfahrt der Kreuzfahrer zum Angriff auf Ägypten verzögerte sich, als König Andreas seine Absicht bekannt gab, nach Ungarn zurückzukehren. Er war krank, wahrscheinlich war er von Verwandten, die ihn als unrechtmäßigen König betrachteten, vergiftet worden. Im Januar 1218 sammelte er seine Truppen und trat die Heimreise an.[2] Er hielt unterwegs mehrere Male an, meistens um an Hochzeiten teilzunehmen. Durch seine Abreise verringerte sich die Zahl der verfügbaren Truppen derart, dass beschlossen wurde, die Ankunft weiterer Aufgebote aus Deutschland und Friesland abzuwarten.[3] Im April 1218 trafen diese auf dem Seeweg ein. Die Kreuzfahrerflotte erreichte dann im Mai den Hafen von Damiette (Dumyat); der Angriff auf Ägypten konnte beginnen.

Damiette liegt direkt an der Mündung des Nilhauptarms, knapp vier Kilometer im Landesinneren am See Manzala. Die Stadt war mit einer dreifachen Mauer und vielen Türmen schwer befestigt. Auf einer Insel im Fluss, der Stadt genau gegenüber, befand sich ein starker, hoher Turm, von dem aus eine lange Kette zur Stadtmauer gespannt werden konnte, um Schiffe an der Weiterfahrt nilaufwärts zu hindern.[4]

Die Kreuzfahrer schlugen ihr Lager am Westufer des Nils auf, gegenüber von Damiette. Es war ein für Verteidigungszwecke gut geeigneter Platz mit Zugang zum Meer. Für Offensiven war er allerdings weniger günstig: Die Kreuzfahrer mussten zum Angriff den Nil überqueren. Das taten sie am 23. Juni »mit 70 oder 80 Schiffen«.[5] Der Angriff wurde abgewehrt. Eine Woche später scheiterten sie erneut. Dann, Ende August, banden sie zwei große Schiffe zusammen, und bauten darauf »eine Miniaturburg«,[6] von der eine massive Rampe abging. Mit dieser Vorrichtung fuhren sie gegen den Turm im Nil. Die Soldaten stürmten über die Rampe, zwangen die Garnison zur Kapitulation und zerschnitten die dicke Kette über den Nil. Das war in jeder Hinsicht eine bemerkenswerte Leistung, die Muslime in Damiette staunten nicht schlecht und rechneten mit dem baldigen Fall ihrer Stadt – der wahrscheinlich auch eingetreten wäre, »wären die Christen weiter vorgedrungen und hätten sie Damiette sofort angegriffen«.[7] Sie entschlossen sich aber zu warten, bis das Nilhochwasser zurückging und Verstärkung eintraf. (Auf diesem Feldzug wurde kaum etwas sofort erledigt.)

Ende September trafen tatsächlich zahlreiche Verstärkungen ein, leider auch Kardinal Pelagius von Albano, den der Papst geschickt hatte, damit der Kreuzzug unter ein einheitliches Kommando kam. »Pelagius war ein Spanier, ein Mann von großer Betriebsamkeit und Erfahrung in Regierung und Verwaltung, aber ungewöhnlichem Mangel an Taktgefühl.«[8] Er drohte jedem die Exkommunikation an, der es wagte, ihm zu widersprechen, verwechselte Sturheit mit Entschlossenheit und war letzten Endes für das Scheitern des Fünften Kreuzzugs verantwortlich. Dazu kam es folgendermaßen:

Während die Kreuzfahrer, nachdem sie den Kettenturm genommen hatten, abwarteten, sammelten die Muslime ihre Streitkräfte und im Oktober griffen sie das Feldlager an. Die Kreuzfahrer waren in der Minderzahl, aber es gelang ihnen, den Angriff zurückzuschlagen und fast alle Angreifer zu töten. Wieder begnügten sie sich damit, ihren Sieg zu genießen, anstatt in die Offensive zu gehen. Der ägyptische Sultan war sich dennoch sicher, dass eine Übergabe Jerusalems an die Christen nicht zu vermeiden war, und ließ die Heilige Stadt zerstören. »Die Schleifung der Mauern begann am 19. März«,[9] außerdem wurden die Häuser der (griechischen) Christen geplündert.

Im Februar 1219 waren die Kreuzfahrer zu einem neuerlichen Angriff auf Damiette bereit. Zu dieser Zeit wurde der ägyptische Sultan Al-Kamil durch Informationen über Nachfolgestreitigkeiten in Kairo aufgeschreckt und verließ bei Nacht und Nebel seine Armee. Als die Soldaten am Morgen merkten, dass ihr Anführer sie im Stich gelassen hatte, gerieten sie in Panik und flohen; viele warfen ihre Waffen weg. Aber anstatt Damiette, das zu dieser Zeit nur eine kleine Garnison gehabt haben konnte, zu stürmen, umzingelten die Kreuzfahrer die Stadt und bauten dort ein neues Lager.

Nun wollten die Muslime verhandeln. Sie schlugen vor, alle Teile des Königreichs Jerusalem einschließlich der Stadt zu übergeben und einen 30-jährigen Waffenstillstand zu vereinbaren, wenn die Kreuzfahrer Ägypten verließen. Die militärischen Führer wollten das Angebot annehmen. Kreuzzugsführer Pelagius sagte nein. Darauf boten die Muslime an, noch zusätzlich 30 000 Bezant zu zahlen. Wieder lehnte Pelagius ab. Damit übersah er zwei wichtige Tatsachen: Sein Heer schrumpfte, weil verschiedene Kreuzritteraufgebote die Heimreise antraten, und die ägyptische Armee wurde durch Truppen aus Syrien und anderen islamischen Ländern verstärkt. Im Mai 1219 griffen sie das Lager der Kreuzfahrer an und zogen sich nach schweren Verlusten durch die christliche Fußtruppen, die nicht wichen und wankten, zurück. Zwei Wochen später griffen die Muslime erneut an, wieder war das Schlachtfeld übersät von ihren toten Kämpfern.

Anstatt sich damit zufrieden zu geben, dass es immer wieder gelang, die muslimischen Angriffe abzuwehren, kehrte Pelagius nun den Taktiker heraus und befahl, Damiette zu stürmen. Aber der Angriff blieb stecken, auch ein zweiter, zwei Tage später. Ein weiterer Angriff am 13. und noch einer am 31. Juli gingen ebenfalls schief. Diese Niederlagen schwächten die Kreuzfahrer und dämpften ihre Entschlossenheit, den Muslimen dagegen verschafften sie wieder etwas Selbstvertrauen. Ende August geriet das Heer der Kreuzfahrer in einen Hinterhalt und erlitt eine blutige Niederlage – sie verloren etwa 4300 Mann.[10] Dennoch blieben sie ein großer und gefährlicher Gegner.

Nun boten die Ägypter erneut Verhandlungen an. Zu ihrem Unglück bemerkten christliche Wachposten gegenüber von Damiette, während die Führer des Kreuzzugs das neue Vertragsangebot prüften, welches sie vielleicht, trotz Pelagius' Einwänden, akzeptiert hätten, dass der nächstgelegene Turm wie ausgestorben wirkte. Sie holten eine lange Leiter, stiegen hoch und erkannten, dass der Turm und ein ganzer Mauerabschnitt unbemannt waren. Schnell riefen sie Soldaten herbei und nahmen Damiette ein, ohne auf nennenswerten Widerstand zu stoßen. Verschiedene arabische Chronisten behaupteten zwar, die Kreuzfahrer hätten alle Einwohner umgebracht, aber zur leeren Mauer passt die Erklärung der Kreuzfahrer besser, nämlich dass sie die Stadt verlassen vorfanden und nur auf Tote und Sterbende stießen, vermutlich Opfer einer furchtbaren Krankheit.[11]

Nun, im Besitz von Damiette, riss Pelagius die Führung vollständig an sich, und König Johann von Jerusalem reiste zurück nach Akko. Im Frühjahr (1220) taten es ihm viele Kreuzritter nach. Die Abtrünnigen wurden jedoch durch italienische Truppen ersetzt, die unter dem Befehl verschiedener Erzbischöfe und Bischöfe standen. Diese Kirchenmänner erwiesen sich nicht nur als schlechte Heerführer, sie konnten noch nicht einmal die Disziplin in Damiette wiederherstellen: Nach zeitgenössischen Dokumenten sollen die Soldaten betrunken gewesen sein und die Stadt verwüstet haben. Und die Kleriker konnten die Armee auch nicht bewegen, gegen die Ägypter zu marschieren.

Ein Jahr verging. Die Muslime nutzten die Zeit, um bei Al-Mansura starke Befestigungsanlagen als Ersatz für Damiette zu bauen und den Kreuzfahrern den Vormarsch nach Süden zu versperren. Nun, als mehr Deutsche ankamen und König Johann zurückkehrte, konnte Pelagius einen neuen Feldzug beginnen. Während ihres Marschs nach Süden folgte den Kreuzfahrern eine große Flotte von etwa 600 Schiffen, Galeeren und Booten auf dem Nil. Als sie Al-Mansura erreichten, erkannten sie, dass die Festung nur nach einer langen Belagerung erobert werden könnte. Doch anstatt das muslimische Lager zu umgehen, ließ Pelagius gegenüber Al-Mansura selbst ein befestigtes Lager anlegen. Es war ungünstig gelegen, die Kreuzfahrer konnten Al-Mansura nicht vollständig einschließen, und Tausende von frischen Soldaten strömten ins Lager der Muslime. Wiederholt hatten erfahrene Militärs und Alice, die Königinwitwe von Zypern, Pelagius und die anderen Kirchenmänner gewarnt. Doch Oliver von Paderborn, der dabei war, konnte in seiner exzellenten Geschichte des Fünften Kreuzzugs nur festhalten: »Wegen unserer Sünden verloren nun unsere Führer ihren gesunden Menschenverstand.«[12] Die Muslime brachten große Truppenverbände nach Norden, griffen Schiffe aus Damiette an und versenkten sie. Sie schnitten den Kreuzfahrern nicht nur den Nachschub nach Süden ab, sondern gefährdeten auch einen möglichen Rückzug. Als Pelagius die Gefahr endlich erkannte, wollte er sich mit seinen inzwischen desorganisierten Truppen zurückziehen. Daraufhin zerstörten die Muslime einige Deiche und überfluteten den einzigen Landweg vom Kreuzfahrerlager nach Norden.

Nun, da sie in der Falle saßen und keinen Nachschub mehr hatten, kam sogar Pelagius auf die Idee, es sei Zeit für einen Friedensvertrag. Die Muslime wollten sich nicht zu sehr engagieren, weil die Kreuzfahrer immer noch sehr gefährlich waren; beide Seiten wussten zudem, dass größere Kreuzritteraufgebote aus Deutschland jeden Augenblick in Damiette eintreffen konnten. Also wurde am 30. August 1221 ein achtjähriger Waffenstillstand vereinbart; die Kreuzfahrer erklärten sich bereit, Ägypten vollständig zu räumen, und beide Seiten ließen ihre Gefangenen frei. Die Räumung des Heiligen Landes durch die Muslime, die diese bei früheren Friedensverhandlungen immerhin angeboten hatten, ließ sich nicht mehr erreichen.

Wie sich später zeigen sollte, kamen die deutschen Verstärkungen acht Jahre später, 1229. Dann nämlich erst landete Friedrich II., Kaiser des Heiligen Römischen Reichs, mit einer kleinen Streitmacht in Akko; er war zwei Mal exkommuniziert worden, weil er die Erfüllung seines Kreuzzugsgelübdes lange Zeit aufgeschoben hatte. Er hatte zu wenige Soldaten, um viel ausrichten zu können, dennoch gelang es ihm, mit dem ägyptischen Sultan Al-Kamil einen Vertrag auszuhandeln, wonach Jerusalem, Bethlehem und Nazareth wieder unter christliche Herrschaft kommen sollten. Aber erst ein Jahr später hob Papst Gregor IX. Friedrichs Exkommunikation auf.

Fünfzehn Jahre blieb Jerusalem in christlicher Hand. Dann, am 23. August 1244, überrannten die Choresmier – türkische, mit dem ägyptischen Sultan verbündete Nomaden aus Asien – die »schwache Verteidigung« Jerusalems, »töteten alle Franken, deren sie habhaft wurden, und entweihten die heiligen Stätten«.[13] Darauf zogen sie nach Süden und vereinigten sich mit einer ägyptischen Armee, um die Christen ins Meer zu treiben. Die Kreuzfahrerstaaten und die Ritterorden sammelten schnell alle Streitkräfte, die sie hatten, und trafen bei Gaza auf die Muslime: Das Heer der Christen wurde vernichtet. Dass die Kreuzfahrer ihre Hafenstädte behalten konnten, lag nur daran, dass zwischen Türken und Ägyptern ein Bruderkrieg ausbrach.

DAS GROSSARTIGE SCHEITERN LUDWIGS DES HEILIGEN

Einige Wochen nach der Katastrophe machte sich der Bischof von Beirut auf den Weg, »um den Fürsten des Abendlandes … mitzuteilen, daß Verstärkungen nach Osten geschickt werden müßten, wenn das ganze Königreich nicht untergehen solle«.[14] Zum Glück für das Königreich fiel dieser Appell zusammen mit dem Entschluss des Königs von Frankreich, das Kreuz zu nehmen, nachdem er unerwartet von einer schweren Krankheit genesen war. Er hätte das Kreuz auch nehmen können, bevor die Nachricht von der letzten Katastrophe in den Kreuzfahrerstaaten Europa erreicht hatte; jedenfalls wurde Ludwig IX. für seinen Kreuzzug ebenso sehr verehrt wie für seine Heiligkeit; 1297, nur 27 Jahre nach seinem Tod, wurde er heilig gesprochen.

Der von ihm angeführte Kreuzzug war unter allen Kreuzzügen das vermutlich am besten organisierte, finanzierte und geplante Unternehmen, und das war in der Hauptsache Ludwigs Fähigkeiten und seiner Rechtschaffenheit zu verdanken.[15] Den Anfang machte er mit der Einberufung einer Versammlung von Adligen nach Paris im Oktober 1245.

Auf sein Drängen nahmen die meisten der Versammelten das Kreuz. Zugleich führte er eine neue, ziemlich hohe Steuer zur Finanzierung des Kreuzzugs ein.

Wieder sollte es gegen Ägypten gehen – geplant war, in Damiette an Land zu gehen und nach Kairo zu marschieren. Dieses Mal jedoch wollten die Kreuzfahrer sich nicht von der Nilüberschwemmung überraschen lassen, die zu der Katastrophe von 1221 geführt hatte. Als er seine Vorbereitungen für den Kreuzzug traf, versuchte Ludwig noch andere Könige in Europa zu gewinnen, aber er hatte kein Glück. Besonders enttäuschend für ihn war, dass auch König Haakon von Norwegen absagte, denn der hätte die benötigte Flotte beisteuern können. Ludwig musste Schiffe aus verschiedenen Häfen, auch aus England und Schottland, organisieren, die meisten jedoch bestellte er in Genua.

Im Jahr 1248, nach vielen Verzögerungen, stach Ludwig in See, erreichte am 17. September Zypern, wo die Kreuzfahrer überwinterten. In der Zwischenzeit bat Fürst Bohemund V. von Antiochia um Hilfe gegen die Choresmier, und Ludwig schickte ihm 500 Ritter.[16] Ende Mai 1249 schifften die Kreuzfahrer – »2500 bis 2800 Ritter, 5000 Armbrustschützen und 15 000 andere Soldaten« – erneut ein und nahmen Kurs auf die ägyptische Küste.[17] Kaum waren sie am Strand vor Damiette an Land gegangen, wurden sie von ägyptischen Reitereinheiten angegriffen. Auch die Ritter kämpften zu Fuß, aber gegen die massive Speerwand der Fußtruppen kamen die Ägypter nicht an und zogen sich nach schweren Verlusten zurück, zuerst vom Strand, dann auch aus der Stadt – und »sämtliche muselmanischen Zivilisten flohen mit« ihnen.[18] In nur wenigen Stunden war Damiette gefallen.

Doch dieser schnelle Sieg brachte den Zeitplan durcheinander. Ludwig hatte geglaubt, er brauche den ganzen Sommer, um Damiette einzunehmen, und wollte erst im Herbst den Nil flussauf ziehen, wenn sein Wasserstand wieder auf normal gefallen war. Wäre er jetzt nach Süden marschiert, würde es während der Überschwemmungsphasen des Nils zu Gefechten kommen, was den Fünften Kreuzzug bekanntlich in ernsthafte Schwierigkeiten gebracht hatte. Ludwig wartete also ab. Aber auch das war nicht ohne Probleme; stets herrschte Unruhe im Lager, Krankheiten und Streitigkeiten forderten ihren Tribut. Zudem schwanden Ludwigs Truppen im Laufe des Sommers zusehends: einige Aufgebote traten die Heimreise an.

Am 20. November brach Ludwig mit seinen Kreuzfahrern zur Festung von Al-Mansura auf, die 1220 gebaut worden war, um sich Pelagius' Truppen entgegenzustellen, die in der Zwischenzeit aber erheblich verstärkt wurden. Um Al-Mansura zu erreichen, mussten die Kreuzfahrer einen Nilarm überqueren. Eine Brücke konnten sie nicht bauen, also bestachen sie einen Kopten aus der Gegend, um ihnen eine »Furt über der Bahr as-Saghir zu enthüllen«.[19] Der Übergang war schwierig, einige Ritter ertranken im Fluss. Trotz des Befehls, sich am anderen Ufer zu formieren und auf das übrige Heer zu warten, griff die Vorhut sofort die ägyptischen Truppen an, die vor den Stadtmauern lagerten. Als die Ägypter flüchteten, jagten die hitzköpfigen Soldaten hinter ihnen her. Und trotz der zornigen Haltebefehle des Großmeisters der Templer verwickelten sie sich bald in Straßenkämpfe in Al-Mansura. Dort sammelten sich die Muslime, und die zahlenmäßig hoffnungslos unterlegene Vorhut der Kreuzfahrer wurde vernichtet. Als dann jedoch die Hauptarmee heranrückte, vertrieben die Kreuzfahrer die Ägypter aus der Festung. Al-Mansura gehörte ihnen.

In dieser Situation hätten sich die Kreuzfahrer, um die Nachschubwege wieder zu verkürzen, besser nach Damiette zurückziehen sollen. Aber der Sieg stärkte ihr Selbstvertrauen und sie begannen mit den Muslimen über einen Austausch von Damiette gegen das Heilige Land zu verhandeln. Die Unterredungen zogen sich hin, derweil die nilauf segelnden Schiffe mit Nachschub für die Kreuzfahrer von den Muslimen aufgebracht wurden. Die Christen unterlagen allmählich den ungesunden Bedingungen, die an ihrem sumpfigen Lagerplatz herrschten. Bald waren von den 2700 Rittern, die nach Süden marschiert waren, nur noch 450 kampffähig.[20] Schließlich gab Ludwig seinen Truppen den Befehl zum Rückzug nach Damiette – aber unterwegs zerfiel die Disziplin, und durch ein Missverständnis ergaben sich die Kreuzfahrer. Die Muslime töteten alle Nachzügler, auch die Kranken und Verwundeten auf den Kreuzfahrerschiffen. Andere konnten wählen zwischen dem Tod und dem Übertritt zum Islam – viele wählten den Tod. Auch Ludwig geriet in Gefangenschaft, wurde aber nicht vor diese harte Alternative gestellt. Stattdessen wurde ein enormes Lösegeld ausgehandelt (das die

Templer besorgten), und Ludwig und seine wichtigsten Barone kamen frei.

Ludwig kehrte nicht nach Frankreich zurück, er blieb noch vier Jahre im Heiligen Land und investierte große Summen in die Verstärkung und den Neubau der Verteidigungsanlagen von Akko und Jaffa. Als er 1254 schließlich die Heimreise antrat, ließ er 100 französische Ritter und Fußtruppen in großer Zahl zur Verteidigung von Akko zurück. Ihr Sold und Unterhalt kosteten ihn 10 000 Pfund im Jahr, etwa vier Prozent der jährlichen Einnahmen der Krone.[21]

Dass Ludwig den Kreuzzug nicht zu einem Erfolg geführt hatte, enttäuschte viele Europäer und trug zur wachsenden Opposition gegen die Kreuzzüge bei. Die indirekten Folgen in Ägypten waren noch fataler: Der Sultan wurde von den Mamlukensklaven seines Vaters ermordet, und damit endete die Herrschaft von Saladins Dynastie. Die Mamluken beherrschten Ägypten in den nächsten 267 Jahren.

BAIBARS' ANGRIFF AUF DIE KREUZFAHRERSTAATEN

Ein ägyptischer Heerführer, der zur Niederlage des Heiligen Ludwig beitrug, war ein Mamluk namens Baibars. Zehn Jahre später wurde der erste Mamlukensultan von Ägypten ermordet, und Baibars besetzte den Thron. Er war ein sehr fähiger, aber auch brutaler Herrscher.

Das Wort Mamluk ist keine Bezeichnung für eine Ethnie oder einen Stamm, sondern arabischer Herkunft und heißt so viel wie »jemandes Besitz sein«.[22] Die

Mamluken waren Sklaven, die als Kinder entführt oder gekauft wurden – häufig aus Dörfern im Kaukasus, daher war es nicht ungewöhnlich, dass Baibars blaue Augen hatte und groß gewachsen war. Diese kaukasischen Jungen wurden als Muslime erzogen und zu Sklavenkriegern ausgebildet, die dem Sultan ergebenen waren.

Nachdem er sich des Throns bemächtigt hatte, festigte Baibars in seinen ersten zwei Regierungsjahren zunächst seine Macht, reorganisierte die Armee und baute seine Seestreitkräfte neu auf.[23] 1263 wagte er den ersten Vorstoß ins Heilige Land, plünderte mit seinen Truppen zunächst Nazareth und zerstörte dessen berühmte Kirche. Er zog dann an der Spitze seiner Truppen weiter nach Akko, befand aber, dass die Stadt viel zu gut befestigt war und verteidigt wurde – zu der Garnison gehörten die Ritter und die Fußsoldaten, die Ludwig IX. zurückgelassen hatte. Baibars beschränkte sich darauf, die Umgebung der Stadt zu plündern, und kehrte nach Ägypten zurück.

Im Jahr 1265 kam er mit einer größeren Streitmacht zurück, nun mit tödlichen Absichten. Sein erstes Ziel war die kleine Hafenstadt Caesarea. Sie fiel ohne großen Widerstand. Dann führte Baibars seine Truppen die Küste hinauf nach Haifa. »Jene Einwohner, die rechtzeitig Warnung erhalten hatten, flohen zu den Schiffen im Hafen und ließen Stadt und Zitadelle im Stich, die zerstört wurden; die zurückgebliebenen Einwohner wurden umgebracht.«[24] Als Nächstes griff Baibars die große Templerburg in Atlit an. Ein Dorf vor den Mauern der Stadt konnte er niederbrennen, gegen die Festung kam er nicht an. So zog er Ende März weiter die Küste hinunter zur kleinen Hafenstadt Arsuf (Arsur oder Apollonia). Sie wurde von 270 Johannitern verteidigt, »die mit »bewundernswertem Mut einen glänzenden Kampf lieferten«.[25] Die Unterstadt fiel Ende April an Baibars, aber die Zitadelle hielt noch durch. Er schlug Übergabebedingungen vor: Alle Ritter sollten frei gehen können. Sie ergaben sich, Baibars brach sein Wort und versklavte sie. Da er befürchtete, die Kreuzfahrer könnten eines Tages wiederkommen und diesen Außenposten zurückerobern, machte er die Zitadelle und die Stadt dem Erdboden gleich, sodass der Ort nie wieder besiedelt wurde. Dann nahm er sich noch einmal Akko vor, wieder fand er es zu stark, und so führte er seine Armee zurück nach Ägypten.

Im Jahr 1266 richtete Baibars seine Aufmerksamkeit auf die Inseln des Widerstands, die es im Landesinneren noch gab, zog zunächst zur mächtigen Burg Montfort – sah aber sofort, dass sie zu stark war. Er führte seine Truppen weiter zur Templerburg bei Safed im galiläischen Hügelland. Sie war besetzt mit einigen Templern und einer größeren Anzahl syrischer Söldner. Als Baibars heranzog, desertierten die Syrer, und die Templer hatten nicht mehr genügend Männer, um die Mauern zu besetzen. Baibars machte ihnen ein Verhandlungsangebot: Wenn sie die Festung übergeben würden, könnten sie sich nach Akko zurückziehen. Die Templer öffneten die Tore und marschierten hinaus. Die Muslime ergriffen sie und schlugen jedem den Kopf ab.[26] Dann widmete Baibars sich dem christlichen Dorf Qara, dort ließ er alle erwachsenen Bewohner umbringen und die Kinder versklaven. Im Herbst schickte er eine Armee nach Antiochia, aber seine Heerführer entschieden sich gegen einen Angriff.

Im Frühjahr 1267 ließ Baibars seine Truppen noch einmal vor Akko aufmarschieren und die Mauern angreifen, aber sie wurden zurückgeschlagen. Um diese Niederlage wettzumachen, durchsuchte Baibars die ländliche Umgebung nach Christen oder solchen, die in dem Verdacht standen, Christen zu sein, und ließ die enthaupteten Leichen vor Akkos Mauern bringen. Aber es nutzte ihm nichts.

1268 eroberte Baibars die Stadt Jaffa und tötete ihre Einwohner, im Mai zog er erneut nach Antiochia. Die Garnison hatte nicht genügend Männer, um die Mauern voll zu besetzen, konnte den ersten Angriff dennoch abwehren. Die Ritter wussten, dass Baibars seine Übergabeversprechungen in Safed und Arsuf nicht eingehalten hatte; Verhandlungen waren also sinnlos. Bei ihrem zweiten Angriff auf Antiochia brachen die Muslime durch die Mauer. Es folgte »das größte Massaker der gesamten Kreuzzugsära«;[27] – ein Blutbad, das selbst muslimische Chronisten schockierte.[28] Die Tore wurden geschlossen und bewacht, darauf fand eine Orgie der Gewalt statt, die Menschen wurden gefoltert und getötet, die Kirchen geschändet – genau so, wie es Papst Urban II. vor 200 Jahren beschrieben hatte, um die Menge auf der Wiese vor den Toren Clermonts aufzurütteln. Wer Zweifel an der Richtigkeit dieser Darstellung hat, sollte sich anschauen, wie Baibars selbst mit seinen Heldentaten prahlte und in allen Einzelheiten beschrieb, was er bei der Eroberung Antiochias anrichten ließ.

Als diese Katastrophe über seine Stadt hereinbrach, war Graf Bohemund VI. von Antiochia nicht dort, und Baibars schickte ihm einen Brief, in dem er ihm berichtete, was er verpasst hatte: »Du hättest deine Ritter unter den Pferdehufen liegen sehen sollen und deine Häuser, wie sie von Plünderern gestürmt wurden ... Du hättest deine muslimischen Feinde an dem Ort herumtrampeln gesehen, an dem ihr die Messe feiert, du hättest gesehen, wie sie den Mönchen, Priestern und Diakonen auf den Altären die Kehle durchschnitten, den Patriarchen den plötzlichen Tod brachten und die königlichen Prinzen in die Sklaverei führten. Du hättest das Feuer in euren Palästen und eure Toten in dieser Welt verbrannt gesehen, bevor sie nach unten in das Feuer der nächsten eingingen.«[29] Zugegeben, die Stadt hatte Widerstand geleistet. Aber da sich Baibars' Kapitulationsvereinbarungen in der Vergangenheit als wertlos erwiesen hatten, blieb den Bewohnern nichts anderes übrig.

Das Massaker von Antiochia wird – traurig zu sagen, aber kaum erstaunlich – in jüngeren Geschichten der Kreuzzüge selten erwähnt. Acht Zeilen hat Steven Runciman dafür übrig,[30] Hans Eberhard Mayer gerade mal eine,[31] und Christopher Tyerman, der den schrecklichen Einzelheiten des Massakers von Jerusalem während des Ersten Kreuzzugs mehrere Seiten widmet, tut das Massaker von Antiochia mit vier Worten ab.[32] Karen Armstrong braucht zwölf Worte und gibt dann noch den Kreuzfahrern die Schuld, schließlich hätten sie mit ihrer fatalen Bedrohung dafür gesorgt, dass ein »neuer Islam« mit einer »verzweifelten Entschlossenheit zu überleben« entstanden sei. Baibars, fügte sie hinzu, ein Freund und Förderer der Künste, sei niemand, »der einfach nur zerstört, ... sondern der auch aufgebaut hat«.[33]

Nach dem Fall von Antiochia bildeten die christlichen Staaten im Osten nur noch einen schmalen Streifen entlang der Küste um einige Häfen: Akko, Tyrus, Sidon,

Beirut und Alexandretta, eine winzige Enklave an der Küste im ehemaligen Fürstentum Antiochia.[34] Baibars versuchte erst gar nicht diese letzten Stützpunkte zu stürmen, einerseits ihrer imponierenden Befestigungen und geschickten Verteidiger wegen, zum anderen weil sie, mit ihrem Zugang zum Meer, nicht vollständig eingeschlossen werden konnten. Zudem hatte er noch andere Sorgen. Er hatte erfahren, dass Ludwig IX. einen weiteren Kreuzzug organisierte.

LUDWIG DER HEILIGE

Ludwig der Heilige war bereits über fünfzig und etwas schwächlich, aber noch immer drängte es ihn, die Kreuzfahrerstaaten zu retten. Und so nahm er 1267 noch einmal das Kreuz, zusammen mit seinen drei Söhnen und zwei Brüdern – Karl von Anjou und Alfons von Poitiers. Von den Fürsten Europas erklärten sich nur König Heinrich III. von England und König Jakob I. von Aragon bereit, mit ihm zu ziehen.

Dieser neue Kreuzzug wurde ebenso sorgfältig geplant und organisiert wie sein Vorgänger – deshalb dauerte es drei Jahre, bis er in Fahrt kam. Wieder wurde der Seeweg gewählt, Ludwig mietete eine genuesische Flotte, damit ihm in Marseille genügend Schiffe zur Verfügung standen. Wieder war Ägypten das erste Ziel, und der Punkt, an dem sich alle trafen, sollte Cagliari auf Sardinien sein. Im Juni 1270 traf Ludwig dort ein. Die Flotte aus Aragon jedoch hatte in einem Sturm so schwere Schäden erlitten, dass, wer noch konnte, umgekehrt war; die Überlebenden wollten sich in der Heimat neu organisieren. In England hatte sich Heinrich III. entschlossen, nicht selbst zu fahren, sondern er hat an seiner Stelle seinen Sohn Eduard geschickt, wodurch sich die Abfahrt der englischen Flotte bis August verzögerte. Also machte sich Ludwig allein auf den Weg, nahm direkten Kurs nach Süden und erreichte am 18. Juli 1270 Tunis. Rasch brachten die Franzosen eine Festung in ihre Gewalt, die an der Stelle des alte Karthago errichtet worden war, und bauten ein sicheres Lager auf.[35]

Es ist viel darüber diskutiert worden, warum Ludwig nach Tunis segelte und nicht nach Ägypten oder Akko. Die meisten Historiker nehmen an, er habe geglaubt, Mohammed I., Emir von Tunis, sei bereit, zum Christentum überzutreten, wenn er von einer starken christlichen Armee geschützt werde.[36] Erst nach ihrer Ankunft erfuhren die Kreuzfahrer, dass sie einem falschen Gerücht aufgesessen waren. Die Stadt war zwar nur schwach verteidigt, doch Ludwig wollte keinen Ärger, während er auf die aragonesischen und englischen Kreuzfahrer wartete. Aber was die muslimischen Truppen aus Schwäche nicht vollbringen konnten, das vollbrachte das Klima. »Die Sommerhitze setzte den Kreuzfahrern schrecklich zu, und tödliche Krankheiten breiteten sich im Lager aus. Viele Soldaten starben.«[37] Auch Ludwig wurde krank, starb am 25. August 1270. Seinen Leichnam brachte man nach Frankreich zurück. Sein prächtiges Grabmal wurde in den französischen Religionskriegen zerstört, und seine sterblichen Überreste sind verschwunden.

Bald nach Ludwigs Tod traf Prinz Eduard mit seinen englischen Truppen ein und erfuhr höchst erstaunt, dass die Franzosen nach Hause fahren wollten. Seine Streitkräfte waren viel zu klein, um Baibars in Ägypten anzugreifen; er gab aber nicht auf und segelte weiter nach Akko, wo er im Mai 1271 mit 200 bis 300 Rittern und etwa 600 Fußsoldaten eintraf.[38] Er hatte zwar nicht genug Truppen, um verlorenes Gebiet zurückzuerobern, doch genügend, um Akko nahezu unangreifbar zu machen. Das versetzte Eduard in die Position, einen zehnjährigen Friedensvertrag mit Baibars auszuhandeln. Nach Abschluss dieses Vertrags segelte er nach England zurück und erfuhr, dass sein Vater gestorben war: Nun war er König Eduard I.

Im Jahr 1271 schickte Baibars seine neue Kriegsmarine los, um Zypern anzugreifen. Aber es blieb, trotz des Überraschungsvorteils, den die Muslime hatten, ein ungleicher Kampf: Am Abend hatten die Ägypter keine Flotte mehr. Um dieselbe Zeit konnten Baibars' Truppen die große Johanniterfestung Krak des Chevaliers erobern, sie kontrollierten nun die Zugangswege nach Tripolis. Aber dann willigte Baibars doch in den Zehnjahresvertrag mit Prinz Eduard ein. Damit endete die Bedrohung für die letzten christlichen Stützpunkte. Am 1. Juli 1277 starb Baibars. Zu seiner Todesursache gibt es verschiedene Überlieferungen, aber es wird allgemein angenommen, dass er das Getränk eines ayyubidischen Fürsten vergiften ließ und es dann aus Versehen selbst trank.[39]

SCHLUSS

Der Geist der Kreuzzüge starb nicht mit dem Heiligen Ludwig, aber die Zweifel, die sich seit langem aufgebaut hatten, bekamen durch seine Fehlschläge einen starken Auftrieb. Wenn so gut ausgestattete und organisierte Kreuzzüge, geführt von einem so erfahrenen und heiligmäßigen Mann wie Ludwig nicht siegen konnten – wer und was dann? Zudem hatte sich Ludwig viele Gegner gemacht, selbst im Klerus, denn auch sie mussten Steuern zahlen, mit denen der König diese Unternehmungen finanzierte. Nach Ludwigs Niederlage und seinem Tod wurde die Opposition gegen die Kreuzzugssteuern stärker, und viele einflussreiche Leute verurteilten die Verteidigung des Heiligen Landes als nutzlosen, fehlgeleiteten und vermutlich bösen »Sumpf«.

Schluss

DIE AUFGEGEBENE MISSION

Dieses Bild aus dem 19. Jahrhundert – ein älterer Kreuzfahrer auf der Heimreise – steht symbolisch für das Ende des Zeitalters der Kreuzzüge, die aufgegeben wurden, weil die Europäer nicht mehr bereit waren, weiterhin Steuern zu ihrer Finanzierung zu zahlen. © Erich Lessing / Art Resource, NY

Solange die Kosten für die Kreuzzüge von den Kreuzrittern und ihren Familien getragen wurden, erhoben sich kaum Einwände gegen die immer wieder neuen Versuche, das Heilige Land zu befreien und zu sichern. Als jedoch Könige zu ihren Anführern wurden, legten diese die Kosten um auf die ganze Bevölkerung, auch Klerus und Orden mussten diese Kreuzzugssteuern zahlen. Sofort regte sich Unmut. Und er nahm zu, als blutige »Kreuzzüge« gegen »Ketzer« geführt wurden: Tausende von Katharern, Waldensern, Begarden und Beginen wurden von der Kirche verurteilt, im Kampf getötet oder zu Tode gehetzt. Das alles führte zu einer Art mittelalterlicher Antikriegsbewegung, die sich schließlich durchsetzte. Nach zwei Jahrhunderten, in denen die christlichen Staaten im Heiligen Land Unterstützung fanden, wurden diese aufgegeben.

KREUZZUGSSTEUERN

Der erste König, der einen Kreuzzug anführte, war Ludwig VII. von Frankreich. Er war auch der Erste, der Steuern erhob, um seinen Zug ins Heilige Land zu finanzieren. Diese Steuer scheint nur vom Klerus erhoben worden zu sein, vor allem von den Orden. Jedenfalls beschwerte sich der Abt von Ferrières als Erster über die Steuer, er hielt sie für ungerecht und zu hoch. Er war nicht der Einzige. Auch der Abt von Saint-Benoît-sur-Loire protestierte, er müsse silbernen und goldenen Altarschmuck einschmelzen, um die geforderte Summe aufzubringen.[1] Der Abt von Mont-Saint-Michel wiederum beklagte sich nicht nur bitter, dass er wegen der Steuer seine Kirche »plündern« müsse, sondern »er schrieb auch das Scheitern des Feldzugs einem göttlichen Urteil zu«.[2] Wir wissen nicht, wie viel durch Ludwigs Steuer zusammenkam, aber es reichte nicht aus. Der König selbst lieh sich beträchtliche Summen und schrieb mehrere Male an seinen Obersteuereinnehmer um Vorschüsse und Darlehen.

Im Jahr 1166 erhoben König Heinrich II. von England und König Philipp August von Frankreich noch höhere Steuern, diesmal nicht nur vom Klerus, sondern auch von Laien. In England wurde die Rate auf zwei Pence von jedem Pfund Sterling Einkommen im ersten Jahr und einen Penny für die nächsten vier Jahre festgesetzt. In Frankreich stieg der Steuersatz ähnlich. Diese Steuer könnte die europaweit erste gewesen sein, die auf Einkommen erhoben wurde und nicht auf Eigentum.[3] Zunächst scheint sie auf wenig Ablehnung gestoßen zu sein. Das aber änderte sich, als in England und Frankreich 1188 eine erneute Steuer zur Unterstützung eines Kreuzzugs, es war inzwischen der Dritte, erhoben wurde. Diese Steuer, der sogenannte Saladinzehnte, verursachte viel Ärger.

Mit dem Saladinzehnten machte Heinrich II. den Anfang, Philipp August von Frankreich folgte ihm. Er bestand in einer Zahlung von zehn Prozent (dem Zehnten) des gesamten Einkommens und beweglichen Eigentums der Personen, die am Kreuzzug nicht teilnahmen.

Zum Verzweifeln aber brachte die Untertanen des Königs die neue Regelung, nach der es nicht mehr dem Gewissen des Einzelnen überlassen bleiben sollte, wie viel er zahlte, weil man davon ausging, dass jeder sich korrekt taxierte. Nun aber wurden für jede Pfarrei ein Templer und ein Johanniter als Steuereinnehmer bestimmt, zusammen mit einem Priester und zwei Pfarreimitgliedern. Dieses Gremium war befugt, Nachforschungen anzustellen und Säumige festsetzen zu lassen, bis sie alles bezahlt hatten.[4] Viele Vertreter der Kirche sagten dem Kreuzzug wegen dieser missbräuchlich erhobenen Steuer ein böses Ende voraus. Sogar ein französischer Troubadour besang die »Tyrannen, die das Kreuz nahmen, um Priester, Bürger und Soldaten zu besteuern … Es waren derjenigen mehr, die das Kreuz aus Gier nahmen und nicht aus ihrem Glauben.«[5]

Am 6. Juli 1189 starb Heinrich II., sein Nachfolger wurde sein Sohn Richard Löwenherz. Wegen des Saladinzehnten erbte Richard eine übervolle Staatskasse, die mindestens 100 000 Mark enthielt, obwohl Heinrich kurz vor seinem Tod den Templern und Johannitern 30 000 Mark für die Verteidigung von Tyrus gegeben hatte.[6] Richard, so zeigte sich, konnte großzügig ausgeben, denn er hatte immer das Geld dazu.

Ende des 12. Jahrhunderts verlagerte sich die Steuerlast von der Krone auf das Papsttum: 1199 erhob Innozenz III. zur Unterstützung des Vierten Kreuzzugs eine Steuer von 2,5 Prozent auf alle Einkünfte der Kleriker. In vielen Fällen führte das zum offenen Aufstand und zur Zahlungsverweigerung.

Das Eintreiben der Kreuzzugssteuern erreichte seinen Höhepunkt während der Regierung Ludwigs des Heiligen. Er hat, so wurde errechnet, zwischen 1247 und 1257 etwa 1,5 Millionen Livres für die Kreuzzüge ausgegeben, das heißt sechsmal mehr als das Einkommen der Krone. Die Differenz wurde durch »Schenkungen« und Sondersteuern ausgeglichen. Was die »Schenkungen« angeht: 1248 erhielten 82 Städte in Nordfrankreich den Befehl, große Summen zu »geben«, um »die Reise nach Outremer« zu unterstützen.[7] Sie gaben 275 000 Livres. Außerdem kamen große Summen aus der Besteuerung der Kirchen: Der »französische Klerus bot ein Zehntel über fünf Jahre an«, das dürften Einnahmen in Höhe von einer Million Livres gewesen sein.[8] Gleichwohl zahlten viele führende Adlige für sich und ihre Aufgebote selbst. Das Kreuz zu nehmen war kostspielig.

ERSTES AUFBEGEHREN

Von Anfang an haben einige christliche Theologen die Lehre verurteilt, dass Teilnehmern an einem Kreuzzug die Sünden vergeben werden und dass die Teilnahme – »das Kreuz zu nehmen« – als moralisches Äquivalent für das Mönchsgelübde zu gelten habe. Diese Kritik bekam Auftrieb, als die Kreuzzüge die Ziele, die sie sich gesetzt hatten, nicht erreichten, was manche auch zu der Behauptung brachte, Gott habe diese Kriege nicht gewollt. »Es wurden sogar blasphemische Stimmen laut«,[9] die sagten, Gott begünstige die Muslime. Ein bekannter Troubadour fragte: »Gott, warum hast du dieses Unglück über unseren französischen König gebracht? … Es ist ganz vernünftig, dass wir nicht mehr an Gott glauben und Mohammed anbeten.«[10] Noch verletzender ist das Gedicht eines verzweifelten Tempelritters, geschrieben, nachdem Baibars bei Arsuf die Ritter töten oder versklaven ließ:

> Mein Herz ist so voller Kummer, dass nicht mehr viel fehlt und ich mich auf der Stelle selbst töte oder dieses Kreuz abreiße, dass ich Ihm, dem Gekreuzigten, zu Ehren genommen habe. Denn weder das Kreuz noch mein Glaube schützen und führen mich gegen die verfluchten Türken. Vielmehr scheint es, wie jeder sehen kann, dass Gott sie zu unserem Schmerz schützen möchte. ... Wer die Türken bekämpft, ist verrückt, denn Jesus Christus schlägt ihnen nichts ab.[11]

Um solchen Einwänden zu begegnen, brachten führende Kirchenmänner das Argument ins Spiel, Gott habe diese Niederlagen wegen der Sünden der Kreuzfahrer zugelassen.[12] Manche Kreuzfahrer machten sich diese Erklärung selbst zu eigen und veranstalteten eindrucksvolle Bußrituale: so etwa das dreitägige Fasten und den Barfußmarsch um die Mauern Jerusalems im Jahr 1099. Natürlich hatte die Buße ihre Grenzen, die Huren etwa wurden nie aus den Feldlagern verbannt.[13] Die Stimmen jedenfalls, die sagten, Gott sei nicht mit den Kreuzfahrern, wurden lauter – vor allem unter jenen, die die meisten Steuern zahlten.

Auf dem Konzil von Lyon im Jahr 1274 bat der Papst den geschätzten Humbert de Romans, Ordensmeister der Dominikaner, über die Opposition gegen die Kreuzzüge zu berichten, und der lieferte eine meisterhafte Zusammenfassung.

Humbert begann mit der Feststellung, die Muslime hätten die Kreuzzüge provoziert. Seit über 600 Jahren griffen sie die Christenheit an. Ganz Nordafrika etwa sei einst eine blühende christliche Region gewesen, geblieben sei davon aber nur noch ein christliches Bistum, in Marokko. Muslime seien in Spanien, Italien und auf Sizilien eingefallen. Am schlimmsten aber sei, dass sie das Heilige Land genommen und entweiht hätten. Ohne jeden Zweifel seien die Kreuzzüge eine christliche Pflicht. Warum aber, fragte Humbert, drückten sich so viele?

Manche gingen nicht, weil sie der Sünde und Zügellosigkeit verfallen seien, andere aus Angst. Und nicht nur Angst vor dem Kampf: Viele sonst tapfere Ritter hätten schreckliche Angst, übers Meer zu fahren. (Jedermann wusste, dass kampferprobte Männer von ihrem Kreuzzugsgelübde zurücktraten, als man vor allem auf dem Seeweg ins Heilige Land zog.) Wieder andere seien zu sehr von ihren Geschäften in Anspruch genommen oder sorgten sich um die Familie. Überhaupt seien oft Frauen die schärfsten Gegner der Kreuzzüge, selbst wenn einige von ihnen mit ihren Männern, Söhnen oder Geliebten nach Osten zogen.

Der Hauptgrund für das abnehmende Interesse an den Kreuzzügen aber waren die Angriffe, mit denen Kritiker sie überzogen. Einige hielten es für eine Sünde, jemanden zu töten. Andere wandten ein, man solle die Muslime lieber in Ruhe lassen, es sei denn, sie fielen in Europa ein: »Wenn wir sie erobern und töten, schicken wir sie zur Hölle, was sich mit christlicher Liebe nicht vereinbaren lässt.«[14] Wieder andere verurteilten die Kreuzzüge, weil sie das Leben und die Energie der Besten und Intelligentesten vergeudeten. Viele fragten sich, wie viel Nützlicheres Ludwig IX. hätte tun können, wäre er in Frankreich geblieben und alt geworden. Am überzeugendsten aber waren diejenigen, die die Kreuzzüge als vergeblich hinstellten: Die Muslime seien zu viele, und Palästina zu weit weg. Und immer wieder kam die Rede auf die Steuern. Die Kreuzfahrerei war zu teuer.

Außerdem wurden sie zu einer Zerreißprobe. Die heftigsten Kritiker der Kreuzzüge attackierten die Kirche mit gleicher Heftigkeit auch aus anderen Gründen. Die Katharer (Albigenser) verdammten jegliches Töten, auch die Todesstrafe, und vor allem die Kreuzzüge. Auch die Waldenser waren gegen das Töten und verurteilten vor allem darum die Kreuzzüge. Das freilich erleichterte es, die Ablehnung beider Gruppen zu schüren. Aber die blutigen Feldzüge gegen die Häretiker Südfrankreichs – auch sie wurden von der Kirche als »Kreuzzüge« gerechtfertigt – wirkten zurück und entfachten einen weitaus größeren Widerstand gegen die Kreuzzüge überhaupt. Die Feldzüge gegen Katharer und Waldenser waren brutale Vernichtungskriege, die ganze Landstriche verwüsteten, die Wirtschaft schädigten und in vielen europäischen Regionen heftige Verbitterung hinterließen.

Alles das wirkte zusammen, und nachdem Eduard I. 1272 nach England zurückgekehrt war, zogen keine größeren Kreuzfahrerverbände mehr ins Heilige Land – kleinere Aufgebote allerdings machten sich noch immer auf den Weg, darunter der Zug von Gräfin Alix von Blois (Alix von Bretagne) im Jahr 1287 und der von Otton de Grandson im Jahr 1290.

DAS ENDE DES KÖNIGREICHS JERUSALEM

Unter der Führung des ägyptischen Mamlukensultans Saif ad-Din Qalawun zog im Februar 1289 eine große Armee nach Norden und belagerte Tripolis, einen der fünf letzten Kreuzfahrerhäfen im Heiligen Land. Die Warnung der Templer, Ägypter seien im Anmarsch, schlug man in Tripolis zunächst in den Wind. Und im Vertrauen auf ihre Befestigungsanlagen trafen die Kreuzfahrer keine besonderen Vorkehrungen, bis der Feind buchstäblich vor den Toren stand. Zu ihrer Überraschung war das muslimische Heer nicht nur viel größer, als man es in Tripolis für möglich gehalten hatte, sondern es fuhr auch riesige Belagerungsmaschinen auf, die die Mauern zerschmettern konnten. Als der Beschuss losging, entschlossen sich venezianische Kaufleute, die in der Stadt ansässig waren, mit ihren kostbarsten Besitztümern abzusegeln: Ihrer Meinung nach war die Stadt nicht zu halten. Das schreckte die Kaufleute aus Genua auf, auch sie stiegen eilig in ihre Schiffe und verschwanden. Daraufhin brach die Ordnung in der Stadt zusammen, gerade als die Muslime einen Generalangriff auf die Breschen in der Mauer begannen. Als Horden ägyptischer Soldaten in die Stadt eindrangen, konnten einige Christen noch auf die letzten Schiffe im Hafen flüchten. Die in der Stadt gebliebenen Männer wurden umgebracht, Frauen und Kinder versklavt.

Dann ließ »Qalawun die Stadt dem Erdboden gleichmachen, damit die Franken, die den Zugang zum Meer beherrschten, nicht versuchten, sie zurückzuerobern«.[15] Er gründete eine neue Stadt Tripolis, ein paar Kilometer landeinwärts, wo sie vom Meer aus nicht erreichbar war.

Nun waren nur noch Akko, Tyrus, Beirut und Haifa in der Hand der Christen.

Auf seinem Totenbett ließ Qalawun seinen Sohn und Erben al-Aschraf schwören, Akko zu erobern. Im April 1291 traf al-Aschraf mit einem Heer, das noch größer war als das seines Vaters vor Tripolis, und mit noch wirkungsvolleren Belagerungsmaschinen vor Akko ein. Die Verteidiger kämpften tapfer und geschickt, mehrfach unternahmen sie Ausfälle durch die Tore und griffen das muslimische Lager an. Aber währenddessen wurden ihre Befestigungen durch die riesigen Steine, die von den Belagerungsmaschinen geschleudert wurden, in Schutt gelegt. Noch traf Nachschub aus Zypern ein, und wenn sie wieder davon segelten, nahmen die Schiffe Zivilisten auf, die evakuiert werden wollten. Im Mai, einen Monat nach Belagerungsbeginn, kam Verstärkung aus Zypern, 100 Ritter mit Pferden und 2000 Fußsoldaten. Aber das reichte nicht aus.

Bald kam es zu Straßenkämpfen, und viele Zivilisten drängten sich in Ruderboote, um die Galeeren draußen vor dem Hafen zu erreichen. Die meisten konnten jedoch nicht mehr fliehen, »die muselmanischen Soldaten breiteten sich schnell in der Stadt aus und brachten jedermann, alte Männer, Frauen und Kinder, ohne Unterschied um«.[16] Am 8. Mai war ganz Akko in muslimischer Hand, nur die ins Meer hinausragende Templerburg hielt sich noch. Jetzt nahmen Schiffe aus Zypern Flüchtlinge aus der Burg auf, während die Templer zusammen mit den verbliebenen kampffähigen Männern die Mauern hielten. Da bot al-Aschraf günstige Übergabebedingungen an, die Templer akzeptierten, und ein Aufgebot von Mamluken wurde zugelassen, um die Übergabe zu beaufsichtigen. Leider jedoch waren sie nicht zu halten. Die Mamlukentruppe begann, wie der muslimische Chronist Abu'l-Mahasin einräumt, »zu plündern und Hand an Frauen und Kinder zu legen«.[17] Die wütenden Templer töteten sie alle und machten sich bereit zum Weiterkämpfen. Am nächsten Tag erneuerte al-Aschraf, der wusste, was schiefgelaufen war, sein Angebot. Dem Kommandeur der Templer und seinen Begleitern wurde sicheres Geleit zugesagt, um die Übergabe zu vollziehen, aber kaum waren sie im Zelt des Sultans angekommen, wurden sie ergriffen und enthauptet. Die restlichen Templer, die von den Mauern aus sahen, was vor sich ging, entschlossen sich, bis zum Tod zu kämpfen. Und das taten sie.

Einen knappen Monat später stand die große muslimische Armee vor Tyrus. Die Garnison war zu klein, um sich verteidigen zu können, und segelte nach Zypern. Die Muslime zogen weiter nach Beirut. Auch diese Garnison konnte keinen Widerstand leisten und setzte sich nach Zypern ab. Als Nächstes fiel Haifa, ebenfalls widerstandslos, die Mönche vom Berg Karmel wurden getötet, ihre Klöster niedergebrannt. Die letzte christliche Enklave war Aruad, die Festungsinsel der Templer fünf Kilometer vor der Küste. Die Templer hielten sich dort bis 1303; ihre Burg gaben sie nur deshalb auf, weil ihr Orden durch den König von Frankreich und den Papst verboten wurde. Nach dem Fall von Akko sammelten sich die Johanniter und entrissen den Byzantinern 1310 die Insel Rhodos. Dort bauten sie eine überlegene Kriegsflotte auf und spielten eine wichtige

Rolle bei der Verteidigung der westlichen Seefahrt im Osten.

Das war das Ende. Wir sollten nicht vergessen, dass die Kreuzfahrerstaaten, zumindest an der Küste, fast so lange bestanden haben wie die Vereinigten Staaten.

ERINNERUNGEN DER MUSLIME

Karen Armstrong gehört zu denjenigen, die uns einreden wollen, die Kreuzzüge seien »ein unmittelbarer Grund für den Konflikt im heutigen Nahen Osten«.[18] Das mag so sein, aber nicht weil die muslimische Welt ihre Verbitterung über die Kreuzzüge Jahrhunderte lang bewahrt hätte. »Man liest oft«, schreibt Jonathan Riley-Smith, »die Muslime hätten von ihren mittelalterlichen Vorfahren bittere Erinnerungen an die Gewalttaten der Kreuzfahrer geerbt. Nichts könnte weiter von der Wahrheit entfernt sein. Vor dem Ende des 19. Jahrhunderts hatten die Muslime kein Interesse an den Kreuzzügen. ... Sie betrachteten sie gleichgültig und selbstgefällig.«[19] Selbst im 11. und 12. Jahrhundert, während der Kämpfe selbst, schenkten ihnen die muslimischen Chronisten wenig Aufmerksamkeit; sie nahmen sie als Überfälle »eines primitiven, ungebildeten, armen und nichtmuslimischen Volkes, um das sich muslimische Herrscher und Gelehrte wenig kümmerten«.[20] Außerdem begriffen die meisten Araber die Kreuzzüge als Angriffe auf die verhassten Türken und schenkten ihnen deshalb wenig Aufmerksamkeit.[21] Der bekannte arabische Schriftsteller Ibn Zafar vom Ende des 12. Jahrhunderts jedenfalls war der Ansicht, es sei besser gewesen, dass die Franken das Königreich Jerusalem beherrschten, denn damit sei verhindert worden, dass sich »der Einfluss der Türken in die Länder Ägyptens ausbreitet«.[22]

Erst im 19. Jahrhundert hat sich das muslimische Interesse an den Kreuzrittern entwickelt, als christliche Araber, die französische Geschichtswerke ins Arabische übersetzten, den Begriff[23] eingeführt haben – denn zunächst kamen die Kreuzritter im 19. Jahrhundert im Westen in Mode, als die »Kreuzzugsromantik« in Europa und den Vereinigten Staaten zum beliebten literarischen Genre wurde, beispielsweise in populären Romanen eines Sir Walter Scott.[24] Voraussetzung dafür war, zumindest in Großbritannien und in Amerika, dass die Kreuzzüge »entkatholisiert« wurden.[25] Etwa dadurch, dass die Konflikte zwischen den Tempelrittern und dem Papst in den Vordergrund gerückt, die Templer zu einem geheimnisumwitterten, antikatholischen Orden gemacht wurden. Außerdem stellte sich eine enge Verbindung zwischen den imperialen Bestrebungen in Europa und der romantisierten Bilderwelt der Kreuzzugsepoche her, und zwar in einem Ausmaß, dass zum Beispiel zur Zeit des Ersten Weltkriegs »Feldzüge und Kriegshelden in der populären Presse, von der Kanzel herab und in der offiziellen Propaganda der britischen Kriegsmaschinerie regelmäßig zu Kreuzzügen und Kreuzrittern hochgelobt wurden«.[26]

Inzwischen war das Osmanische Reich zum »kranken Mann am Bosporus« geworden, ein altersschwaches Relikt, das die Waffen nicht produzieren konnte, die es zu seiner Verteidigung benötigte. Diese Rückständigkeit wurde auf die islamische Welt und Kultur insgesamt übertragen, und hier liegt der Ursprung der »aufschäumenden Wut«[27] gegen den Westen, die muslimische Intellektuelle seither pflegen; das auch lenkte ihre Aufmerksamkeit schließlich auf die Kreuzzüge.

So sind die muslimischen Erinnerungen an die Kreuzzüge und die Erbitterung über das längst vergangene Geschehen eine Errungenschaft des 20. Jahrhunderts,[28] zu der nicht zuletzt »der britische und französische Imperialismus nach dem Ersten Weltkrieg und die Gründung des Staates Israel nach dem Zweiten Weltkrieg« beigetragen haben.[29] Als Erster hat sich der letzte absolutistisch regierende Sultan Abdülhamid II. (Regierungszeit 1876–1909) auf die Kreuzzüge bezogen; ein Anstoß für die erste muslimische Geschichte der Kreuzzüge, erschienen 1899. In der Einleitung bemerkt der Autor Sayyid Ali al-Hariri: »Die Herrscher Europas führen heutzutage gegen unsere Hohe Pforte Angriffe von einer Art, die den Taten dieser Menschen in vergangenen Zeiten [denen der Kreuzritter] sehr ähnlich sind. Unser höchst ruhmreicher Sultan Abdülhamid II. hat richtig bemerkt, dass Europa jetzt einen Kreuzzug gegen uns führt.«[30]

Eifrig haben muslimische Nationalisten das Thema aufgegriffen. »Nur die Einheit der Muslime könne diesen neuen Kreuzzügen widerstehen, wurde gesagt, und diese Bedrohung fand in den Schriften der panislamischen Bewegung ein starkes Echo.«[31] Und noch im bitteren Gefühl der muslimischen Schwäche dem modernen Westen gegenüber blühte der islamische Triumphalismus. Viele waren der Ansicht, dass der »barbarische Westen« von den Kreuzzügen »profitierte ..., indem er die zivilisatorischen Werte [des Islam] in sich aufnahm«. Und was die Auswirkungen der Kreuzzüge auf den

Islam angeht, heißt es: »Wie hätte der Islam von Kontakten mit einer unterlegenen, rückständigen Kultur profitieren sollen?«[32]

Schließlich bekam das Bild des brutalen, kolonisatorischen Kreuzritters eine polemische Macht; im ideologischen Lexikon der muslimischen Feindseligkeiten gegenüber dem Westen kam dem nichts gleich – abgesehen natürlich von Israel und den paranoiden Geschichten über die jüdische Weltverschwörung.

SCHLUSS

Die Stoßrichtung der voranstehenden Kapitel lässt sich kurz zusammenfassen: Die Kreuzzüge fanden nicht ohne vorhergehende Provokationen statt. Sie waren nicht die erste Runde des europäischen Kolonialismus. Sie wurden nicht wegen Land, Beute oder aus Bekehrungsabsichten geführt. Die Kreuzritter waren keine Barbaren, die die kultivierten Muslime schlecht behandelten. Sie glaubten ernsthaft, dass sie in Gottes Bataillonen dienten.

ANHANG

Bibliographie

Abulafia, Anna Sapir, »Invectives Against Christianity in the Hebrew Chronicles of the First Crusade«, in: Edbury, *Crusade*, 1985, S. 66–72

Abun-Nasr, Jamil, *A History of the Maghrib*, Cambridge: Cambridge University Press 1971

Afsaruddin, Asma, »The Great Library at Alexandria«, in: *American Journal of Economics and Sociology*, 49 (1990), S. 291 f.

Ahmad, Aziz, *A History of Islamic Sicily*, Edinburgh: Edinburgh University Press 1975

Ajram, K., *The Miracle of Islamic Science*, Cedar Rapids, IA: Knowledge House 1992

Alroy, Gil Carl, *Behind the Middle East Conflict. The Real Impasse Between Arabs and Jews*, New York: G. P. Putnam's Sons 1975

Andrea, A. J., »The Crusades in Perspective: The Crusades in Modern Islamic Perspective«, in: *History Compass* 1 (2003), S. 1–4

Anonymus, *Gesta Francorum*, nach: http://www.manfredhiebl.de/Gesta-Francorum/gesta1.htm

Armstrong, Karen, *Holy War. The Crusades and Their Impact on Today's World*, New York: Random House 2001

Asbridge, Thomas, *The First Crusade. A New History*, Oxford: Oxford University Press 2004

Atiya, Aziz S., *History of Eastern Christianity*, Notre Dame: University Notre Dame Press 1968

–, *Crusade, Commerce and Culture*, New York: John Wiley & Sons 1966

Bachrach, Bernard S., »On the Origins of William the Conqueror's Horse Transports«, in: *Technology and Culture* 26 (1985), S. 505–31

Bairoch, Paul, *Cities and Economic Development. From the Dawn of History to the Present*, Chicago: University of Chicago Press 1988

Baldwin, Marshall W. (Hg.), *A History of the Crusades*, Bd. 1, *The First Hundred Years*, Madison: University of Wisconsin Press 1969

Baldwin, Summerfield, *Business in the Middle Ages*, New York: Henry Holt 1937

Barber, Malcolm, *Die Templer. Geschichte und Mythos*, Düsseldorf: Albatros 2010

Baron, Salo Wittmayer, *A Social and Religious History of the Jews*, Bde. 3–5, New York: Columbia University Press 1957

Becker, Carl Heinrich, *Christentum und Islam*, Tübingen: J. C. B. Mohr 1907

–, »The Expansion of the Saracens – the East«, in: J. B. Bury, H. M. Gwatkin, J. P. Whitney (Hg.), *The Cambridge Medieval History*, Cambridge: Cambridge University Press 1926, Bd. 2, S. 329–65

–, »The Expansion of the Saracens – Africa and Europe«, ebd., Bd. 2, S. 366–390

Bédier, Joseph, und Pierre Aubry, *Chansons de Croisade*, Honoré Champion: Paris 1909

Beeching, Jack, *Don Juan d'Austria. Sieger von Lepanto*, München: Prestel 1983

Bernhard von Clairvaux, *De Laude Novae Militiae*, I. Deutsch unter http://www.kathpedia.com/index.php?title=Liber_ad_milites_templi_de_laude_novae_militiae&oldid=6766

Berry, Virginia G., »The Second Crusade«, in: Baldwin (Hg.), *Business*, S. 463–512

Biddle, Martin, *Das Grab Christi*, Gießen, Basel: Brunnen 1998

Bloom, Jonathan, »Islam on the Temple«, in: *Times Literary Supplement*, 7. 12. 2007, S. 7 f.

Boas, Adrian J., »The Frankish Period. A Unique Medieval Society Emerges«, in: *Near Eastern Archaeology*, 61 (1998), S. 138–173

Boorstin, Daniel J., *Entdeckungen*, Herrsching: Pawlak 1991

Bramhall, Edith Clementine, »The Origin of the Temporal Privileges of Crusaders«, in: *American Journal of Theology* 5 (1901), S. 279–292

Brand, Charles M., »The Byzantines and Saladin, 1185–1192. Opponents of the Third Crusade«, in: *Speculum* 37 (1962), S. 167–181

Brent, Michael, und Elizabeth Fentress, *The Berbers*, Oxford: Blackwells 1996

Brickman, William W., »The Meeting of East and West in Educational History«, in: *Comparative Education Review* 5 (1961), S. 82–98

Brown, Gordon S., *The Norman Conquest of Southern Italy and Sicily*, Jefferson, NC: McFarland & Co 2003

Brundage, James A., »Prostitution, Miscegenation and Sexual Purity in the First Crusade«, in: Edbury (Hg.), *Crusade*, S. 57–65

Bull, Marcus, *Knightly Piety and the Lay Response to the First Crusade. The Limousin and Gascony, c. 970–c. 1130*, Oxford: Clarendon Press 1993

Bulliet, Richard W., *The Camel and the Wheel*, New York: Columbia University Press 1990

–, *Conversion to Islam in the Medieval Period. An Essay in Quantitative History*, Cambridge, MA: Harvard University Press 1979

–, »Conversion to Islam and the Emergence of Muslim Society in Iran«, in: Nehemia Levtzion (Hg.), *Conversion to Islam*, New York: Holmes & Meier 1979, S. 30–51

Burman, Edward, *The Templars. Knights of God*, Rochester, VT: Destiny Books 1986

Butler, Alfred, *The Arab Conquest of Egypt*, Brooklyn: A&B Publishers 1992

–, *Ancient Coptic Churches in Egypt*, Bd. 2, Oxford: Oxford University Press 1884

Cahen, Claude, »The Turkish Invasion. The Selchükids«, In: Baldwin (Hg.), *A History*, Bd. 1, , S. 135–176

Capponi, Niccolo, *Victory of the West. The Story of the Battle of Lepanto*, MacMillan: London 2006

Cardini, Franco, *Europa und der Islam. Geschichte eines Missverständnisses*, München: Beck 2004

Carroll, James, *Crusade. Chronicles of an Unjust War*, New York: Metropolitan Books 2004

Cate, James Lea, »The Crusade of 1101«, in: Baldwin (Hg.), *A History*, Bd.1, S. 343–369

Cazel, Fred A., »The Tax of 1185 in Aid of the Holy Land«, in: *Speculum* 30 (1955), S. 385–392

Chandler, Tertius, *Four Thousand Years of Urban Growth: An Historical Census*, Lewiston, NY: Edwin Mellen Press 1987

Charanis, Peter, »The Byzantine Empire in the Eleventh Century«, in: Baldwin (Hg.), *A History*, Bd. 1, S. 177–219

Chazan, Robert, *The Jews of Medieval Western Christendom, 1000–1500*, Cambridge: Cambridge University Press 2006

–, *In the Year 1096. The First Crusade and the Jews*, Philadelphia: Jewish Publication Society 1996

–, *European Jewry and the First Crusade*, Berkeley: University of California Press 1986

– (Hg.), *Church, State, and Jew in the Middle Ages* (Quellensammlung), West Orange, NJ: Behrman House 1980

Cheetham, Nicolas, *Keepers of the Keys. The History of the Popes from St. Peter to John Paul II.*, New York: Scribner's 1983

Cohen, Raymond, *Saving the Holy Sepulchre*, New York: Oxford University Press 2008

Cole, Penny J., *The Preaching of the Crusades to the Holy Land, 1095–1270*, Cambridge, MA: Medieval Academy of America 1991

Colish, Marcia L., *Medieval Foundations of the Western Intellectual Tradition, 400–1400*, New Haven, CT: Yale University Press 1997

Collins, Roger, *Charlemagne*, Toronto: University of Toronto Press 1998

Constable, Giles, »The Second Crusade as Seen by Contemporaries«, in: *Traditio* 9 (1953) S. 213–279

Cowley, Robert, und Geoffrey Parker (Hg.), *The Readers Companion to Military History*, Boston / New York: Houghton Mifflin 2001

Curry, Andrew, »The Crusades, the First Holy War«, in: *U.S. News & World Report*, 8.4. 2002, S. 36

Daniel-Rops, Henri, *Cathedral and Crusade. Studies of the Medieval Church, 1050–1350*, London: Dent 1957

Davidson, H.R. Ellis, *The Viking Road to Byzantium*, London: Allen & Unwin 1976

Davis, Paul K., *100 Decisive Battles from Ancient Times to the Present*, Oxford: Oxford University Press 2001

Davis, William Stearns (Hg.), *Readings in Ancient History. Illustrative Extracts from the Sources*, Bd. 2, *Rome and the West*, Boston: Allyn and Bacon 1913

Delbrück, Hans, *Geschichte der Kriegskunst im Rahmen der politischen Geschichte*. Bd. 2, *Die Germanen*, Berlin: Georg Stilke 1902; online unter: http://archive.org/details/geschichtederkr02delbgoog

Dennet, Daniel C. Jr., »Pirenne and Muhammad«, in: *Speculum*, 23 (1948), S. 165–190

d'Eszlary, Charles, »Magna Carta and the Assises of Jerusalem«, in: *American Journal of Legal History*, 2 (1958), S. 189–214

Dickens, Mark, »The Church of the East« 1999, www.oxuscom.com/ch-of-east.htm

Donner, Fred McGraw, *The Early Islamic Conquests*, Princeton, NJ: Princeton University Press 1981

Duby, Georges, *Ritter, Frau und Priester. Die Ehe im feudalen Frankreich*, Frankfurt am Main: Suhrkamp 1985

–, *Die Ritter*, München: Hanser 1999

Duffy, Eamon, *Die Päpste. Große illustrierte Ausgabe*, München: Droemer Knaur 1999

Duncalf, Frederic, »The Councils of Piacenza and Clermont«, in: Baldwin (Hg.), *A History*, Bd. 1, S. 220–252

–, »The First Crusade. Clermont to Constantinople«, in: Baldwin, ebd., S. 253–279

–, »The Peasants' Crusade«, in: *American Historical Review* 26 (1921), S. 440–453

Durant, Will, *Das frühe Mittelalter* (*Kulturgeschichte der Menschheit*, Bd. 6), Köln: Naumann & Göbel 1985

Edbury, Peter, »Warfare in the Latin East«, in: Maurice Keen (Hg.), *Medieval Warfare. A History*, Oxford: Oxford University Press 1999, S. 89–112

– (Hg.), *Crusade and Settlement* (Papers in Honor of R. C. Smail), Cardiff, UK: University College Cardiff Press 1985

Ehrenkreutz, A. S., »The Place of Saladin in the Naval History of the Mediterranean Sea in the Middle Ages«, in: *Journal of the American Oriental Society* 75 (1955), S. 100–116

Ekelund, Robert B., et al., *Sacred Trust. The Medieval Church as an Economic Firm*, New York: Oxford University Press 1999

Erdmann, Carl, *Die Entstehung des Kreuzzugsgedankens*, Darmstadt: Wissenschaftliche Buchgesellschaft 1980

Erdoes, Richard, *A. D. 1000. Living on the Brink of the Apocalypse*, New York: Harper and Row 1988

Fahmy, Aly Mohamed, *Muslim Sea-Power in the Eastern Mediterranean*, Cairo: National Publication 1966

Farah, Caesar E., *Islam. Beliefs and Observations*, Hauppauge, NY: Barron's 1994

Ferris, Eleanor, »The Financial Relations of the Knights Templars to the English Crown«, in: *American Historical Review* 8 (1902), S. 1–7

Fink, Harold S., »The Foundation of the Latin States, 1099–1118«, in: Baldwin (Hg.), *A History*, Bd.1, S. 368–409
Fletcher, Richard, *The Barbarian Conversion. From Paganism to Christianity*, New York: Henry Holt and Company 1997
–, *Moorish Spain*, Berkeley: University of California Press 1992
France, John, »Patronage and the Appeal of the First Crusade«, in: Thomas F. Madden (Hg.), *The Crusades. The Essential Readings*, Oxford: Blackwell Publishing 2002, S. 195–207
–, *Western Warfare in the Age of the Crusades, 1000–1300*, Ithaca, NY: Cornell University Press 1999
–, *Victory in the East. A Military History of the First Crusade*, Cambridge: Cambridge University Press 1994
Fregosi, Paul, *Jihad in the West. Muslim Conquests from the 7th to the 21st Centuries*, Amherst, NY: Prometheus Books 1998
Fulcher von Chartres, *Historia Hierosolymitana*: http://www.manfred-hiebl.de/Fulcher-von-Chartres/fulcher-von-chartres.htm
Gabrieli, Francesco, »Greeks and Arabs in the Central Mediterranean Area«, in: *Dumbarton Oaks Papers*, 18 (1964), S. 57–65
Gay, Peter, *The Enlightenment*, New York: W. W. Norton 1966
Gibb, Sir Hamilton A. R., »The Caliphate and the Arab States«, in: Marshal W. Baldwin (Hg.), *A History*, Bd.1, S. 81–98
–, »Arab-Byzantine Relations Under the Umayyad Caliphate«, in: *Dumbarton Oaks Papers* 12 (1958), S. 219–233
Gibbon, Edward, *Geschichte des Verfalls und Untergangs des Römischen Reichs*, Bd. 16 (= *Geschichte des Verfalls und Untergangs des morgenländischen Römischen Reichs*, Bd. 4), übers. von Karl Gottfried Schreiter, Leipzig 1805; im Internet unter: http://books.google.it/books?id=mqZCAAAAcAAJ&pg=PP7&redir_esc=y#v=onepage&q&f=false
Gies, Frances, und Joseph, *Cathedral, Forge and Waterwheel. Technology and Invention in the Middle Ages*, New York: Harper Collins 1994
Gil, Moshe, *A History of Palestine, 634–1099*, Cambridge: Cambridge University Press 1992
Gillingham, John, »An Age of Expansion: c. 1020–1204«, in: Maurice Keen (Hg.), *Medieval Warfare. A History*, Oxford: Oxford University Press 1999, S. 59–88
Gimpel, Jean, *The Medieval Machine. The Industrial Revolution of the Middle Ages*, New York: Penguin Books 1976
Glubb, Sir John Bagot, *The Great Arab Conquests*, New York: Barnes and Noble 1995
Grabar, Oleg, *The Dome of the Rock*, Cambridge, MA: Belknap Press of the Harvard University Press 2006
Graetz, Heinrich, *Das Judentum im Mittelalter bis zu den Verfolgungen in der Zeit des Schwarzen Todes*, München: dtv 1985
Graham, Rose, »The Taxation of Pope Nicholas IV«, in: *English Historical Review* 23 (1908), S. 434–454
Grosser, Paul E., und Edwin G. Halpern, *Anti-Semitism. Causes and Effects.*

An Analysis and Chronology of Nineteen Hundred Years of Anti-Semitic Attitudes and Practices, New York: Philosophical Library 1983

Guibert von Nogent, *Gesta Dei per Francos (The Deeds of God through the Franks)*, Rochester, NY: Boydell Press 1997; online unter: http://www.gutenberg.org/ebooks/4370 (englisch)

Hallam, Elizabeth (Hg.), *Chronicles of the Crusades. Eyewitness Accounts of the Wars Between Christianity and Islam*, New York: Welcome Rain 2000

Hamilton, Bernard, *The Leper King and His Heirs. Baldwin IV and the Crusader Kingdom of Jerusalem*, Cambridge: Cambridge University Press 2000

Hanson, Victor Davis, *Carnage and Culture. Landmark Battles and the Rise of Western Power*, New York: Doubleday 2001

Hill, Donald R, *Islamic Science and Engineering*, Edinburgh: Edinburgh University Press 1993

Hillenbrand, Carole, *The Crusades. Islamic Perspectives*, Edinburgh: Edinburgh University Press 1999

Hitti, Philip Khuri, *History of Syria Including Lebanon and Palestine*, Piscataway, NJ: Gorgias Press 2002

Hodgson, Marshall, *The Venture of Islam. Conscience and History in a World Civilization*, 3 Bde., Chicago: University of Chicago Press 1974

Holt, P. M., »Saladin and His Admirers. A Biographical Reassessment«, in: *Bulletin of the School of Oriental and African Studies*, University of London 46 (1983), S. 235–239

Horvath, Ronald J., »A Definition of Colonialism«, in: *Current Anthropology* 13 (1972), S. 45–57

Hunt, E. D., *Holy Land Pilgrimage in the Later Roman Empire, A. D. 312–460*, Oxford: Clarendon Press 1982

Hussey, Joan M., »Byzantium and the Crusades«, in: Wolff und Hazard (Hg.), *A History of the Crusades*, Bd. 2, S. 123–151

Hyland, Ann, *The Medieval Warhorse. From Byzantium to the Crusades*, London: Grange Books 1994

Irwin, Robert, *Dangerous Knowledge. Orientalism and Its Discontents*, New York: Overlook Press 2006

Issawi, Charles, »Crusades and Current Crisis in the Near East. A Historical Parallel«, in: *International Affairs* 33 (1957), S. 269–279

Jaki, Stanley, *Chance or Reality and Other Essays*, Lanham, MD: University Press of America / Intercollegiate Studies Institute 1986

–, *Science and Creation*, Edinburgh: Scottish Academic Press 1986

Jamieson, Alan G., *Faith and Sword. A Short History of Christian-Muslim Conflict*, London: Reaktion Books 2006

Jamison, Evelyn, »Some Notes on the *Anonymi Gesta Francorum*«, in: *Studies in French Language and Mediaeval Literature. Presented to Professor Mildred K. Pope by Pupils, Colleagues, and Friends*, Freeport, NY: Books for Libraries Press 1969, S. 183–208

Jandora, John Walter, *The March from Medina. A Revisionist Study of the Arab Conquests*, Clinton, NJ: Kingston Press 1990

–, »Developments in Islamic Warfare: The Early Conquests«, in: *Studia Islamica* 64 (1986), S. 101–113
Jenkins, Romilly, *Byzantium. The Imperial Centuries, A.D. 610–1071*, Toronto: University of Toronto Press 1969
Johnson, Edgar N., »The Crusades of Frederick Barbarossa and Henry VI«, in: Wolff und Hazard (Hg.), *A History of the Crusades*, Bd. 2, S. 87–122
Kaegi, Walter E., *Byzantium and the Early Islamic Conquests*, Cambridge: Cambridge University Press 1992
Karsh, Efraim, *Imperialismus im Namen Allahs. Von Muhammad bis Osama Bin Laden*, München: DVA 2007
Kedar, Benjamin Z., »The Subjected Muslims of the Frankish Levant«, in: Thomas F. Madden (Hg.), *The Crusades. The Essential Readings*, Oxford: Blackwell Publishing 2002, S. 235–264
–, *Crusade and Mission. European Approaches Toward the Muslims*, Princeton, NJ: Princeton University Press 1984
–, »The General Tax of 1183 in the Crusading Kingdom of Jerusalem. Innovation or Adaptation?«, in: *Historical Review* 89 (1974), S. 339–345
Kennedy, Hugh, *The Armies of the Caliphs*, London: Routledge 2001
Knobler, Adam, »Holy Wars, Empires, and the Portability of the Past. The Modern Uses of the Medieval Crusade«, in: *Comparative Studies in Society and History* 48 (2006), S. 293–325
Kollek, Teddy, und Moshe Pearlman, *Pilgrims to the Holy Land*, New York: Harper and Row 1970
Komnena, Anna, *Alexias*, Berlin: de Gruyter 2001
Krey, August C., *The First Crusade. The Accounts of Eye-Witnesses and Participants*, Princeton, NJ: Princeton University Press 1921
Krueger, Hilmar C., »The Italian City States and the Arabs before 1095«, in: Marshal W. Baldwin (Hg.), *A History*, Bd. 1, S. 40–53
LaMonte, John L., *Feudal Monarchy in the Latin Kingdom of Jerusalem, 1100–1291*, Cambridge: Harvard University Press 1932
Lane-Poole, Stanley, *Saladin. All-Powerful Sultan and Uniter of Islam*, New York: Cooper Square Press 2002
Lawrence, C. H., *Medieval Monasticism*, London: Longman 2000
Leighton, Albert C., *Transportation and Communication in Early Medieval Europe, A.D. 500–1100*, Newton Abbot: David & Charles 1972
Lewis, Archibald R., *Naval Power and Trade in the Mediterranean, A.D. 500-1100*, Princeton, NJ: Princeton University Press 1951
Lewis, Bernard, *What Went Wrong? Western Impact and Middle East Response*, Oxford: Oxford University Press 2002. Dt.: *Der Untergang des Morgenlandes. Warum die islamische Welt ihre Vormacht verlor*, Bergisch Gladbach: Lübbe 2002
–, *Die Welt der Ungläubigen. Wie der Islam Europa entdeckte*, Frankfurt am Main: Ullstein 1987
–, *Islam and the West*, Oxford: Oxford University Press 1994
–, *The Jews of Islam*, Princeton, NJ: Princeton University Press 1987
–, *The Assassins. A Radical Sect in Islam*, London: Weidenfeld & Nicolson 1967

Lofland, John, und Rodney Stark, »Becoming a World-Saver. A Theory of Conversion to a Deviant Perspective«, in: *American Sociological Review* 30 (1965), S. 862–875

Lomax, Derek W., *Die Reconquista*, München: Heyne 1980

Lopez, Robert S., *The Commercial Revolution of the Middle Ages, 950–1350*, Cambridge: Cambridge University Press 1976

–, »The Norman Conquest of Sicily«, In: Baldwin (Hg.), *A History*, Bd. 1, S. 54–67

Lunt, W. E., »Papal Taxation in England in the Reign of Edward I«, in: *English Historical Review* 30 (1915), S. 398–417

Maalouf, Amin, *The Crusades Through Arab Eyes*, New York: Schocken Books 1984

Mackensen, Ruth Stellhorn, »Background of the History of Moslem Libraries«, in: *American Journal of Semitic Languages and Literature* 51 (1935), S. 114–125

–, »Background of the History of Moslem Libraries (Continued)«, in: *American Journal of Semitic Languages and Literature* 52 (1935), S. 22–33

–, »Background of the History of Moslem Libraries (Concluded)«, in: *American Journal of Semitic Languages and Literature* 52 (1936), S. 104–110

Madden, Thomas F., *Enrico Dandolo and the Rise of Venice*, Baltimore: Johns Hopkins University Press 2003

–, »The Real History of the Crusades«, in: *Crisis Magazine*, 1. 4. 2002. Online edition

–, »The Crusades in the Checkout Aisle«, in: *Crisis Magazine* e-letter, 12. 4. 2002

–, *A Concise History of the Crusades*, Lanham, MD: Rowman & Littlefield 1999

Maier, Christoph T., *Preaching the Crusades*, Cambridge: Cambridge University Press 1994

Manchester, William, *World Lit Only by Fire. The Medieval Mind and the Renaissance*, New York: Little, Brown and Company 1993

Marshall, Christopher, *Warfare in the Latin East, 1192–1291*, Cambridge: Cambridge University Press 1994

Matthew, Donald, *The Norman Kingdom of Sicily*, Cambridge: Cambridge University Press 1992

Mayer, Hans Eberhard, »Henry II of England and the Holy Land«, in: *English Historical Review* 97 (1982), S. 721–739

–, *Geschichte der Kreuzzüge*, Stuttgart: Kohlhammer 1968

McLynn, Frank, *Richard and John. Kings at War*, Cambridge, MA: Da Capo Press 2007

McNeal, Edgar H., und Robert Lee Wolff, »The Fourth Crusade«, in: Wolff und Hazard (Hg.), *A History*, Bd. 2, S. 153–185

Michaud, J. F., *The History of the Crusades*, New York: Redfield 1855

Miller, David, *Richard the Lionheart. The Mighty Crusader*, London: Phoenix 2005

Mitchell, Joseph B., und Edward Creasy, *Zwanzig entscheidende Schlachten der Weltgeschichte*, Gütersloh: Bertelsmann 1968
Mitchell, Sydney Cox, *Taxation in Medieval England*, New Haven, CT: Yale University Press 1951
Moffett, Samuel Hugh, *A History of Christianity in Asia*, Bd. 1, San Francisco: HarperSanFrancisco 1992
Montgomery, Bernard Law, *Kriegsgeschichte. Weltgeschichte der Schlachten und Kriegszüge*, Erfstadt 2005
Moore, R. I., »A Bad Call«, in: *Times Literary Suppl.*, 25. 4. 2008, S. 25
Munro, Dana Carleton, *The Kingdom of the Crusaders*, New York: D. Appleton-Century Company 1936
Nicholson, Helen, *The Knights Hospitaller*, Woodbridge, UK: Boydell Press 2003
–, *The Chronicle of the Third Crusade, a Translation of »The Itinerium Peregrinorum et Gesta Regis Ricardi«*, Aldershot, UK: Ashgate 2001
Nicholson, Robert, »The Growth of the Latin States, 1118–1144«, in: Baldwin (Hg.), *A History*, Bd.1, S. 410–447
Nicolle, David, *Acre, 1291. Bloody Sunset of the Crusader States*, Oxford: Osprey Publishing 2005
–, *Historical Atlas of the Islamic World*, London: Mercury Books 2004
–, *Crusader Castles in the Holy Land, 1097–1192*, Botley, UK: Osprey 2004
–, *Armies of the Muslim Conquest*, Oxford: Osprey 1993
Norwich, John Julius, *Byzanz: Auf dem Höhepunkt der Macht. 800–1071,* Augsburg: Bechtermünz 2000
–, *Byzanz: Der Aufstieg des Oströmischen Reiches,* Augsburg: Bechtermünz 2000
O'Callaghan, Joseph F, *Reconquest and Crusade in Medieval Spain*, Philadelphia: University of Pennsylvania Press 2003
Olson, Eric W., *The Battle of Hattin, 1187*, Fort Leavenworth, KS; U. S. Army Command and General Staff College 1997
Oman, Charles W., *Art of War in the Middle Ages, A. D. 378–1515*, Ithaca, NY: Cornell University Press 1960
Ostrogorski, Georgije, *Byzantinische Geschichte*, München: Beck 2006
Painter, Sidney, »Western Europe on the Eve of the Crusades«, in: Baldwin (Hg.), *A History*, Bd. 1, S. 3–29
–, »The Third Crusade: Richard the Lionhearted and Philip Augustus«, in: Wolff und Hazard (Hg.), *A History of the Crusades*, Bd. 2, S. 45–85
Partington, James Riddick, *A History of Greek Fire and Gunpowder*, Baltimore: Johns Hopkins University Press 1999
Patton, George S., *War as I Knew It*, Boston: Houghton Mifflin 1947
Payne, Robert, *The History of Islam*, New York: Barnes and Noble 1995
–, *Die Kreuzzüge*, Zürich: Benziger 1986
Payne-Gallwey, Sir Ralph, *The Crossbow. Its Military and Sporting History, Construction, and Use*, New York: Skyhorse Publishing 2007
Peters, Edward, »The *Firanj* Are Coming – Again«, in: *Orbis* 2004 (Winter), S. 3–17

–, *The First Crusade. The Chronicle of Fulcher of Chartres and Other Source Materials*, Philadelphia: University of Pennsylvania Press 1998
Peters, F. E., *The Distant Shrine. The Islamic Centuries in Jerusalem*, New York: A. M.S Press 1993
Phillips, Jonathan, *The Second Crusade*, New Haven, CT: Yale University Press 2007
–, *The Fourth Crusade and the Sack of Constantinople*, New York: Viking 2004
–, *Defenders of the Holy Land. Relations Between the Latin East and the West, 1119–1187*, Oxford: Clarendon Press 1996
–, »The Latin East, 1098–1291«, in: Riley-Smith (Hg.), *The Oxford Illustrated History of the Crusades*, S. 112–140
Pickthall, M. M., *The Cultural Side of Islam*, New Delhi: Kitab Bhanan 1927
Pirenne, Henri, *Stadt und Handel im Mittelalter*, Köln: Anaconda 2009
Poliakov, Léon, *Geschichte des Antisemitismus*, Bd. 1, Frankfurt am Main: Athenäum 1977
Porges, Walter, »The Clergy, the Poor, and the Non-Combatants on the First Crusade«, in: *Speculum* 211 (1946), S. 1–23
Prawer, Joshua, *The Crusaders' Kingdom. European Colonialism in the Middle Ages*, New York: Praeger 1972
Previté-Orton, C. W., *The Shorter Cambridge Medieval History*, Bd. 1., Cambridge: Cambridge University Press 1966
Pringle, R. Denys, »Survey of Castles in the Crusader Kingdom of Jerusalem, 1989«, in: *Levant* 23 (1991), S. 87–91
Procopius, *Of the Buildings of Justinian*, London: Adelphi 1888
Procter, George, *History of the Crusades: Their Rise, Progress, and Results,* Whitefish, MT: Kessinger Publishing Co 2007
Pryor, John H., *Geography, Technology, and War: Studies in the Maritime History of the Mediterranean, 649–1571*, Cambridge: Cambridge University Press 1992
Queller, Donald E., Thomas K. Compton, und Donald A. Campbell, »The Fourth Crusade: The Neglected Majority«, in: *Speculum* 49 (1974), S. 441–465
– und Gerald W. Day, »Some Arguments in Defense of the Venetians and the Fourth Crusade«, in: *American Historical Review* 81 (1976), S. 717–737
– und Thomas F. Madden, *The Fourth Crusade. The Conquest of Constantinople*, Philadelphia: University of Pennsylvania Press 1997
– und Susan J. Stratton, »A Century of Controversy on the Fourth Crusade«, *Studies in Medieval and Renaissance History* 6 (1969), S. 235–277
Ralph von Caen [um 1118], *The Gesta Tancredi. A History of the Normans on the First Crusade*, Aldershot, UK: Ashgate 2005
Read, Piers Paul, *The Templars*, New York: St. Martin's Press 1999
Regan, Geoffrey, *Lionhearts: Saladin, Richard I, and the Era of the Third Crusade*, New York: Walker and Co. 1998

Richard, Jean, *The Crusades, c. 1071–c. 1291*, Cambridge: Cambridge University Press 1999

Riley-Smith, Jonathan, *The Crusades. A History*, London: Continuum 2005

–, »Islam and the Crusades in History and Imagination, 8. November 1898–11. September 2001«, in: *Crusades* 2 (2003), S. 151–167

–, »Casualties and the Number of Knights on the First Crusade«, *Crusades* 1 (2002), S. 13–28

–, »Early Crusaders to the East and the Costs of Crusading, 1095–1130«, in: Thomas F. Madden (Hg.), *The Crusades. The Essential Readings*, Oxford: Blackwell Publishing 2002, S. 156–171

–, *Hospitallers. The History of the Order of Saint John*, London: Hambledon Press 1999

– (Hg.), *Geschichte der Kreuzzüge*, Freiburg: Herder 1999

–, *The First Crusaders, 1095–1131*, Cambridge: Cambridge University Press 1997

– (Hg.), *The Oxford Illustrated History of the Crusades*, Oxford: Oxford University Press 1995

– (Hg.), *Großer Bildatlas der Kreuzzüge*, Freiburg: Herder 1992

– *The First Crusade and the Idea of Crusading*, Philadelphia: University of Pennsylvania Press 1986

–, »The Motives of the Earliest Crusaders and the Settlement of Latin Palestine, 1095–1100«, *English Historical Review* 98 (1983), S. 721–736

–, »Peace Never Established. The Case of the Kingdom of Jerusalem«, in: *Transactions of the Royal Historical Society*, 5th ser., 28 (1978), S. 87–112

–, *The Feudal Nobility and the Kingdom of Jerusalem, 1174–1277*, New York: Macmillan 1973

Robert der Mönch [um 1106], *History of the First Crusade. Historia Iherosolimitana*, Aldershot, UK: Ashgate 2005

Rodgers, William L., *Naval Warfare Under Oars, 4th to 16th Centuries*, Annapolis, MD : Naval Institute Press 1996

Rodinson, Maxime, *Mohammed*, Luzern, Frankfurt am Main: Bucher 1975

Roland, Alex, »Secrecy, Technology, and War. Greek Fire and the Defense of Byzantium, 678–1204«, in: *Technology and Culture*, 33 (1992), S. 655–679

Rose, Susan, »Islam Versus Christendom. The Naval Dimension, 1000–1600«, in: *Journal of Military History* 63 (1999), S. 561–578

Runciman, Sir Steven, »The Pilgrimages to Palestine Before 1095«, in: Baldwin (Hg.), *A History*, Bd. 1, S. 68–78

–, »The First Crusade. Clermont to Constantinople«, in: Baldwin (Hg.), *A History*, Bd. 1, S. 253–279

–, »The First Crusade: Constantinople to Antioch«, in: Baldwin (Hg.), *A History*, Bd. 1, S. 280–307

–, »The First Crusade: Antioch to Ascalon«, in: Baldwin (Hg.), *A History*, Bd. 1, S. 308–341

–, *Geschichte der Kreuzzüge*, 3 Bde., München: Beck 1957–1960

Russell, Josiah Cox, *Medieval Regions and Their Cities*, Bloomington: Indiana University Press 1972
–, *Late Ancient and Medieval Population*, Philadelphia: American Philosophical Society 1958
Ruthven, Malise, *Historical Atlas of Islam*, Cambridge, MA: Harvard University Press 2004
Salahi, M. A., *Muhammad. Man and Prophet*, Shaftesbury, UK: Element 1995
Saunders, J. J., *Aspects of the Crusades*, Christchurch, NZ: University of Canterbury Press 1962
Siberry, Elizabeth, »Images of the Crusades in the Nineteenth and Twentieth Centuries«, in: Jonathan Riley-Smith (Hg.), *The Oxford Illustrated History of the Crusades*, S. 365–385
–, *Criticism of Crusading, 1095–1274*, Oxford: Clarendon Press 1985
Sire, H. J. A., *The Knights of Malta*, New Haven, CT: Yale University Press 1996
Sivan, Emmanuel, *Modern Arab Historiography of the Crusades*, Tel Aviv: Tel Aviv Univ., Shiloah Center for Middle Eastern and African Studies 1973
Smail, R. C., *Crusading Warfare, 1097–1193*, Cambridge: Cambridge University Press 1995
–, »Crusaders' Castles of the Twelfth Century«, in: *Cambridge Historical Journal* 10 (1951), S. 133–149
Southern, R. W., *Western Society and the Church in the Middle Ages*, London: Penguin 1970
Spielvogel, Jackson J., *Western Civilization*, Belmont, CA: Wadsworth 2000
Stark, Rodney, *Discovering God. The Origins of the Great Religions and the Evolution of Belief*, San Francisco: Harper One 2007
–, *The Victory of Reason. How Christianity Led to Freedom, Capitalism, and Western Success*, New York: Random House 2005
–, *Exploring the Religious Life*, Baltimore: John Hopkins UP 2004
–, *For the Glory of God. How Monotheism Led to Reformations, Science, Witch-Hunts, and the End of Slavery*, Princeton, NJ: Princeton University Press 2003
–, *One True God. Historical Consequences of Monotheism*, Princeton: Princeton University Press 2001
–, *The Rise of Christianity*. Princeton, NJ: Princeton University Press 1996
–, und Roger Finke, *Acts of Faith. Explaining the Human Side of Religion*, Berkeley: University of California Press 2000
Strayer, Joseph R., »The Crusades of Louis IX«, in: Wolff und Hazard (Hg.), *A History of the Crusades*, Bd. 2, S. 487–518
Taylor, Joan, »The Nea Church«, in: *Biblical Archaeology Review* 34 (Januar/Februar 2008), S. 51–59
Ter-Ghevondian, Aram, »The Armenian Rebellion of 703 Against the Caliphate«, in: *Armenian Review* 36 (1983), S. 59–72

Throop, Palmer A., *Criticism of the Crusade. A Study of Public Opinion and Crusade Propaganda*, Amsterdam: N. V. Swets & Zeitlinger 1940

Turnbull, Stephen, *The Walls of Constantinople, A.D. 324–1453*, New York: Osprey 2004

Tyerman, Christopher, *God's War. A New History of the Crusades*, Cambridge, MA: Belknap Press 2006

–, *The Invention of the Crusades*, Toronto: University of Toronto Press 1998

Usher, Abbot Payson, *A History of Mechanical Inventions*, Cambridge, MA: Harvard University Press 1966

Van Cleve, Thomas C., »The Fifth Crusade«, in: Wolff und Hazard (Hg.), *A History of the Crusades*, Bd. 2, S. 377–428

Van Houts, Elisabeth, *The Normans in Europe*, Manchester, UK: Manchester University Press 2000

Verbruggen, J. F., *The Art of Warfare in Western Europe During the Middle Ages from the Eighth Century*, Rochester, NY: Boydell Press 2002

Vryonis, Speros, *Byzantium and Europe*, New York: Harcourt, Brace, and World 1967

Webb, Diana, *Pilgrims and Pilgrimage in the Medieval West*, London: I. B. Tauris 2001

Wheeler, Benjamin W., »The Reconquest of Spain Before 1095«, in: Marshal W. Baldwin (Hg.), *A History*, Bd.1, S. 30

White, Lynn Jr., *Die mittelalterliche Technik und der Wandel der Gesellschaft*, München: Moos 1968

–, »Technology and Invention in the Middle Ages«, in: *Speculum* 15 (1940), S. 141–156

Wilhelm von Tyrus [1180], *Die Geschichte der Kreuzzüge und des Königreichs Jerusalem*: http://www.manfredhiebl.de/Wilhelm-von-Tyrus/tyrus9.htm

Wolff, Robert Lee, »The Latin Empire of Constantinople«, in: Wolff und Hazard (Hg.), *A History of the Crusades*, Bd. 2, S. 187–233

– und Harry W. Hazard (Hg.), *A History of the Crusades*, Bd. 2, *The Later Crusades, 1189–1311*, Madison: University of Wisconsin Press 1969

Ye'or, Bat, *Der Niedergang des orientalischen Christentums unter dem Islam*, Gräfelfing: Resch 2002

–, *The Dhimmi. Jews and Christians Under Islam*, Rutherford, NJ: Fairleigh Dickinson University Press 1985

Ziada, Mustafa M., »The Mamluk Sultans to 1293«, in: Wolff und Hazard (Hg.), *A History of the Crusades*, Bd. 2, S. 735–758

Anmerkungen

Einleitung

1 Zit nach: Payne, *Kreuzzüge*, S. 25 f.

2 Die päpstliche Predigt ist in vier Versionen überliefert, die erst Jahre später niedergeschrieben wurden. Sie unterscheiden sich beträchtlich, nur wenige Teile sind einander gleich oder ähnlich. Vgl.: http://www.fordham.edu/halsall/source/urban2-5vers.html#robert (englisch)

3 Zit nach: Payne, *Kreuzzüge*, S. 30

4 Ebd., S. 31

5 Armstrong, *Holy War*; Prawer, *Crusaders' Kingdom*

6 Ekelund et al., *Sacred Trust*

7 Zit. nach: Madden, »Real History of the Crusades«

8 Zit. nach: Curry, *Crusades*, S. 36

9 *New York Times*, 20. Juni 1999, S. 15

10 Ontario Consultants on Religious Tolerance, www.religioustolerance.org/chr_cru1.htm (englisch)

11 Armstrong, *Holy War*, S. 4

12 Carroll, *Crusade*, S. 5

13 Zit. nach: Richard, *Crusades*, S. 475 // Das Zitat im Original lautet: »Quelle fut donc l'origine de cette fureur épidémique qui dura deux cents années, & qui fut toujours signalée par toutes les cruautés, toutes les perfidies, toutes les débauches, toute la démence dont la nature humaine est capable«; erschienen in: »Quelques petites hardiesses de Monsieur Clair, à l'occasion d'un panégirique de Saint Louis« als Anhang von: *Les Loix De Minos. Tragédie / Par Mr. De Voltaire. Avec Les Notes De Mr. De Morza [i. e. Voltaire], Et Plusieurs Piéces Nouvelles, Détachées Du Meme Auteur*, Lausanne 1773, S. 220 (http://digital.bibliothek.uni-halle.de/hd/content/pageview/642231). Vgl. auch *Histoire Des Croisades, Par Mr. Arouet de Voltaire. Avec La Critique*, Berlin 1751 (zu finden unter http://books.google.de); dt.: »Geschichte der Kreuzzüge«, in: *Des Herrn von Voltaire kleinere historische Schriften. Aus dem Französischen übersetzt [von Gotthold Ephraim Lessing]*, Rostock 1752, S. 237 ff. unter: http://digital.slub-dresden.de/fileadmin/data/308821971/308821971_tif/jpegs/308821971.pdf (A. d. R.)

14 Hume, David, *Geschichte von England*, 1. Band, Kapitel V, S. 194, Leipzig 1767

15 Zit. nach: Richard, *Crusades*, S. 475. // Das Zitat findet sich im 4. Band (1754) der *Encyclopédie*, Stichwort »croisades«: »On traita longtemps les déclamations de ces bonnes gens avec l'indifférence qu'elles méritaient, & l'on était bien éloigné de croire qu'il viendrait jamais des

temps de ténèbres assez profondes, & d'un étourdissement assez grand, dans les peuples & dans les souverains sur leurs vrais intérêts, pour entraîner une partie du monde dans une malheureuse petite contrée, afin d'en égorger les habitans, & de s'emparer d'une pointe de rocher qui ne valait pas une goutte de sang, qu'ils pouvaient vénérer en esprit de loin comme de près, & dont la possession était si étrangère à l'honneur de la religion.« (A. d. R.)

16 Riley-Smith, »Islam and the Crusades«, S. 154

17 Zit. nach: Saunders, *Aspects*, S. 11. // Vgl. Thomas Fuller, *The History of the Holy War*, London 1840, S. 16: »Lastly, this war would be the sewer of Christendom, and drain all discords out of it.« (A. d. R.)

18 Zit. nach: Saunders, ebd., S. 11 f. // Dass Mosheim die damals landläufige, von Protestanten wie Papisten vertretene Imperialismus-These als unbegründet kritisiert, geht aus dem Kontext hervor: »Die andere Muthmassung, welche die Könige und Fürsten von Europa betrift, ist nicht gegründeter. Sie findet bei grossen und vortrefflichen Männern Beyfall, welche die Regierungskunst dieser Zeiten besser, als andere, zu verstehen glauben. Allein diese vortrefflichen Männer sezzen bei ihrer Meynung nichts, als dieses zum Grunde: viele Könige, besonders französische, sind durch den Tod und die Unglücksfälle derer, die diesen Kriegen beywohnten, reicher und mächtiger geworden: daher haben sie dieselben nicht nur aus List zugelassen, sondern auch beschleuniget. Jedermann siehet die Schwäche dieses Schlusses. Wir machen mehrentheils nicht nur die römischen Päbste, sondern auch die Könige und Fürsten dieser Zeiten listiger und verschlagener, als sie in der That gewesen sind, und schliessen aus Begebenheiten auf ihre Ursachen, welches fehlerhaft ist. Nach meiner Meynung haben die römischen Päbste, um nur von diesen ein Wort zu sagen, nicht sowohl durch Erdenkung vortheilhafter Anschläge zur Erweiterung ihrer Macht, als durch klugen Gebrauch der ihnen dargebotenen Gelegenheiten ein so grosses Vermögen erlangt. Da aber die Päbste sowol, als die Könige und Fürsten nachher aus Erfahrung gelernet hatten, was für grosse Vortheile ihnen aus diesen Kriegen [Kreuzzügen] erwuchsen, so sind zu den ersten Ursachen, die ich angeführet, sonder Zweifel noch andere, besonders aber die Begierde, ihre Herrschaft und ihr Vermögen zu vergrössern, hinzu gekommen.« (vgl. *Johann Lorenz von Mosheims vollständige Kirchengeschichte des Neuen Testaments*, aus dem Lateinischen von J. A. Ch. von Einem, 4. Teil, Leipzig 1772, S. 82–85; online unter http://archive.org/ bzw. http://books.google.de; A. d. R.)

19 Gibbon, *Verfall und Untergang des Römischen Reichs*, Leipzig 1805, 16. Teil, Bd. 4, Kap. 58, S. 105

20 Duby, *Die Ritter*; France, *Victory in the East*; Mayer, *Kreuzzüge*.

21 Zit. nach: Riley-Smith, a. a. O. (Anm. 16), S. 159 – Riley-Smith seinerseits zitiert Barraclough nach Giles Constable: »The Historiography of the Crusades«, 2001, der besagtes Verdikt nachweist: G. Barraclough: »Deus le volt?«, in: *New York Review of Books*, 21.5.1970, S. 16 (A. d. R.)

22 Armstrong, *Holy War*, S. XII
23 Mayer, *Kreuzzüge*, S. 29 ff.
24 Ekelund et al., *Sacred Trust*. Einen derart ungeschickten und uninformierten Versuch, ökonomische Prinzipien durch Analogieschluss anzuwenden, habe ich sonst nirgends gefunden.
25 Spielvogel, *Western Civilization*, S. 259.
26 Tyerman, *The Invention of the Crusades*.
27 Sie alle aufzuführen, würde eine ganze Seite füllen. Einige werden im Text, andere in den Anmerkungen erwähnt.

Kapitel 1

1 Zit. nach: Karsh, *Imperialismus*, S. 14.
2 Das Zitat im Kontext lautet: »Davon sind diejenigen Götzendiener ausgenommen, mit denen ihr einen Vertrag eingegangen seid und die es euch an nichts haben fehlen lassen und die keine anderen gegen euch unterstützt haben. Diesen gegenüber haltet den Vertrag bis zum Ablauf der Frist ein. Wahrlich, Allah liebt diejenigen, die (Ihn) fürchten. Und wenn die heiligen Monate abgelaufen sind, dann tötet die Götzendiener, wo immer ihr sie findet, und ergreift sie und belagert sie und lauert ihnen aus jedem Hinterhalt auf. Wenn sie aber bereuen und das Gebet verrichten und die Zakah entrichten, dann gebt ihnen den Weg frei. Wahrlich, Allah ist Allvergebend, Barmherzig.« Sure 9:4–5 in der Rassoul-Übersetzung; vgl. http://www.koransuren.de/koran/surenvergleich/sure9.html (A. d. R.)
3 Rodinson, *Mohammed*, S. 261
4 Becker, *Christentum und Islam*, S. 15
5 Becker, *The Expansion of the Saracens – the East*, S. 329
6 Kennedy, *The Armies of the Caliphs*, S. 6
7 Donner, *The Early Islamic Conquests*, S. 221
8 Glubb, *The Great Arab Conquests*, S. 125
9 Becker, *Expansion of Saracens*, S. 345
10 Jandora, *The March from Medina*
11 Ebd.
12 Gil, *A History of Palestine*, S. 61 ff.
13 Ebd., S. 54
14 Ebd., S. 70
15 Glubb, *The Great Arab Conquests*, S. 230
16 Ebd., S. 238
17 Ebd., S. 240
18 Die zweitgrößte Stadt nach Konstantinopel, vgl. Chandler, *Four Thousand Years of Urban Growth*
19 Glubb, *The Great Arab Conquests*, S. 24
20 Ebd., S. 284
21 Abun-Nasr, *History of the Maghrib*
22 Brent und Fentress, *The Berbers*

23 Ebd.
24 Ye'or, *Der Niedergang des orientalischen Christentums*, S. 47
25 Becker, *Expansion*, S. 370
26 Fregosi, *Jihad in the West*, S. 94
27 Ebd., S. 96
28 Ebd., S. 132
29 Jamieson, *Faith and Sword*, S. 16
30 Zit. nach: Jandora, *The March from Medina*, S. 105
31 Kennedy, *The Armies of the Caliphs*, Kap. 7
32 Kaegi, *Byzantium and the Early Islamic Conquests*
33 Kennedy, *The Armies of the Caliphs*; Nicolle, *Armies of the Muslim Conquest*
34 Glubb, *The Great Arab Conquests*, S. 25
35 Donner, *The Early Islamic Conquests*; Glubb, *The Great Arab Conquests*; Kennedy, *The Armies of the Caliphs*
36 Kaegi, *Byzantium and the Early Islamic Conquests*, S. 39 f.
37 Donner, *The Early Islamic Conquests*, S. 225
38 Saunders, *Aspects of the Crusades*, S. 29
39 Kennedy, *The Armies of the Caliphs*, S. 7
40 Voltaire wandte sich gegen jeden religiösen Fanatismus; insofern fühlten sich immer alle religiösen Eiferer samt deren politische Gefolgsleute von ihm provoziert, seien es christliche, jüdische oder muslimische. Ein Beispiel dafür ist die Rezeption seiner von Friedrich dem Großen gelobten Tragödie *Le fanatisme ou Mahomet le Prophète* (UA 1741), die 1742 vom Pariser Parlement verboten wurde, obwohl Papst Benedikt XIV. sich mit zwei privaten Porträtmedaillons beim Autor dafür bedankte. Napoleon, ersatzweise, »verdammte« den *Mahomet*, während Johann Wolfgang von Goethe die 4. deutsche Übersetzung davon lieferte (http://books.google.de/books?id=nmoHAAAAQAAJ). Noch im 20. Jh. und zuletzt Ende 2005 gab es immer wieder religiös bzw. politisch motivierte Versuche, Voltaires *Mahomet* von der Bühne zu verbannen, z. B. weil die laizistische Republik Blasphemie nicht dulden könne oder die Muslime Europas vor Provokation schützen müsse, sagte doch Voltaire *Von dem Korane und dem Mahomed* (S. 161–168) in der Übersetzung Gotthold Ephraim Lessings (vgl. hier Anm. 13 der Einleitung), dass dieser »verwegene Marktschreier« ein »verdrießliches« Buch »geschmiedet« habe, einen »Mischmasch« ohne »Verbindung, Ordnung und Kunst«. Konfuzius, der keine Offenbarung, keine Lügen und kein Schwert, sondern bloß seine Vernunft gebraucht habe, sei »weit vortrefflicher« als der Prophet. »Allein wie soll man einen Menschen rechtfertigen, der zu uns spricht: ›Glaube, dass ich mit dem Engel Gabriel gesprochen habe, oder ich töte dich.‹« Der Prophet habe auch gesagt, »dass der Gebrauch der Weiber ihn zum Gebet viel brünstiger mache. Warum sollte er nicht eben sowohl im Bette als bei Tische beten und danken. Eine hübsche Frau ist doch wohl so gut als eine Mahlzeit.« Die Araber jedenfalls »stahlen und raubten vor dem Mahomed, da sie Sterne anbeteten; sie raubten unter dem Mahomed im Namen Gottes«. (A. d. R.)

41 Hodgson, *The Venture of Islam*, Bd. 1, S. 268
42 Payne, *The History of Islam*, S. 105
43 Hodgson, *The Venture*; Payne, *History*
44 Ter-Ghevondian, *Armenian Rebellion*
45 Stark, *Discovering God*, Kap. 8
46 Stark, *One True God*, S. 133
47 Capponi, *Victory of the West*
48 Hodgson, *The Venture*, Bd. 1, S. 308
49 Lofland und Stark, *World-Saver*; Stark und Finke, *Acts of Faith*
50 Bulliet, *Conversion to Islam*
51 Armstrong, *Holy War*, S. 4
52 Lomax, *Die Reconquista*, S. 94
53 Bulliet, *Conversion to Islam*

Kapitel 2

1 Norwich, *Byzanz: Aufstieg*, S. 388
2 Jenkins, *Byzantium*, S. 42
3 Ostrogorski, *Byzantinische Geschichte*, S. 95
4 Norwich, *Byzanz*, S. 389
5 Kennedy, *The Armies of the Caliphs*, S. 12
6 Turnbull, *The Walls of Constantinopel*
7 Roland, *Secrecies, Technology, and War*
8 Partington, *Greek Fire*, S. 12 f.
9 Roland, *Secrecies*
10 Partington, *Greek Fire*
11 Ebd.
12 Fregosi, *Jihad in the West*
13 Davis, *Decisive Battles*, S. 105
14 Hanson, *Carnage and Culture*, S. 141
15 Cowley und Parker, *The Readers*, S. XIII
16 Davis (Hg.), *Readings in Ancient History*, S. 362
17 Mitchell und Creasy, *Zwanzig entscheidende Schlachten der Weltgeschichte*, S. 118
18 Hanson, *Carnage*; Montgomery, *Kriegsgeschichte*
19 Mitchell und Creasy, *Zwanzig entscheidende Schlachten*, S. 118 f.
20 Davis, *Readings*, S. 363
21 Zit. nach: Mitchell und Creasy, *Zwanzig entscheidende Schlachten*, S. 118
22 White, *Medieval Technology*.; dies., *Technology and Invention*
23 Mitchell und Creasy, *Zwanzig entscheidende Schlachten*, S. 118 f.
24 Gibbon, *Verfall und Untergang des Römischen Reichs*, Bd. 3, 15. Teil, Kap. 52
25 Delbrück, *Geschichte der Kriegskunst*, Bd. 2, S. 461 // online unter: http://archive.org/details/geschichtederkr02delbgoog (A. d. R.)
26 Hitti, *History of Syria*, S. 469

27 Cardini, *Europa und der Islam*, S. 15
28 Lewis, *Die Welt der Ungläubigen*, S. 16 f.
29 Ebd., S. 57–67
30 Hanson, *Carnage*
31 Lomax, *Die Reconquista*, S. 55
32 Collins, *Charlemagne*; Lomax, *Die Reconquista* // Die Zusammenhänge nach anderen Geschichtsdarstellungen: Karl I. ließ das anfänglich übergebene Pamplona plündern, nachdem ihm Saragossa nicht übergeben wurde und er für eine längere Belagerung dieser Stadt nicht ausgerüstet war. Rache für Pamplona nahmen die Basken, die die Nachhut unter (Karls mutmaßlichem Neffen) Roland vernichteten. (A. d. R.)
33 Lomax, *Die Reconquista*, S. 55
34 Wheeler, *The Reconquest of Spain*, S. 34
35 Zit. nach: O'Callaghan, *Reconquest and Crusade in Medieval Spain*, S. 26
36 Ebd., S. 25
37 Ebd., S. 27
38 Lomax, *Die Reconquista*, S. 104
39 Ebd., S. 117
40 Norwich, *Byzanz: Höhepunkt*
41 Ebd., S. 122
42 Ebd., S. 354
43 Brown, *Norman Conquest*, S. 36
44 Ebd.
45 Ebd., S. 37.
46 Norwich, *Byzanz*, S. 355
47 Ebd., S. 356.
48 Brown, *Norman Conquest*, S. 42
49 van Houts, *The Normans in Europe*, S. 243
50 Anna Komnena, *Alexias*, Buch VI, Kap. 7, § 6 (S. 20)
51 Matthew, *The Norman Kingdom of Sicily*
52 Pirenne, *Stadt und Handel im Mittelalter*, S. 7 ff., 19 ff.
53 Gabrieli, *Greeks and Arabs*; Gibb, *Arab-Byzantine Relations*
54 Dennet, »Pirenne and Muhammad«, in: *Speculum* 23 (1948): S. 165–190, hat sechs Einwände gegen Pirennes These erhoben, doch keiner davon bezieht sich darauf, dass die muslimische Seemacht den Europäern den Zugang zum Mittelmeer versperren konnte.
55 Zit. nach: Pryor, *Geography, Technology, and War*, S. 103
56 Lewis, *Naval Power*, S. 69
57 Ebd., S. 72
58 Norwich, *Byzanz*, S. 123
59 Lewis, *Naval Power*, S. 71
60 Stark, *The Victory of Reason*
61 Krueger, *The Italian City States*, S. 40

Kapitel 3

1 Lewis, *Der Untergang des Morgenlandes*, S. 13
2 Der Titel der 2002 erschienenen Originalausgabe von Lewis' Studie lautet: *What Went Wrong? Western Impact and Middle East Response*.
3 Ebd. S. 13
4 Moffett, *Christianity in Asia*, S. 344
5 Hodgson, *The Venture of Islam*, Bd. 1, S. 298
6 Ebd.
7 Butler, *Arab Conquest of Egypt*, S. 114
8 Jandora, *The March from Medina*, S. 112
9 Jamieson, *Faith and Sword*, S. 23; Lewis, *Naval Power and Trade in the Mediterranean*, S. 64
10 Das Buch von Aly Mohamed Fahmy über die muslimische Seemacht (1966) beruht fast gänzlich auf byzantinischen und anderen abendländischen Quellen.
11 Lewis, *Faith and Sword*, S. 66 f.
12 Davis, *Decisive Battles*, S. 257; vgl. auch Beeching, *Don Juan d'Austria*, S. 281 // wo es heißt: »Viele Kapitäne des Sultans waren griechische oder venezianische Überläufer, die in vier Monaten auf einer Galeere des Sultans mehr verdienten als im Dienste Venedigs in einem ganzen Jahr.« Oberbefehlshaber der türkischen Flotte im Jahr 1571 während der Seeschlacht von Lepanto war Admiral Ali Pascha (genannt Müezzinzade), der kein ›abtrünniger‹ Italiener war; hingegen stammte der spätere Admiral Ali Pascha (genannt Kilic alias Uchali), der mit 30 Galeeren aus der verlorenen Lepanto-Schlacht entkommen konnte, zwar aus Süditalien; er begann seine maritime Karriere 1535 als christlicher Galeerensklave auf einem muslimischen Piratenschiff, konvertierte zum Islam und galt bald als der verwegenste Korsar der Maghrebküste; 1572 wurde er von Sultan Selim II. zum Oberbefehlshaber der türkischen Flotte ernannt. Uchalis Karriere zu Land und zum Herrscher von Algerien beschreibt Cervantes in *Don Quijote* im 39. Kapitel. (A. d. R.)
13 Beeching, *Don Juan*, S. 281
14 Davis, *Decisive Battles*, S. 260
15 Kollek und Pearlman, *Pilgrims to the Holy Land*, S. 59
16 Gil, *History of Palestine*, S. 94
17 Hill, *Islamic Science*, S. 10
18 Bloom, »Islam on the Temple«, S. 7
19 Nasr 1993, S. 135 f. // gemeint ist wahrscheinlich: Seyyed Hossein Nasr, *The Need for a Sacred Science*, 1993, State University of New York Press (A. d. R.)
20 Ebd. S. 136
21 Ajram, *Miracle of Islamic Science*
22 Zit. nach: Brickman, *The Meeting of East and West*, S. 85
23 Dickens, *The Church of the East*, S. 8

24 Brickman, *The Meeting*, S. 84
25 Peters, *The Distant Shrine*, S. 90
26 Gil, *History of Palestine*, S. 470
27 Zit. nach Gil: ebd., S. 470 // al-Sham: Syrien; Dschazira: die Arabische Halbinsel (A. d. R.)
28 Pickthall, *The Cultural Side of Islam*
29 Farah, *Islam*, S. 199
30 Jaki, *Science and Creation*, S. 208
31 Colish, *Medieval Foundations of the Western Intellectual Tradition*; Stark, *For the Glory of God*, Kap. 2
32 Butler, *Arab Conquest*, S. 239
33 Mackensen, »Background of the History of Moslem Libraries« (2. Teil), S. 106
34 Ebd., S. 110
35 Zusammenfassend: Mackensen, »Background«; Butler, *Arab Conquest*
36 Zit. nach: Mackensen, »Background«, S. 117
37 Afsaruddin, *The Great Library at Alexandria*, S. 292
38 Mackensen, »Background« (1. Teil)
39 Moffett, *Christianity*, S. 355
40 Mackensen, »Background« (Schluss), S. 122
41 Voltaire, *Works* XII // Ein Auflistung aller in seinem Gesamtwerk inkriminierbaren Äußerungen Voltaires zum Thema »finsteres Mittelalter« findet sich in: Lucie Varga, *Das Schlagwort vom »finsteren Mittelalter«*, (Brünn 1932) Aalen 1978, S. 123–128. Das Zitat steht in Voltaires Beschreibung der Sitten und Geisteshaltungen unter der Regentschaft Ludwigs XI. (1461–1483); vgl. *Œuveres complètes de Voltaire*, Band 12, *Essai sur les mœurs*, Bd. 2, 1878, Kap. 44, S. 123; vgl. http://fr.wikisource.org/wiki/Page:Voltaire_-_Œuvres_complètes_Garnier_tome12.djvu/133 (A. d. R.)
42 Zitiert nach Gay, *The Enlightenment* // Das Zitat findet sich in Rousseaus *Abhandlung über die Wissenschaften und Künste*, mit der er 1750 die Preisfrage der Académie de Dijon beantwortete: »Hat der Wiederaufstieg der Wissenschaften und Künste zur Läuterung der Sitten beigetragen?« Vgl. den frz. Text unter http://fr.wikisource.org/wiki/Discours_sur_les_sciences_et_les_arts (A. d. R.)
43 Gibbon, *Verfall und Untergang des Römischen Reichs*, Kap. 71
44 Boorstin, *Entdeckungen*, S. 112 f.
45 Manchester, *World Lit only by Fire*, S. 3, 5
46 Stark, *Victory of Reason*
47 Gimpel, *The medieval Machine*, S. VIII, 1
48 White, *Technology and Invention*, S. 151
49 Ajram, *Miracle of Islamic Science*, Appendix B
50 Ebd.
51 Bulliet, *The Camel and the Wheel*
52 Leighton, *Transportation and Communication*, S. 112
53 Bulliet, *The Camel*, S. 20

54 Leighton, *Transportation*, S. 107
55 Usher, *History of Mechanical Inventions*, S. 184
56 Leighton, *Transportation*, 47 f.
57 France, *Victory in the East*, S. 91
58 Lopez, *Commercial Revolution of the Middle Ages*, S. 44
59 Bairoch, *Cities and Economic Development*, S. 125; Gimpel, *The medieval Machine*, S. 43
60 Gies, *Cathedral, Forge and Waterwheel*; Gimpel, *The medieval Machine*; White, *Medieval Technology*
61 Stark, *Victory of Reason*, Kap. 2
62 White, *Medieval Technology*
63 Hyland, *Medieval Warhorse*, S. 114
64 France, *Western Warfare*, S. 17
65 France, *Victory in the East*, S. 149
66 Smail, *Crusading Warfare*, S. 81
67 Zit. nach: France *Victory in the East*, S. 149
68 Payne-Gallwey, *The Crossbow*, S. 3
69 Marshall, *Warfare in the Latin East*, S. 59 f.
70 Payne-Gallwey, *The Crossbow*, S. 20
71 Ebd., S. 4
72 Anna Komnena, *Alexias*, Buch X, Kap. 8, § 6 (S. 343)
73 Verbruggen, *Warfare in Western Europe*
74 Marshall, *Warfare in the Latin East*, S. 172 f.
75 Ebd., S. 172
76 Rose, *Islam Versus Christendom*, S. 569
77 Pryor, *Geography, Technology, and War*, S. 30
78 Bachrach, »On the Origins of William the Conquerer's Horse Transports«

Kapitel 4

1 Nach dem Johannesevangelium hielt er sich öfter in Jerusalem auf, als in den anderen Evangelien berichtet wird.
2 Gil, *History of Palestine*, S. 483
3 Zit. nach: Runciman, *Pilgrimages to Palestine*, S. 69
4 Hunt, *Holy Land Pilgrimage*, S. 4
5 Eusebius von Caesarea, *Vier Bücher über das Leben des Kaiser Konstantin*, 3. Buch, Kap. 25–28 pass. (http://www.unifr.ch/bkv/bucha94.htm)
6 Kollek und Pearlman, *Pilgrims to the Holy Land*, S. 38
7 Peters, *Distant Shrine*, S. 33
8 Runciman, *Pilgrimages*, S. 69 f.
9 Zit. nach: Hunt, *Holy Land*, S. 150
10 Ebd., S. 34
11 Ebd., S. 56
12 Runciman, *Pilgrimages*, S. 69

13 Russell, *Late Ancient and Medieval Population*, S. 101
14 Kollek und Pearlman, *Pilgrims*, S. 51
15 Ebd., S. 52
16 Procopius, *Buildings, History of War and Secret History*
17 Ebd.
18 Taylor, »The Nea Church«
19 Gil, *History of Palestine*, S. 54
20 Ebd., S. 58
21 Ebd., S. 69
22 Peters, *Distant Shrine*, S. 31
23 Rodinson, *Mohammed*
24 Gil, *History of Palestine*, S. 471
25 Ebd., S. 472
26 Salahi, *Muhammad*, S. 170 f.
27 Grabar, *Dome of the Rock*
28 Kollek und Pearlman, *Pilgrims*, S. 67
29 Runciman, *Geschichte der Kreuzzüge*, Bd. 1, S. 29
30 Cohen, *Holy Sepulchre*
31 Runciman, *Pilgrims*, S. 77
32 Das Folgende nach Runciman, *Pilgrimages*
33 Ebd., S. 73
34 Kollek und Pearlman, *Pilgrims*, S. 1
35 Riley-Smith, *The First Crusaders*, S. 28
36 Erdoes, *Apocalypse*, S. 26
37 Riley-Smith, *The First Crusaders*, S. 28
38 Painter, *Western Europe*, S. 15
39 Webb, *Pilgrims and Pilgrimage in the Medieval West*, S. 35
40 Runciman, *Pilgrims*, S. 76
41 Gil, *History of Palestine*, S. 487
42 Davidson, *The Viking Road*, Kap. 5
43 Runciman, *Geschichte der Kreuzzüge*, Bd. 1, S. 46
44 Lopez, *The Commercial Revolution of the Middle Ages*, S. 61
45 Davidson, *The Viking Road*, Kap. 5
46 Hodgson, *The Venture of Islam*, Bd. 2, S. 26
47 Atiya, *Eastern Christianity*; Gil, *History of Palestine*; Hodgson, *The Venture*; Runciman, *Geschichte der Kreuzzüge*, Bd. 1
48 Runciman, *Geschichte der Kreuzzüge*, Bd. 1, S. 35
49 Biddle, *Das Grab Christi*, S. 89
50 Kollek und Pearlman, *Pilgrims*, S. 82
51 Runciman, *Geschichte der Kreuzzüge*, Bd. 1, S. 48
52 Taylor, »The Nea Church«
53 Alle vier Beispiele nach: Riley-Smith, *The First Crusaders*, S. 37 f. // Der von Riley-Smith genannte Ulrich vom Breisgau wurde um 1052 beim Baden im Jordan von einer berittenen Räuberbande überfallen und fast ermordet. Er starb 1093 in dem 1083 von ihm gegründeten Priorat St. Ulrich im Schwarzwald; vgl. *Ex vita sancti Udalrici prioris Cellensis* unter: http://www.dmgh.de/de/fs1/object/display/bsb00001081_

00277.html?sortIndex=010%3A050%3A0012%3A010%3A00 %3A00 (A. d. R.)
54 Stark, *One True God*, Kap. 2
55 Cahen, »The Turkish Invasion«, S. 138
56 Norwich, *Byzanz: Höhepunkt*, S. 429
57 Ebd., S. 431
58 Zit. nach: Norwich, *Byzanz*, S. 433
59 Charanis, *Byzantine Empire*, S. 192
60 Zit. nach: Norwich, *Byzanz*, S. 450
61 Gil, *History of Palestine*, S. 410
62 Ebd., S. 412
63 Runciman, *Pilgrimages*, S. 78.
64 Gil, *History of Palestine*, S. 488
65 Runciman, *Geschichte der Kreuzzüge*, Bd. 1, S. 78

Kapitel 5

1 Duncalf, »The Concils of Piacenza and Clermont«, S. 234
2 Peters, *The First Crusade*, S. 28
3 Fletcher, *The Barbarian Conversion*, S. 19
4 Duffy, *Die Päpste*, S. 29
5 Fletcher, *The Barbarian*, S. 38
6 Zusammenfassend Stark, *For the Glory of God*
7 Cheetham, *Keepers of the Keys*, S. 84
8 Stark, *Exploring the Religious Life*, S. 56
9 Cole, *Preaching of the Crusades*, S. 6
10 Stark und Finke, *Acts of Faith*, Kap. 3
11 Duby, *Ritter, Frau und Priester*; Lawrence, *Medieval Monasticism*
12 Bull, *Knightly Piety*, S. 117
13 Riley-Smith, *The Crusades*, S. 4
14 Chandler, *Four Thousand Years of Urban Growth*, S. 159
15 Bull, *Knightly Piety*
16 Porges, »The Clergy, the Poor«, S. 4
17 Zit. nach: Peters, *The First Crusade*, S. 11 f. // vgl. *Die Chronik von Montecassino*, hg. von Hartmut Hoffmann, Hannover 1980, unter: http://www.dmgh.de/de/fs1/object/display/bsb00000604_00003.html (A. d. R.)
18 Painter, »Western Europe on the Eve of the Crusades«, S. 15
19 Zit. nach: Peters, *The First Crusade*, S. 12 f. // vgl. in engl. Übertragung: http://www.fordham.edu/halsall/source/guibert-cde.asp (A. d. R.)
20 Erdmann, *Die Entstehung des Kreuzzugsgedankens*
21 Cole, *Preaching of the Crusades*, S. 3
22 Zit. nach: Peters, *The First Crusade*, S. 37
23 Zit. nach: Peters, *The First Crusade*, S. 44
24 Riley-Smith, *The Crusades*, S. 9
25 Ders., *The First Crusaders*, S. 63

26 Ebd., S. 62
27 Constable, »Second Crusade«
28 Riley-Smith, *The First Crusades*, S. 2
29 Ebd.
30 Stark, *Discovering God*; ders., *Victory of Reason*
31 Riley-Smith, *The First Crusaders*, Kap. 4. // Mit »Balduin von Gent« ist möglicherweise Balduin II., Graf von Hennegau, gemeint, der auf dem 1. Kreuzzug 1098 nahe Nicäa starb. Sven der Kreuzfahrer, Prinz von Dänemark, und seine Frau (od. Verlobte), Florine von Burgund, starben 1097 gemeinsam in Kappadokien im Kampf gegen die Seldschuken. Florines Vater, Herzog Odo I. von Burgund, starb während des sog. Kreuzzugs 1101 in Tarsus. (A. d. R.)
32 Munro, *The Kingdom of the Crusaders*, S. 497
33 Riley-Smith, *The First Crusaders*, S. 110
34 Riley-Smith, *The First Crusade and the Idea of Crusading*, S. 43
35 Lloyd 1995, 55 // Zitatquelle ist wahrscheinlich: Simon D. Lloyd: »The crusading movement, 1096–1274«, in: Jonathan Simon Christopher Riley-Smith (Hg.): The *Oxford Illustrated History of the Crusades*, London 1995, S. 34–65 (A. d. R.)
36 Riley-Smith, *The First Crusade and the Idea of Crusading*, S. 117
37 Riley-Smith, *The First Crusaders*, S. 129
38 Lloyd 1995, 55 // vgl. Anm. 35 (A. d. R.)
39 Berechnung nach Munro, *The Kingdom*
40 Runciman, »The First Crusade. Clermont to Constantinople«, S. 276
41 Duncalf, »The First Crusade. Clermont to Constantinople«, S. 267
42 Stark, *Victory of Reason*
43 Riley-Smith, *The First Crusaders*, S. 116
44 France, *Victory in the East*, S. 86
45 Riley-Smith, *The First Crusaders*, S. 118
46 Ebd., S. 119
47 Riley-Smith, *The Crusades*, S. 23
48 Version des Robert von Reims; zit. nach: Peters, *The First Crusade*, S. 29
49 Brundage, »Prostitution, Miscegenation«; Porges, »The Clergy, the Poor«
50 Runciman, *Geschichte der Kreuzzüge*, Bd. 1, S. 111
51 Anna Komnena, *Alexias*, Buch X, Kap. 5, § 5 (S. 335)
52 Zit. nach: Peters, *The First Crusade*, S. 108 f. // vgl. Wilhelm von Tyrus, *Die Geschichte der Kreuzzüge und des Königreichs Jerusalem*, 1. Buch, S. 13 unter http://www.manfredhiebl.de/Wilhelm-von-Tyrus/wilhelm-von-tyrus.htm (A. d. R.)
53 Peters, ebd., S. 103 // vgl. auch Guibert von Noget unter http://www.fordham.edu/halsall/source/guibert-cde.asp#peter (in Englisch, A. d. R.)
54 Runciman, *Geschichte der Kreuzzüge*, Bd.1, S. 111
55 Chandler, *Four Thousand Years*, S. 15
56 Zit. nach: Peters, *The First Crusade*, S. 104 ff.
57 Albert von Aachen; zit. nach: Peters, *The First Crusade*, S. 104 ff.

58 Riley-Smith, *The First Crusaders*, S. 49
59 Brundage, »Prostitution, Miscegenation«
60 Zit. nach Riley-Smith, *The First Crusaders*, S. 72

Kapitel 6

1 Fulcher von Chartres, *Historia Hierosolymitana*, Buch X
2 Russell, *Late Ancient and Medieval Population*
3 Anna Komnena, *Alexias*, Buch X, Kap. 5, § 10 (S. 337)
4 Runciman, *Geschichte der Kreuzzüge*, Bd. 1, S. 121; Tyerman, *God's War*, S. 99
5 Runciman, ebd., Bd. 1, S. 332 f.
6 Riley-Smith, *Großer Bildatlas der Kreuzzüge*, S. 28
7 Brundage, »Prostitution, Miscegenation«
8 Runciman, *Geschichte der Kreuzzüge*, Bd. 1, S. 328
9 France, *Victory in the East*
10 Zusammenfassend: Duncalf, »The Peasants' Crusade«, S. 452
11 Mayer, *Geschichte der Kreuzzüge*
12 Duncalf, »The First Crusade: Clermont to Constantinople«, S. 256; Duncalf, »The Peasant's Crusade«, S. 452; France, *Victory in the East*, S. 86; Gillingham, »Age of Expansion«, S. 59
13 Duncalf, »The Peasant's Crusade«
14 Asbridge, *The First Crusade*, S. 82
15 Mayer, *Geschichte der Kreuzzüge*, S. 48
16 Zit. nach Duncalf, »The Peasants' Crusade«, S. 441
17 Zit. nach: Peters, *The First Crusade*, S. 104 // das Albert-Zitat im Kontext: »Seinem [Peters] nimmermüden Rufe folgten Bischöfe, Äbte, Kleriker und Mönche, die vornehmsten Weltleute, die Fürsten verschiedener Reiche und endlich die ganze Menge des Volkes, Keusche und Unkeusche, Ehebrecher, Mörder, Diebe, Meineidige, Räuber; die ganze Christenheit, ja selbst das weibliche Geschlecht, eilte froh, vom Geist der Buße getrieben, zur Teilnahme an diesem Zug.« (Albert von Aachen: *Geschichte des ersten Kreuzzugs*, übers. von H. Hefele, Jena 1923, Bd. 1, S. 2; A. d. R.)
18 Albert von Aachen, Bd. 1, S. 6
19 Ebd., S. 8
20 Zit. nach: Krey, *The First Crusade*, S. 51 // nach Albert von Aachen »rief er (Peter) seine Gefährten zur Rache auf.« (A.d.R.)
21 Tyerman, *God's War*, S. 98
22 Ebd.
23 Duncalf, »The Peasants' Crusade«, S. 260
24 Baron, *History of the Jews*; Chazan, *The Jews*; Chazan, *In the Year 1096;* Chazan, *European Jewry*; Chazan, *Church, State, and Jew*; Graetz, *Judentum*; Grosser und Halpern, *Anti-Semitism*; Poliakov, *Geschichte des Antisemitismus*; Runciman, *Geschichte der Kreuzzüge*, Bd. 1; Stark, *One True God.* // Graf Emicho, genannt »der Kreuz-

fahrer« (vermutlich aus Flonheim, Rheinhessen), der am Rhein und im Nahegau sein Unwesen trieb, ist nicht zu verwechseln mit »Emicho, Graf von Leiningen« (*Neue deutsche Biographie*, Bd. 14, S. 142 f., vgl. http://bsbndb.bsb.lrz-muenchen.de/sfz50010.html), bei Runciman, Bd. 1, S. 121, 133 ff., fälschlich als Graf »Emicho von Leisingen« bezeichnet. (A. d. R.)

25 Poliakov, *Geschichte des Antisemitismus I*, S. 45
26 Madden, *Concise History*, S. 20
27 Runciman, *Geschichte der Kreuzzüge*, Bd. 1, S. 137
28 Ebd., S. 138
29 Anna Komnena, *Alexias*, X. Buch, 7. Kapitel, § 1 (S. 340)
30 Runciman, *Geschichte der Kreuzzüge*, Bd. 1, S. 139
31 Ebd., S. 144
32 Ebd., S. 147
33 Anna Komnena, *Alexias*, Buch XIII, Kap. 10, § 4-5 (S. 459 f.)
34 France, *Victory in the East*, S. 116
35 Anonymus, *Gesta Francorum,* Buch II
36 France, *Victory in the East*, S. 118
37 Ebd., S. 135
38 Jamison, »Notes on the Gesta Francorum«, S. 208

Kapitel 7

1 Runciman, »The First Crusade: Constantinople to Antioch«, S. 289
2 Runciman, *Geschichte der Kreuzzüge*, Bd. 1, S. 170
3 *Gesta Francorum*, Buch II., vgl. http://www.manfredhiebl.de/Gesta-Francorum/gesta2.htm
4 Ebd.
5 Ebd.
6 France, *Victory in the East*, S. 122
7 Ebd., S. 170 ff.
8 Fulcher von Chartres, *Historia Hierosolymitana*, Buch XI.
9 *Gesta Francorum*, Buch III (vgl. Anm. 3)
10 Runciman, *Geschichte der Kreuzzüge*, Bd. 1, S. 177
11 Ebd., S. 177
12 *Gesta Francorum*, Buch IV (vgl. Anm. 3)
13 Runciman, *Geschichte der Kreuzzüge*, Bd. 1, S. 181
14 *Gesta Francorum*, Buch IV (Anm. 3)
15 Chandler, *Four Thousand Years of Urban Growth*
16 Runciman, *Geschichte der Kreuzzüge*, Bd. 1, S. 206
17 Ebd., S. 204
18 *Gesta Francorum*, Buch VI (Anm. 3)
19 France, *Victory in the East*, S. 301
20 *Gesta Francorum*, Buch VI (Anm. 3)
21 France, *Victory in the East*, S. 286
22 Ebd., S. 279

23 *Gesta Franorum*, Buch IX (Anm. 3)
24 Runciman, *Geschichte der Kreuzzüge*, Bd. 1, S. 244
25 Riley-Smith, *The First Crusade*, S. 67
26 Ebd., S. 66
27 Ebd., S. 66; France, *Victory in the East*, S. 287 // vgl. zum Kannibalenmassaker den Wikipedia-Artikel »Maarat an-Numan« (A. d. R.)
28 Runciman, »The First Crusade. Antioch to Ascalon«, S. 329
29 Ders., *Geschichte der Kreuzzüge*, Bd. 1, S. 266
30 Ebd., S. 332
31 France, *Victory in the East*, S. 327
32 Runciman, *Geschichte der Kreuzzüge*, Bd. 1, S. 271
33 France, *Victory in the East*, S. 351
34 Guibert of Nogent, *Gesta Dei per Francos*, S. 131
35 Ebd., S. 132
36 Zit. nach: Peters, *The First Crusade*, S. 256 ff.
37 France, *Victory in the East*, S. 355
38 Stark, *One True God*
39 France, *Victory in the East*, S. 343
40 Gil, *History of Palestine*, S. 828
41 Zit. nach: Peters, *The First Crusade*, S. 264 ff.
42 Tyerman, *God's War*, S. 160
43 Runciman, *Geschichte der Kreuzzüge*, Bd. 1, S. 284

Kapitel 8

1 Wilhelm von Tyrus, *Die Geschichte der Kreuzzüge und des Königreichs Jerusalem*, Buch IX, Kap. IX; vgl. http://www.manfredhiebl.de/Wilhelm-von-Tyrus/wilhelm-von-tyrus.htm
2 Russell, *Medieval Regions*, S. 201 ff.
3 Riley-Smith, »Motives of the Earliest Crusaders«, S. 733
4 Fink, »Foundations of the Latin States«, S. 370
5 Fulcher von Chartres, *Historia Hierosolymitana*, Buch II, Kap. VI
6 Riley-Smith, »Motives of the Earliest Crusaders«, S. 732
7 Ebd., S. 734
8 Boas, »The Frankish Period«, S. 152
9 Prawer, »The Crusaders' Kingdom«, S. 73
10 Chandler, *Four Thousand Years of Urban Growth*, S. 471
11 Fink, »Foundations of the Latin States«, S. 385
12 Munro, *The Kingdom of the Crusaders*
13 Ebd., S. 86
14 Runciman, *Geschichte der Kreuzzüge*, Bd. 2, S. 281 f.
15 Boas, »The Frankish Period«, S. 142.
16 Fulcher von Chartres, *Historia*, Buch III, Kap. XXXVII
17 Boas, »The Frankish Period«, S. 139
18 Kedar, »Subjected Muslims«, S. 244 f.
19 Ders., *Crusade and Mission*

20 Ders., »Subjected Muslims«, S. 254
21 Zit. nach: Munro, *The Kingdom of the Crusaders*, S. 106 f.
22 Horvath, »A Definition of Colonialism«
23 Prawer, »The Crusaders' Kingdom«
24 Zit. nach: Burman, *The Templars*, S. 15 f.
25 Ebd., S. 16
26 Ebd., S. 14
27 Ebd., S. 19
28 Ebd., S. 23
29 Bernhard wurde 1174 heilig gesprochen, nur 21 Jahre nach seinem Tod. Sein Ruhm war so dauerhaft, dass ihn Papst Pius XII., aus Anlass seines 800. Todestages, 1953 in einer Enzyklika als Vorbild empfahl.
30 Southern, *Western Society*
31 Daniel-Rops, *Kirche im Frühmittelalter*
32 Barber, *New Knighthood*, S. 17 // Aus Artikel 43 der Ordensregel der Templer: »Wir verbieten also und untersagen ausdrücklich, dass irgendein Ordensbruder es wage, die Schandtaten oder besser gesagt die Torheiten, die er im weltlichen Ritterdienst entgegen (ritterlicher) Norm begangen hat, sowie die Fleischeslüste mit schlechten Frauen seinem Bruder oder irgendeinem anderen zu erzählen.« Vgl. http://www.medieval-crusader.de/Mittelalter/Ordensregeln.html (A. d. R.)
33 Barber, ebd., S. 16; vgl. *Die Templer, Geschichte und Mythos*, übers. von H. Ehrhardt, WBG 2005, S. 24
34 Marshall, *Warfare in the Latin East*, S. 57
35 Prawer, »The Crusaders' Kingdom«, S. 261
36 Marshall, *Warfare in the Latin East*, S. 45
37 Ebd., S. 57
38 Joshua Prawer, »The Crusaders' Kingdom«, S. 261
39 Burman, *The Templars*, S. 33
40 Bernhard von Clairvaux, *De Laude Novae Militiae*, I
41 Catholic Encyclopedia, »The Knights Templars«
42 Barber, *New Knighthood*, S. 22
43 Catholic Encyclopedia, »The Knights Templars«
44 Stark, *Victory of Reason*
45 Baldwin, *Business in the Middle Ages*, S. 96
46 Burman, *The Templars*, S. 82
47 Ebd., S. 83
48 Ebd., S. 88
49 Ferris, »Financial Relations«, S. 1
50 Riley-Smith, *The Crusades*, S. 81
51 Nicholson, »Growth of the Latin States«, S. 3
52 Riley-Smith, *Hospitallers*, S. 25
53 Ebd., S. 33
54 Nicholson, »Growth of the Latin States«, S. 13
55 Sire, *Knights of Malta*. (In Deutschland wird der Name Johanniter für den protestantischen Johanniterorden gebraucht. A. d. Ü.)

Kapitel 9

1 Riley-Smith, »Peace Never Established«, S. 99
2 Runciman, *Geschichte der Kreuzzüge*, Bd. 2, S. 228
3 Ebd., Bd. 2, S. 243
4 Tyerman, *God's War*, S. 279
5 Ebd., S. 275
6 Phillips, *The Second Crusade*, S. 99 ff.
7 Poliakov, *Geschichte des Antisemitismus*, S. 41
8 Stark, *One True God*, Kap. 3
9 Chazen, *Church, State, and Jew*, S. 107 f.
10 Berry, »The Second Crusade«, S. 463
11 Moore, »A Bad Call«, S. 28
12 Phillips, *The Second Crusade*, S. XXIII–XXIV
13 Tyerman, *God's War*, S. 318
14 Procter, *History of the Crusades*, S. 220
15 Phillips, *The Second Crusade*, S. 169
16 Siberry, *Criticism of Crusading*, S. 25
17 Runciman, *Geschichte der Kreuzzüge*, Bd. 2, S. 258
18 Phillips, *The Second Crusade*, S. 180
19 Ebd., S. 206
20 Riley-Smith, *The Crusades*, S. 128
21 Nicolle, *Crusader Castles*, S. 50
22 Pringle, »Survey of Castles«
23 Riley-Smith, *Großer Bildatlas der Kreuzzüge*, S. 56
24 Smail, »Crusaders' Castles«
25 Runciman, *Geschichte der Kreuzzüge*, Bd. 2, S. 319 f.
26 Ebd., S. 356
27 Lane-Poole, *Saladin*, S. 372
28 Runciman, *Geschichte der Kreuzzüge*, Bd. 2, S. 401
29 Hamilton, *The Leper King*
30 Wilhelm von Tyrus, *Geschichte der Kreuzzüge*, Buch XXI, Kap. 7.
31 Runciman, *Geschichte der Kreuzzüge*, Bd. 2, S. 447
32 Ebd., S. 449
33 Lane-Poole, *Saladin*, S. 229
34 Brand, »The Byzantines and Saladin«, S. 170
35 Irwin, *Dangerous Knowledge*, S. 213
36 Munro, *Kingdom of the Crusaders*, S. 56
37 Moffett, *Christianity in Asia*, S. 391
38 Riley-Smith, *The Crusades*, S. 305; Siberry, *Criticism of Crusading*, S. 368
39 Tyerman, *God's War*, S. 351
40 Gibbon, *Verfall und Untergang*, 15. Teil, 59. Kap.
41 Zit. nach: Madden, *Concise History*, S. 78
42 Painter, »The Third Crusade«, S. 46
43 Ebd., S. 47
44 Lane-Poole, *Saladin*, S. 221

45 Ibn-el-Athir, zit. nach Lane-Poole, *Saladin*, S. 222
46 Ebd.; Runciman, *Geschichte der Kreuzzüge,* Bd. 2, S. 457
47 Ehrenkreutz, »The Place of Saladin«
48 Ebd., S. III
49 Painter, »The Third Crusade«, S. 47
50 Runciman, *Geschichte der Kreuzzüge,* Bd. 3, S. 11, Fn. 32
51 Painter, »The Third Crusade«, S. 57
52 Brand, »The Byzantines and Saladin«, S. 173
53 Zit. nach Brand, ebd., S. 175
54 Ebd.
55 Ebd., S. 177
56 Painter, »The Third Crusade«, S. 50
57 Runciman, *Geschichte der Kreuzzüge*, Bd. 3, S. 16
58 Painter, »The Third Crusade«, S. 50
59 Pryor, *Geography, Technology, and War*, S. 129
60 Painter, »The Third Crusade«, S. 52
61 Pryor, *Geography*, S. 129
62 Painter, »The Third Crusade«, S. 73
63 Smail, *Crusading Warfare*, S. 164
64 Painter, »The Third Crusade«, S. 74
65 Ebd., S. 75
66 McLynn, *Richard and John*, S. 214 f.
67 Runciman, *Geschichte der Kreuzzüge*, Bd. 3, S. 134
68 Durant, *Das frühe Mittelalter*, S. 283; Tyerman, *God's War*, S. 553
69 Chandler, *Four Thousand Years of Urban Growth*
70 Runciman, *Geschichte der Kreuzzüge*, Bd. 3, S. 127
71 Vryonis, *Byzantium and Europe*, S. 152
72 Durant, *Das frühe Mittelalter*, S. 283
73 Zusammenfassend: Queller und Stratton, »A Century of Controversy«
74 Zit. nach: Phillips, *The Fourth Crusade*, S. XIII
75 Queller und Madden, *The Fourth Crusade*, S. 135
76 Ebd.
77 Carroll, *Unjust War*, S. 157, 131; Durant, *Das frühe Mittelalter*, S. 283; Tyerman, *God's War*, S. 553
78 Richard, *The Crusades*, S. 250
79 McNeal und Wolff , »The Fourth Crusade«, S. 159
80 Ebd., S. 162
81 Ebd., S. 167. // Nach anderen Quellen verlangte Venedig 85 000 Mark Silber, von denen die Kreuzfahrer nur 35 000 Mark aufbringen konnten. (A. d. R.)
82 Madden, *Enrico Dandolo*
83 McNeal und Wolff, »The Fourth Crusade«, S. 173
84 Richard, *The Crusades*, S. 247 f.
85 McNeal und Wolff, »The Fourth Crusade«, S. 179
86 Phillips, *The Fourth Crusade*, S. 175
87 McNeal und Wolff, »The Fourth Crusade«, S. 181

88 Richard, *The Crusades*, S. 250
89 Wolff, *The Latin Empire*, S. 189
90 McNeal und Wolff, »The Fourth Crusade«, S. 185

Kapitel 10

1 Van Cleve, »The Fifth Crusade«, S. 388
2 Ebd., S. 393
3 Ebd., S. 394
4 Runciman, *Geschichte der Kreuzzüge*, Bd. 3, S. 157; Van Cleve, »The Fifth Crusade«, S. 398 f.
5 Van Cleve, ebd., S. 399
6 Ebd., S. 400
7 Runciman, *Geschichte der Kreuzzüge*, Bd. 3, S. 158 f.
8 Ebd., S. 159
9 Ebd., S. 162
10 Van Cleve, »The Fifth Crusade«, S. 414
11 Runciman, *Geschichte der Kreuzzüge* Bd. 3, S. 166; Van Cleve, ebd., S. 418
12 Zit. nach: Hallam (Hg.), *Chronicles of the Crusades*, S. 254
13 Tyerman, *God's War*, S. 771
14 Runciman, *Geschichte der Kreuzzüge*, Bd. 3, S. 261
15 Strayer, »The Crusades of Louis IX.«, S. 487
16 Richard, *The Crusades*, S. 345
17 Ebd., S. 216
18 Runciman, *Geschichte der Kreuzzüge*, Bd. 3, S. 267. // Dort heißt es weiter: »Am nächsten Morgen erfuhren die Kreuzfahrer von den Christen, die in ihren Häusern zurückgeblieben waren, daß Damiette unverteidigt war. Sie zogen im Triumph über die Brücke in die Stadt.« (A. d. R.)
19 Ebd., S. 271
20 Richard, *The Crusades*, S. 348
21 Riley-Smith, *The Crusades*, S. 208
22 Ziada, »The Mamluk Sultans«, S. 735
23 Ebd.
24 Runciman, *Geschichte der Kreuzzüge* , Bd. 3, S. 325
25 Ebd., S. 325 f.
26 Madden, *Concise History*, S. 181
27 Ebd.
28 Runciman, *Geschichte der Kreuzzüge*, Bd. 3, S. 332
29 Madden, *Concise History*, S. 181 f.
30 Runciman, *Geschichte der Kreuzzüge*, Bd. 3, S. 332
31 Mayer, *Geschichte der Kreuzzüge*, S. 251
32 Tyerman, *God's War*, S. 810
33 Armstrong, *Holy War*, S. 448
34 Riley-Smith, *Großer Bildatlas der Kreuzzüge*, S. 114

35 Madden, *Concise History*, S. 184; Riley-Smith, *The Crusades*, S. 210
36 Ebd.
37 Madden, *Concise History*, S. 185
38 Ebd., S. 211
39 Runciman, *Geschichte der Kreuzzüge*, Bd. 3, S. 355 f.

Schluss

1 Siberry, *Criticism of Crusading*, S. 18
2 Ebd., S. 19
3 Ebd., S. 120
4 Cazel, *The Tax of 1185*, S. 385
5 Bédier und Aubry, *Chansons de Croisade*, S. 45
6 Painter, »Western Europe«, S. 55
7 Tyerman, *God's War*, S. 779
8 Ebd.
9 Siberry, *Criticism*, S. 194
10 Ebd.
11 Zit. nach: Throop, *Criticism of the Crusade*, S. 178
12 Siberry, *Criticism*, S. 69
13 Brundage, »Prostitution, Miscegenation«
14 Zit. nach: Throop, *Criticism*, S. 169
15 Runciman, *Geschichte der Kreuzzüge*, Bd. 3, S. 415
16 Ebd., S. 426
17 Zit. nach Nicolle, *Acre, 1291*, S. 83
18 Armstrong, *Holy War*, S. XIV
19 Riley-Smith, »Islam and the Crusades«, S. 160 f.
20 Peters, »The Firanj are Coming – Again«, S. 6
21 Hillenbrand, *The Crusades: Islamic Perspectives*, S. 4 f.
22 Ebd., S. 45
23 Es gab kein arabisches Wort für »Kreuzfahrer«. Diese wurden stets als »Franken« bezeichnet.
24 Knobler, »Holy Wars«, S. 310
25 Ebd.
26 Ebd.
27 Lewis, *Der Untergang des Morgenlandes*, S. 9
28 Peters, »The Firanj are Coming – Again«; Riley-Smith, »Islam and the Crusades«
29 Andrea, »Crusades in Perspective«, S. 2
30 Sivan, *Modern Arab Historiography*, S. 12
31 Knobler, »Holy Wars«, S. 320
32 Verschiede Muslime, zit. nach: Riley-Smith, »Islam and the Crusades«, S. 162

Register

Rodney Stark *(*1934, Jamestown, North Dakota)* ist Religionssoziologe und lehrte mehrere Jahrzehnte an der University of Washington. Seit 2004 ist er Co-Leiter des Instituts für Studien der Religion an der Baylor University. Stark hat 30 Bücher und über 140 wissenschaftliche Artikel veröffentlicht, für die er viele internationale Preise erhalten hat. Auf Deutsch erschien seine Studie *Der Aufstieg des Christentums*, die für den Pulitzer-Preis nominiert war.